信州文史

第三辑·瑰宝

政协上饶市信州区委员会 编

中国文史出版社

图书在版编目（CIP）数据

信州文史．第三辑，瑰宝 / 政协上饶市信州区委员会编．-- 北京：中国文史出版社，2020.6

ISBN 978-7-5205-2074-4

Ⅰ．①信… Ⅱ．①政… Ⅲ．①文史资料—上饶②历史文物—介绍—上饶 Ⅳ．①K295.63 ②K872.563

中国版本图书馆 CIP 数据核字（2020）第 103080 号

责任编辑：赵姣娇

出版发行：中国文史出版社
社　　址：北京市海淀区西八里庄路 69 号　邮编：100142
电　　话：010－81136606　81136602　81136603（发行部）
传　　真：010－81136655
印　　装：三河市华东印刷有限公司
经　　销：全国新华书店
开　　本：710mm×1000mm
印　　张：20
字　　数：321 千字
版　　次：2021 年 1 月第 1 版
印　　次：2021 年 1 月第 1 次印刷
定　　价：78.00 元

《信州文史》编纂委员会

《信州文史》编辑部

序

信州位于赣之东北，自古即被誉为“信美之州”，境域环境优美，山川秀丽，人文渊薮，地理位置优越，是江南著名的鱼米之乡，历代为兵家必争之地。信州境内古迹众多，早在先秦时期就有先民在这块丰腴的土地上繁衍生息，辛勤耕耘，为我们留下了宝贵的文化遗产；从东汉末年设县以来，历隋唐宋元明清，均有珍贵文物出土，遗存了极为丰富的文物资源，现藏于江西省博物馆、上饶市博物馆、信州区博物馆等收藏机构；其中有纹饰精美的青铜器，玲珑剔透的玉器、水晶器，工艺精湛的陶瓷器，巧夺天工的金银器，生动传神的石雕砖雕；既有深邃的学术研究价值，又有悦目的观赏价值，点滴之中可以窥见信州先民的开拓精神和创新意识，是信州灿烂的历史文明的体现，使我们在今天还能看到如此丰富多彩的精神文化财富。

信州亦人文荟萃之地，东晋永嘉东迁以来，经历了唐末、两宋及元的数次大规模的文化重心的南移，吸引了大量南迁的望族士子，为信州播下了文化与经济发展的种子，信州的文化与经济数度繁荣，书院林立，书声朗朗，人文亦随之蔚起，到了明代更有“冠盖甲于他郡”之说。这些信州历史名人的书画、尺牍、文献成为赫赫名迹，国之宝藏，分藏于世界各大博物馆、图书馆，成为全人类的精神财富：如韩元吉跋欧阳脩的《集古录跋尾》藏于台北故宫博物院，辛弃疾的《去国帖》藏于北京故宫博物院，赵汝愚的《新秋帖》藏于上海博物馆，吴说的《上饶使君郎中游丝书歌》藏于日本京都滕井有邻馆，夏言的《西苑诗卷》藏于首都博物馆等等。

党的十八大以来，习近平总书记高度重视传承弘扬中华优秀传统文化，多次做出重要指示，“让文物活起来”。《信州文史》(第三辑·瑰宝)的出版就是秉着传承信州优秀传统文化的神圣使命，充分运用政协文史工作的优越性，以图文并茂、鉴赏与研究相结合的形式，介绍了许多信州出土或传世的文物精品，旨在让更多的人认识信州的历史，体会信州深厚的文化底蕴，真正“让文物活起来”。本卷本着适应各类读者的需求分为丹青万象、陶瓷鉴赏、碑志镌华、文物撷英、文物研究、考古发掘等栏目，虽不能全面体现信州有史以来的珍贵文物，但也为我们了解信州文物打开了一扇窗。

慎终追远，鉴往策今。通过这些信州瑰宝，让我们来共同关注和研究信州的文化底蕴、文化渊源和文化积累，为创建面向现代化、面向世界、面向未来，具有鲜明时代特征和地域特色的当今文化，实现“中国梦”作出新的贡献。

观古今，激起心中涟漪无数；

览文物，风雷激荡古今信州。

是为序。

潘旭辉

目 录
CONTENTS

【丹青万象】

宋信州知州赵汝愚与其墨迹《新秋帖》

张　婷　李默弢

赵汝愚（1140—1196），字子直，宋宗室，恭宪王赵元佐的七世孙。据史书记载，赵汝愚祖辈原籍为饶州余干（今江西余干县），祖父赵不求在宋建炎年间（1127—1130）移居崇德县洲钱（今浙江桐乡市洲泉镇），赵汝愚就出生在洲钱（见《桐乡县志》）。宋绍兴年间，赵不求监余干酒税，赵汝愚随祖父回余干，始居余干县城东隅。赵汝愚父亲应善，字彦远，“性孝悌，工诗翰”，曾官至江南西路兵马都监，著有《唐书遗录》《幸庵见闻录》等，死后追赠为太师庆国公。

赵汝愚像

赵汝愚深受家庭影响，从小敏而好学。祖父赵不求常在公务之余，指点他读书，每每考问，汝愚总能对答如流。祖父给他取名“汝愚”，寓有“养成大拙方为巧，学到如愚始称奇”之意，表字“子直”则寄寓祖父对他正直为人的期待。

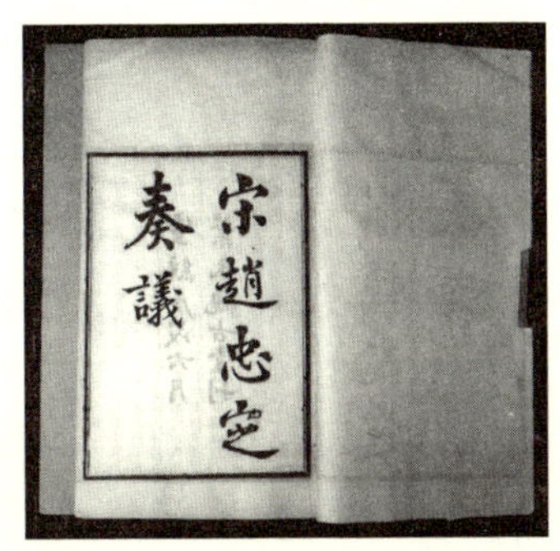

《宋赵忠定奏议》

祖父去世后，赵汝愚随父迁藏山（今余干县城赵家岭）北麓，筑室而居。屋后石岩参差，

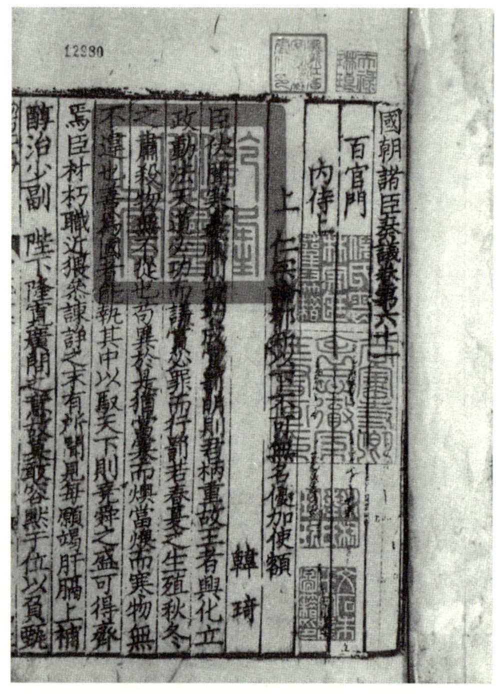
國朝諸臣奏議卷第六十一

百官門

內侍上

上仁宗論都知押班不可無名優加使額　韓琦

国朝诸臣奏议（宋）赵汝愚辑
宋淳祐十年史季温福州刻元明递修本

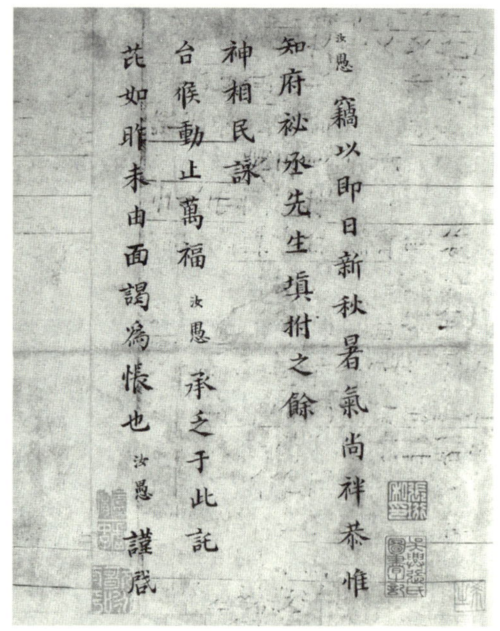
汝愚　竊以即日新秋暑氣尚祥恭惟

知府祕丞先生塡撫之餘

神相民詠

台候動止萬福　汝愚　承之于此託

芘如昨未由面謁爲悵也　汝愚　謹啓

赵汝愚《新秋帖》

汝愚常捧书置于石岩之间，放声朗读，心无旁骛。曾说：“大丈夫留得汗青一幅纸，始不负此生！”成年后，常以先贤司马光、富弼、韩琦、范仲淹自期。

孝宗乾道二年（1166），赵汝愚擢宗室进士第一（状元），授秘书省正字，迁著作郎，先后知信州（今江西上饶）、台州（今浙江临海），改任江西转运判官，后入朝为吏部郎，兼太子侍讲，迁秘书少监兼代给事中。淳熙八年（1181），代理吏部侍郎，兼太子右庶子。翌年（1182），以集英殿修撰出任福建军帅。后升任直学士，出任四川制置使兼成都知府。当时四川一带羌族武装四处骚扰，赵汝愚以计分散其势力，始相安多年。宋孝宗曾赞扬他有文武全才。光宗接位后，赵汝愚升为敷文阁学士，绍熙元年（1190）又任福州知府（赵汝愚两次在福州为官，深得福州百姓爱戴），绍熙二年（1191），召为吏部尚书。绍熙四年（1193），升知枢密院事。

绍熙五年（1194），南宋朝政发生了一次变故。孝宗病逝，其子光宗因一向与父不和，竟称病不执丧礼。大臣们屡奏不复，耽搁多日，朝廷上下忧心忡忡，丞相留正也束手无策，只好称病不朝。当时舆论纷纷，认为宫廷内部如此不睦，在北方强大的军事胁迫下，南宋的崩毁指日可待。在此关键时刻，赵汝愚以国事为重，临危不惧，屡进两宫疏通，又与工部尚书赵彦逾密议，派知阁门事韩侂胄请宪圣太后垂帘，主持丧事；并迫使光宗退位，拥其子嘉王赵扩即皇帝位。嘉王恐负不孝之名坚辞。赵汝愚劝道："天子当以安社稷、定国家为孝，今中外忧乱，万一生变，将置太上皇于何地？"于是，赵扩以次年（1195）即位，是为宁宗，改元庆元。

宁宗即位后，命赵汝愚兼代参知政事，任右丞相、枢密使。赵汝愚上任后，努力改革弊政，命朱熹待制经筵；起用和团结了一批有主张、有节操的士大夫，以安定朝政。不久，丞相留正还朝，汝愚自请免兼职，宁宗改任赵汝愚为光禄大夫、右丞相。赵汝愚力辞再三，宁宗不允，遂与留正同心辅政。这时，外戚韩侂胄专权。韩侂胄的所做作为，引起了赵汝愚支持者朱熹和一批有声望的士大夫不满，政治上形成了两股对抗的势力。待制朱熹和吏部侍郎彭龟年等弹劾韩侂胄，未果。韩侂胄便把赵汝愚看作眼中钉，唆使人上书宁宗，称"同姓居相位，将不利于社稷"。宁宗这时对赵汝愚也有疑心，便罢了赵汝愚的右丞相，让赵汝愚以观文殿学士身份出知福州。当时，国子祭酒李祥、博士杨简、太府丞吕祖俭等，以汝愚"勋劳卓著，精忠贯于天地"，先后上疏挽留，太学生多人伏阙上书，皆遭贬斥。

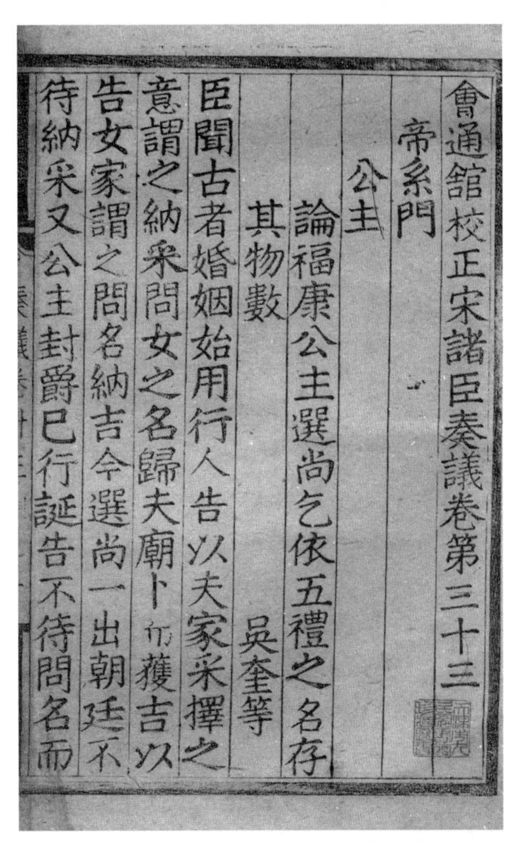
會通館校正宋諸臣奏議卷第三十三
帝系門
公主
論福康公主選尚乞依五禮之名存
其物數　吳奎等
臣聞古者婚姻始用行人告以夫家采擇之
意謂之納采問女之名歸夫廟卜而獲吉以
告女家謂之問名納吉今選尚一出朝廷不
待納采又公主封爵已行誕告不待問名而

会通馆校正宋诸臣奏议
（宋）赵汝愚辑 明弘治华燧会通馆铜活字印本

赵汝愚从任相到罢相，只有几个月时间。罢相后，赵汝愚暂未去福州赴任，先回故里。这时韩侂胄又捏造赵汝愚“倡引伪徒，图为不轨”的罪名，宁宗便将赵汝愚再贬宁远军节度副使，放永州（今湖南零陵）。行前，赵汝愚义无反顾，对送行者说：“看侂胄用意，必欲杀我。我死，君等方可无事。”宁宗庆元二年（1196）正月，汝愚在往永州途中，路经衡州（今湖南衡阳）得病，住在当地的郡守钱鍪府中。不巧钱鍪与赵汝愚有前隙，对这位落魄的相爷窘辱备至，屡加刁难，赵汝愚乃忧愤成疾，竟然一夕暴死。

宁宗听说赵汝愚暴病去世的消息，令将他的棺柩运回原籍江西余干安葬。当他的灵柩路经长沙时，长沙百姓纷纷前往吊唁和祭奠，要求将他安葬在长沙。皇命不可违，可长沙人对忠良的一片心意又不可拒。于是朝廷批准他的灵柩离开长沙时，留下遗物，在妙高峰下修建一座“衣冠冢”，让人凭吊，永志纪念。五月，归葬余干县南25里的雕峰山下（今枫港乡樟木桥）。故今湖南长沙和江西余干各有一座赵汝愚的坟墓。

赵汝愚为官三十年，清正爱民，德披天下。他尊崇儒学，毕生以修身、齐家、治国、平天下为宗旨。他人品高尚，宽以待人。史载，赵汝愚和族人聚居一处，“所得廪食常分予族人，自奉甚薄，虽贵为丞相，仍布衣蔬食。”

赵汝愚文武兼备，生前著有《忠定集》十五卷、《太祖实录举要》若干卷、《宋朝诸臣奏议》三百卷等，还留下不少诗文。

宁宗开禧三年（1207），韩侂胄被诛，党禁渐解，宁宗念赵汝愚功劳，尽复汝愚原职，并赐谥“忠定”，赠太师，追封沂国公。嘉熙元年（1237）理宗又下诏将赵汝愚配享宁宗庙廷，并追封赵汝愚为福王，后又进封周王，并亲手写下“梅岩”两字赐给赵汝愚子孙。“梅岩”两字后镌刻在赵汝愚少年读书处的石岩上，成为历代激励家乡学子刻苦攻读的名胜，曾为“干越八景”之一，今不存。

“江月不随流水去”，南宋右丞相赵汝愚的事迹如今已过去了800多年，他的英名永垂千古。然而，他的墨迹却尠见流传。20世纪80年代末，朵云轩向上海博物馆和辽宁省博物馆捐献了一批珍贵的书画文物，有一件赵汝愚的《新秋帖页》惊现其中，这恐怕是仅见于公藏机构的赵汝愚墨迹了，虽是小小一通尺牍，亦弥足珍贵。此《新秋帖》为赵汝愚上呈问候“知府秘丞先生”

的书简，从当中恭维尊敬的用语可以看出发函者与受函者之间的上下级关系，可能书于及第后不久任信州知州的前后。是帖楷法精严，得欧体神韵，又在结体上显露拙意，与循规蹈矩的干禄正书迥然有别。整体而言，宋代楷书相对于唐人是趋向式微的，宋人书法“尚意”的特点主要表现在行、草书，楷书的正襟危坐的形式在某种程度上的确束缚了“意”的延展。我们可以参考石刻上现存的赵汝愚的书迹，皆以行楷为主，正楷作为公文书体，自然不能与行、草书的面貌相提并论。读《新秋帖》上鉴藏印，有朱文“希之”一方，可知此曾为明末苏州富商、书画鉴藏家归希之旧藏。归希之的收藏印出现在宋元的书画珍品之上，其人有着不俗的鉴赏水平。另外，帖上还有近代著名书画鉴定家张珩的两方藏印作为鉴定辅助依据，也大大增强了此为赵汝愚仅存墨迹的说服力。

赵汝愚墓

（作者简介：张婷，上饶市博物馆馆员；李默弢，上饶市文献学会理事）

信州路儒学教授戴表元《动静帖》赏析

张 婷 李胜豪

戴表元像

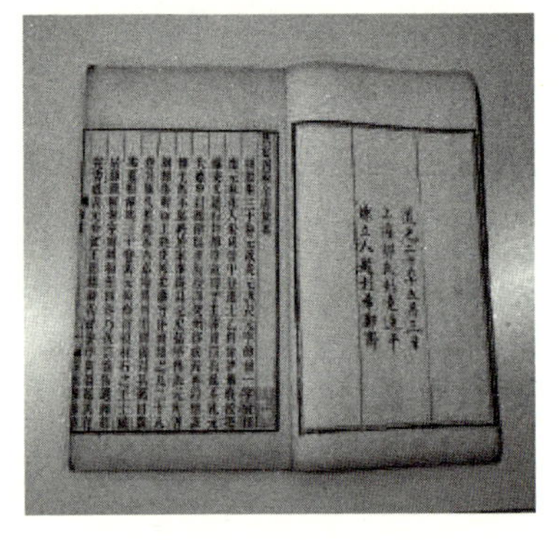

戴表元《剡溪集》

元代书法既是宋代书法的继续，同时又是书法史上的一个转折。它一方面延续了宋代书法融合晋唐的书法取向，使晋唐古法在南宋一度式微之后，又得以发扬，特别是书坛巨匠赵孟頫高举起“复古”的旗帜，并身体力行地实践，最终开拓了温雅平正、复古求新的元初主流书风。另一方面，部分士大夫仍受北宋“尚意”书风的影响，多以颜真卿或苏、黄、米、蔡四大家为圭臬，较为著名的书家有白珽、戴表元等，这道暗流虽余绪未广，但也体现出元早期书法审美取向的多元性。

由南宋末入元初的戴表元，不仅为当时“尚意”书风的代表，与信州的历史也有着深厚的渊源。戴表元（1244—1310），字率初，一字曾伯，号剡源先生、质野翁、充安老人，庆元奉化（今浙江宁波）人。南宋进士，任建康府教授，阶至文林郎。元大德年间受荐拜信州教授，秩满改婺州教授，以疾辞。戴表元师从南宋大儒王应麟、舒岳祥，学问渊博，在至元、大德年间名重一时，被称为“东南文章大家”。其诗文创作的宗唐复古思想对赵孟頫影响颇大。曾为《松雪斋文集》作序，著《剡源集》行世。然而，他存世的墨迹如凤毛麟角，仅故宫博物院所藏的行书《动静帖》可窥见其庐山面目。

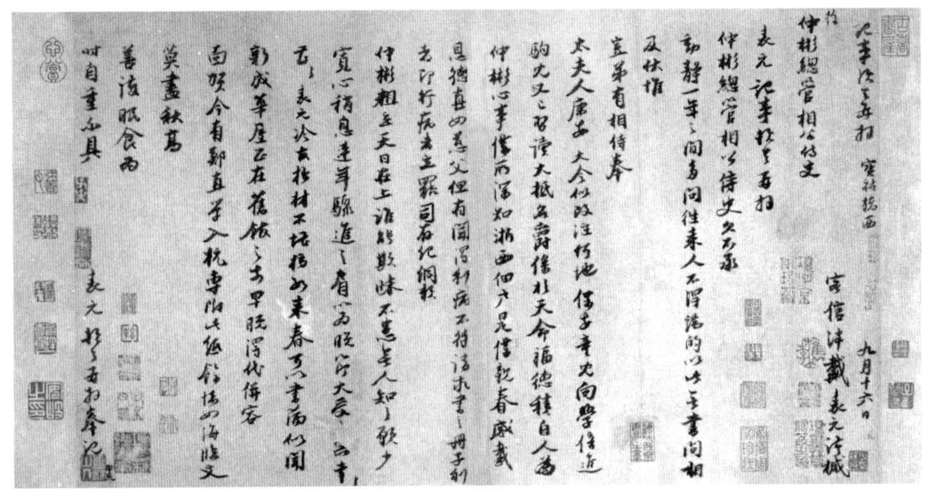

戴表元《动静帖》

此帖纸本，纵30.2厘米，横52.4厘米。文录如下：

“记事顿首再拜徐仲彬总管相公侍史，客信泮戴表元谨缄。宝祐桥西。九月十六日。表元记事顿首再拜仲彬总管相公侍史，久不承动静。一年之间，多问往来人，不得端的。以此无书问相及。伏惟岂弟有相，侍奉太夫人康安。大令似改注何地，保安童儿向学倍进，驹儿又已习读。大抵名爵系于天命，福德积自人为。仲彬心事，仆所深知。浙西佃户，是仆亲眷。感戴恩德，真如慈父。但有闻得利病，不待请求，书之册子。利者即行，病者立罢。司存纪纲，赖仲彬粗立。天日在上，谁能欺昧，不患无人知了。愿少宽心，稍息连年骤进之肩，以为晚节大受□器。幸甚幸甚！表元冷官拙材，不堪指数，来春可以书满。似闻新成华屋，正在旧馆之前。早晚得代，并容面贺。今有郑直学入杭，专附此纸。馀怀如海，临文莫尽。秋高善护眠食，为时自重不具。表元顿首再拜奉记。”

其上钤印累累，分别由项廷谟、项子京、安岐、何厚琦、完颜景贤、赵叔彦、谭敬、张爰等名家递藏，可谓流传有序。

据戴表元《安阳胡氏考妣墓志铭》，知其是大德六年以荐授信州教授；又大德十年《自信州归游石门访故人毛仪卿、镇卿兄弟作长句赠之》一诗中，说他此年正好任满五年。再参考帖中所说“来春可以书满”，可以断定此帖系大德九年（1305）戴氏于信州教授任上所作。戴表元不以书名，但此帖笔法雅秀谨饬，韵度润逸，深沉典雅，具有文人简牍书意的特点。结体用笔未脱宋人“尚意”之习。

想要体会《动静帖》的韵味，首先要从宋人书法“尚意”的概念入手。明代董其昌《容台集》有：“宋人书取意。”清代梁巘概括为：“宋尚意”“宋人尚意”。所谓“意”，前人诠说不一。或指意趣，明代董其昌：“宋人书取意，自以其意为书，非能有古意。”明代项穆亦云：“宋贤求之意气精神，其过也，纵而肆矣。”或指意态，清代康有为：“宋人讲意态，故行草甚工，米书得之。”近有人指出，宋人尚意，至少包括四层含义：一是要求表现哲理，二是重视表现学识，三是强调表现人品性情，四是注重表现意趣。与宋之“写意画”的“意”旨趣相同。从创作上看，“宋人书长于简札，而不宜于碑版。”（清代叶昌炽）。“宋人不讲楷法，至以行草入真书，世变为之也。”（清代何绍基）因不讲楷法，而行书大盛；行书大盛，而个性意趣自然溢出。故宋人作书惟情是尊，张扬个性，遣兴畅怀，不计工拙，形成“侧怒张”的书艺特色。苏轼书以“肥欹”为特点，“点画飞动”而“浓耸棱侧”（明代项穆）。“至于黄、米，而款侧怒张之势极矣。”（宋代朱熹）此乃“尚意”之一大体现。同时，宋人书艺与诗的关系，较以前更为紧密，诗书并佳之作不乏屡见，从而拓宽了“意”的内涵，使所谓“书卷之气”郁郁芊芊发乎笔最之间。加之宋时笔与纸的制作更趋精美，特别是李廷珪的墨，湛亮晶莹，亦大益于“尚意”的表现。因此，宋人尚意，若自其艺术创造而言，实是对东晋以来“点画有意”“神采为上”的书法形神观和唐人“达情”“言志”思想的发展。而就其思想渊源上说，则是植根于“信言不美，美言不信”和“自然”“贵真”的道家及大盛于宋的禅宗人生哲学。

“惟情是尊，张扬个性，遣兴畅怀，不计工拙”是衡量“尚意”审美的标准，这恰与《动静帖》所散发出的气息相吻合。观《动静帖》，用笔迅疾飞动，起收多见锋芒，其结体向右上欹侧明显，应得自苏书笔势，而转折顿挫硬朗，当远接晋人风神。此帖纵势整体向右微倾，可见每行书毕后并无停顿稍作调整，洒洒落落，一气呵成，符合尺牍书写时言在笔先，意到笔随的自然流露之态。再细审此帖之单字，并非字字完美，笔笔精善，如开篇的“总”“德积”的“积”“早晚”的“早”等等，均异于常格，有的甚至能用乖张来形容。还有些字的结构头重脚轻，右侧部件有意向中宫聚拢，形成一种不稳定的态势。若单独抽离出来欣赏，恐怕是一种费解的语言。但纵观全篇，这些龃龉的因素反而消弥在一种律动的节奏感当中。不难体会，《动静帖》的书势是随着某种情绪的波动而延展开来的，轻重的转变，大小的更迭，奇正的拗救，这些因素都构成了动态的平衡，使原本不和谐的音符成了一种富于变化的点缀。我们不得不再回过头强调《动静贴》本身，是作为书信简牍而存在的墨迹。它的私密性或在某种程度上摒绝了外界观赏的可能，于是，书写的趣味，才能和情感的流露交融无间，而技法则退居幕后，见证着这一跳脱且自然的表达。

关于戴表元书写《动静帖》的内心活动，与他当时的境遇是密不可分的。出仕信州路儒学教授，对于南宋遗民身份的戴表元来说，显然不是一次轻松的抉择，在不少后世论者眼中，这一举动也成为诟病其人格的污点。全祖望曾在《剡源九曲辞》中委婉批评：“帅初以薄禄竟受教授之官，宜为黄、万二公所贬……惜哉斯人兮执德不固，出山之泉兮失故步。”今人张仲谋则对戴表元极尽讥讽：“在彷徨感慨二十多年之后，在晚年出为信州教授了。做了大半辈子的宋朝遗民却在晚年而再仕于元，足见孟子所谓仁义之‘天爵’，到底不如世俗之‘人爵’具有吸引力。做了州学教授这一级小官，也许称贰臣还不够资格，但在人品上来说却是一个污点。”然而也有一些不同的声音。

在客观层面上，首先，元代统治者取得天下后，对待汉人的文化政策有了很大改变，“世祖初得江南，尽求宋之遗士而用之，尤重进士”，当时被召之人乃多。如戴表元的友人陈养晦、陈文卿、袁太初、邓善之、屠存博、白湛困、仇山村、张仲宾等，皆出任学官。现实比起元初平定江南的残暴已经大为改善，很多原来宋朝的遗民渐渐改变了自已的政治态度，对元朝由拒绝合作到默然认同；其次是物质生活的逼迫，当时的汉族文人，地位已经接近贫民，他曾在《送陈养晦赴松阳校官》诗中写道：“书生不用世，什九隐儒官。

抱璞岂不佳，居贫良独难。”汉族文人群体的境遇可见一斑；再次是所处的环境，给他提供了出仕信州路的条件。来信州以前，他身处杭州授徒，在中书行署认识了贵人安阳胡士谦，由于当时的信州和杭州同属于一个行政大区——江浙行省，加上戴表元具备了朝廷规定的儒学教授的任职资格，故而得以出任。

在主观层面，戴表元于宋时即为进士，深受正统的儒家教育的影响，他认为臣子有忠君的义务，然而忠君有一定的前提，那就是君主勤政爱民，如果面对无道之君，则臣子可逆可去，而遵循比君主更加重要的“义”。依据这个原则来分析戴表元仕元，便可以找到其思想基础。戴表元在其《剡源戴先生自厅》中对偷安的朝廷不满并有自已的政治主张。故有“后迁临安教授，行户部掌故，皆不就”之举，从行动上已经做出了“从义不从君”的选择。况且戴表元仕元时，距离南宋灭亡已经二十多年，期间，元朝统治者对文人的政策，客观上有利于汉族文化的繁荣。从这个角度，就不难理解戴表元、白珽、胡炳文、仇远等一批南宋遗民把出任学官看成是特殊的隐逸形式和维系华夏斯文于不坠的有效途径。

戴表元出任的信州路儒学教授虽官职卑微，但他在任期间，对当地文化的贡献，可以说是功不可没。他一方面教授生徒，交往学人；一方面刻印书籍，保存国故。他在大德年间刊刻的《北史》，被称为信州路儒学刊本，有名于时。而《动静帖》成书的大德九年（1305），六十二岁，正好是他任职满四年的节点，此间经历之不易，冷暖自知。说到这里，我们很难再把这位的孜孜矻矻老者和贪荣附热的贰臣联系起来，仕元另一合理的解释，就是戴表元内心始终怀着对守护文脉使命般的热忱了。读《动静帖》的内容，平实无奇，不外乎是与友人徐仲彬的寒暄和倾吐，以及对后辈的学业上的关心与牵挂，但从“表元冷官拙材，不堪指数”等牢骚般的絮语，又可以看出他身处下僚的无奈与叹息。当把这几分叹息、几分牵挂和几分笃定的情感融汇在一起，便成了《动静帖》跌宕起伏，如同人生般大起大落的书势。从中既可以读出专属于儒生的襟怀磊落，也可以读出一位长者在耳顺之年的无畏和豁达。书论中有“碑不如告，告不如书”之说。意思是说，论书写的滋味，石刻的碑文不如墨写的文件，墨写的文件，不如私信的草稿。《动静帖》正是一通继承宋人“尚意”书风的私信草稿，它高超地融合了心像和技法，展现了书法在真挚的情感内化氛围里所自然流露的生命气象。

（作者简介：张婷，上饶市博物馆文博馆员；李胜豪，上饶市文献学会理事）

广信推官黎士弘的生平及书法

郑文卿　李胜豪

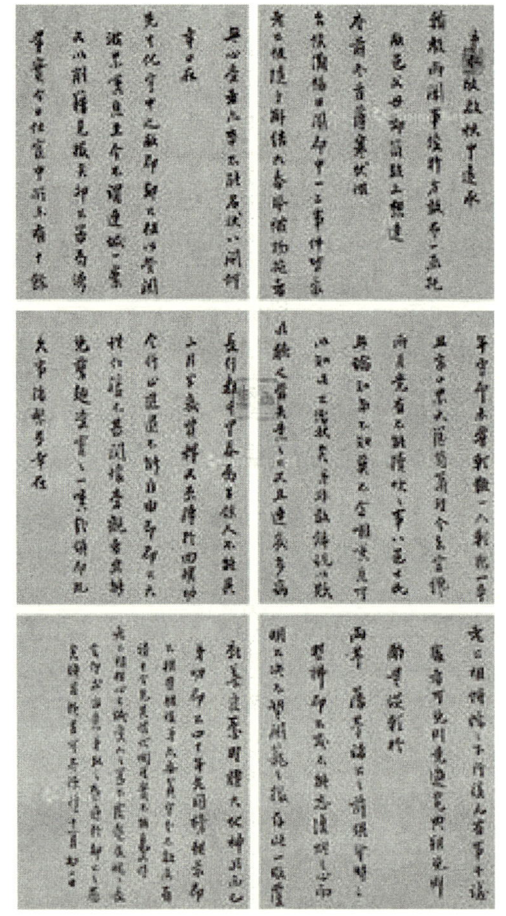

黎士弘信札

上饶、鄱阳是广信、饶州府治所在之地，是赣东北的文化中心，出于本地的书画家既多，而历代来此任职的官员，也多为著名的书画家。他们为官一任，造福一方。政绩见于方志所载，而他们的书画艺术作品，或被镌刻于碑版，或被地方士人所珍藏，流传后世，成为上饶地方历史文化的重要组成部分。

谈到清初时期的广信推官黎士弘，相信绝大多数人都会感到陌生，一则因其功名不甚显赫，仅以举人授官；二则因清初的广信府屡遭兵燹，荒芜日久，事迹自然比不上在承平之地更广为流传。然而黎士弘的诗才早年在汀南便颇有名气，他在主事玉山的六年间，因为政清廉且功劳卓著而广受民众的称许，对黎士弘生平的钩沉，和对其诗文、书法的探究，也是对信州文史的一段补苴与充实。

黎士弘（1618—1697），字媿曾，福建长汀人，生于万历四十六年，卒于康熙三十六，享年八十岁。黎士弘自幼聪慧过人，终其一生，嗜读不衰，于书无所不窥，“负岸英姿，自为孤童，即能读等身书，嗜声诗，又不好繁艳谐语”“凡经史百家过目成诵而又遂于八大家之文，手录丹黄，堆盈几案，诗赋词章无不操笔立就”尤喜李贺和王勃。黎士弘的好学，应得益于其先辈的教导。其少时跟从其叔黎振三学习，同时他的文学素养的形成还得益于其老师以及与众多文人的交往，虽然他们的文学成就与那些大家相比稍微逊色，但他们在当地是著名的文人，是当地文坛比较活跃的人物。崇祯五年，拜李世熊为师，还于崇祯九年和其弟学于佩韦吴先生，在其十七岁时做《百鸟纪》，漳南道冯之图称之为“汀南异人”，而在见曾弗人时做《兰与兰语》，曾弗人大喜，称之为“汉魏之苗裔”。在顺治元年和其弟读书于佛祖峰，并且写下大量的诗歌。在其交往的人中，我们不得不提一下周亮工。周亮工（1612—1672），字元亮，号栎园。黎士弘与周亮工关系甚密，其《哭周栎园先生》四首，其四云：“受公三十年知遇，敢于寻常客座俱？秘地文章分稿读，通家子弟得名呼。”可见周亮工对黎士弘赏识有加。

在此期间也充分表现黎士弘办事能力以及对百姓疾苦的关心，这对他以后为官起到重要的作用。明代实行卫所制度，而汀州属于河州卫左所。永乐时赣南信丰县周三叛乱，汀军前去平叛乱。乱平之后，官府将叛民的田地给了军户，岁收田赋定额，交由汀州府库，而军户把这些土地租给别人，到时收租。由于没有文化，军户与佃户之间没有立文契，只凭信物来收租。日久之后，军户把信物给丢了，并且加上路途遥远，军户往往委托别人收租，遇到奸诈的收租人，军户往往收不到租，而官府却催得比较紧，因此许多军户不得不卖妻卖儿女。这一弊病从明一直延续到明末，士弘承父命到虔州请于虔都御使林一柱，以左所额征屯粮经从信丰起征坐抵，林一柱念士弘名，随檄信丰县径微抵，三百年害随解。

黎士弘十四岁时即崇祯四年补为博士弟子员。崇祯十四年，黎士弘开始参加考试被拔为第一，似乎这是一个很好的开始，但是他的仕途之路并不顺利。因黎士弘的父亲过世，再加上朝廷的更替，不能参加科考。顺治三年学使闵公按试复拔为第一，进国子监，自此涉大江，走青齐幽燕，交一时明公。顺治十一年顺天乡试中举人，顺治十二年曾选为推官，但是黎士弘没有接受，而在顺治十五年的会试中则名落孙山。康熙元年，黎士弘被授予江西广信府推官。黎士弘为官清正，操守狷介，不受一钱执法不挠，锄豪强，扶植良善，纠举有司之贪，故江西有黎则生之谣，受十三郡狱牍，脱无罪者百人。属邑玉山战乱后，城中草深三尺，居民三十家。黎士弘立学建治，招流亡，垦田定赋，民复旧业，邑顿成乐土。由于政绩突出，在康熙七年以裁缺补永新知县。“永新县在万山中，号难治。士弘与民休息，化梗还淳，月集诸生分题课艺，士风一振。境有虎患，文心告，虎为屏迹，民称黎青天。摄篆各邑，革弊除残。”据《永新县志》载：“士弘治民慈而能断政……去之日，父老弟子泣送不忍别，为立讲堂，刻去思碑。”

由于黎士弘在永新政绩突出，被举为廉卓第一，于康熙十一年，擢为陕西甘州同知。在甘州他严饬衙所和辑兵，奏请抚军罢旧丁额，微征数百两，受到当地老百姓的欢迎和尊敬。他以廉卓第一，于康熙十三年擢为晋江甘州知府。在他赴任的路途中，适逢吴三桂起兵造反以及西北的王辅臣叛乱，因黎士弘在甘州深得老百姓爱戴，被擢为洮泯道副使。王辅臣攻下各邑，兰州失守。黎士弘提出“镇兵云集，必一事权言于巡抚”，“恢复河东，非用河西之兵不可，用河西之兵，非责之提督不可”的策略，奏请张勇为将军，节制诸镇。为保证军队粮食的充足，他积极动员当地的官绅捐助。他不仅为将领出谋划策，还处理日常的事务。“及复兰州，先大夫兼摄臬篆。日则擘画军机，夜则判理刑狱，案牍如山，片言立断。”康熙十五年，宁夏营将叛杀提帅，镇城危急，黎士弘被改为镇守宁夏。他到了宁夏之后，严防守，安反侧，同时请求免除逋粮七万五千余石。在采取这些措施之后，人心才安定下来，这为以后的反攻奠定了基础。在反攻时，他积极提供物资。因此康熙十六年追叙平叛功绩时，晋为陕西布政使司并且追封三代。

在黎士弘晋升为布政使参政时，以母老为由乞归。戊午，获准辞归。归家之后，筑溉本堂于城西。这二十年里，在溉本堂里读书写诗，与朋友相互唱和。在家里教育子孙，极享受天伦之乐。他闲居期间，仍然关心百姓疾苦，他的好友潘耒曾赞其"于官为廉吏，于国为劳臣，于乡为长德。"可谓其一生的写照。

孟子谓"知人论世"，了解黎士弘的生平，对其诗文、书法也会有深刻的理解。黎世弘毕生著作颇丰，虽部分未得付梓，但从《托素斋诗文集》《仁恕堂笔记》等著作中亦可窥其端倪，然而墨迹于今流传甚尠，片纸寸缣亦当予以重视。近年拍卖所见的《致汪楫手札》，较为可靠的仅有由《中国古代书画鉴定实录》所著录的沈俊《山水册》中的一开题跋，现不妨以之为参考，整理内容如下：

"沈君晚年客信州，留笔墨颇多，好事家口之不置，初夏，于西昌见其便面，数笔以为平平耳。及秋中，过信州，乃得其长卷大幅，始叹为非偶作者。今子庄出此册相示，更觉清和明媚，顿改旧观，殊悔向者坐西昌三月，失于把臂也。因忆阎立本见张僧繇画，初以为滥得名，久则坐卧三日，不忍释去，古今虽殊，情事岂不相同哉？壬寅腊月一日，长汀黎士弘书。"

此题跋作于康熙元年（1662），即黎士弘甫任广信府推官的那一年，上述提及了黎士弘与册页作者沈俊和上款人子庄之间的翰墨交往，似乎有着不同寻常的意义。沈峻，字坦若，号弘高、太虚道人、江苏苏州人，寓居上饶有年。工山水、书法，尤精于摹古，颇得元人法度。所交皆一时名流。上款人子庄则是明末著名的藩王之裔朱容重——朱议浠，更名容重，字子庄，奉国中尉，国变后混迹尘市。能诗工书画，善画兰竹小景。居蓼洲，四方之士游豫章者，不得其笔墨以为阙，造请无虚日。

值得一提的是此册的其余题跋者有四位明末清初江西籍的官员（其中三位且为明末进士），他们分别为：一、李元鼎（1595—1670），字吉甫，号梅公，江西吉水人。明天启二年（1622）进士，官光禄寺少卿。降清，两为兵部侍郎。罢归后，凿池筑室，与远山夫人朱中楣倡和其中。著有《石园全集》等。二、文德翼，字用昭，江西九江人。崇祯七年（1634）进士，官至吏部郎中。入清即归隐不仕。其人品清逸，学问颇博，著有《雅似堂文集》及诗集等。三、朱徽（1601—1660后），字子美，号遂初，江西进贤人。天启辛酉与兄健同举于乡，崇祯辛未进士。历官刑科给事中。顺治元年，以原官升都给事，后转陕西固原兵备道副使，与龚鼎孳友善，有《测蠡草》等。四、曾弘，晚号石屋老人，江西吉水县人。顺治四年，任广东岭东海防兵备分巡道。另两位与黎士弘同为外籍宦游者分别是：一、陈上善，字玄水，江南嘉定（今上海）人，清代篆刻家，擅长治印。二、倪粲，字闇公，号雁园，江苏上元（今南京）人，诸生。康熙六年（1667）中举，十八年（1679）召试博学鸿儒，倪粲中榜，为一等二名，官授翰林院检讨，曾受荐修《明史》。

可见此册题跋者多为明末遗民，入清后或隐或仕，人生轨迹也各自分道扬镳。然而，他们在明藩裔朱容重的的感召下，或出于对艺事的热衷，或出于相互间的交情，都纷纷参与了这次不可多得的翰墨雅集，在清初敏感的政治氛围之下实为不易。前面提到过，黎士弘在十四岁即崇祯四年时补为博士弟子，即使入清后出仕，也无法轻易磨灭对前朝的情感，尤其与早岁时师友间，如方以智、上官周、周亮工、潘耒、等建立起的友谊，更是伴随其一生。适逢康熙元年，也就是黎士弘授信州府推官的那年，新朋旧友晤于一堂，闲扶短策，小聚清欢，并于前朝藩王朱容重的激赏的山水册中题下各自的跋语。这不啻为黎士弘交游及其艺术趣味的一次见证。

纵观此题跋，黎士弘的书法行隶结合，古拙硬朗。结体欹侧近李北海，横竖间运笔颇存隶意，捺笔又带有章草的遗风，与八大山人、黄道周等人的小楷气息相类，是典型的明人书法风格。联想起黎士弘为官的清廉正直，操守狷介，和这种外相朴拙而内含筋骨的书风或有某种程度的契合。据《闽画传》中的记载，黎士弘“少时学画兰，继从新安江天章学画山水，好古书画，一见立别真赝。晚年抚凡临摹，笔更遒劲。”可知他在政

黎士弘书法

事之余，对书画艺术方面也是颇为着意的。于此，我们也就不难理解他书法运笔的细节里，具备着丰富的与传统对接且融合的元素。扬雄曰“书者，心画也”，在欣赏这位信州的父母官不可多得的书作的时候，我们更希望能怀想着他的生平，透过质朴的点划，去瞻仰那不激不励而风规自远的士人情怀。

（作者简介：郑文卿，上饶市博物馆副馆长，文博馆员；李胜豪，上饶文献学会理事）

笔墨精妙　气韵生动

——信州区博物馆藏民国书画赏析

吕　珺

我国的书画艺术具有鲜明的民族特色和深厚的传统基础，书与画相通，互为影响。评论书画，讲的是笔墨、气韵、格调、传统等诸方面，而笔墨和气韵尤为中国书画所特有。笔墨作为物象的造型手段，不仅仅是抽象的点线面，还是书画家心灵的净化、性格的外观、审美的显示。笔墨本身是有内容的，这个内容就是书画家本人。气韵是书画的意境或韵味，它存在于笔墨的运渲之间，用笔墨精妙处正是气韵生动的体现。所以，一件书画佳作往往“气韵藏于笔墨，笔墨都成气韵”。

信州区博物馆原名上饶市博物馆，始建于1984年，2000年撤地改市时改用现名。该馆收藏了一批民国时期的书画作品，现遴选部分精品，从笔墨、气韵及书画家本人风格等方面予以介绍和赏析。

民国十七年齐白石《渔翁图》纸本轴（图一），水墨设色，大写意，纵126.1厘米，横41厘米。画面上一渔翁头戴斗笠，身披蓑衣，左手提鱼篮，右手持渔竿，赤脚、弓背，低头思索。脸大部分被斗笠遮住，只剩下巴和胡子露出。以墨笔粗勾人物线条，水墨渲染蓑衣，赭色晕染肌肤。人物造型简练，形象生动自然，墨与色对比强烈，浑朴稚拙的造型和笔法，体现了齐白石的艺术主张“妙在似与不似之间”，韵味无穷。画心右上部行书题诗：“看着鱼篮有所思，湖乾海涸欲何之。不愁未有明朝酒，窃恐篮徵税时空。”落款：“戊辰春三月中，绍九先生清正，齐璜并题。”钤白文篆书印“白石翁”，右下角铃白文押角印“孝行为守”。其书法张手叉脚，取势欹侧，将拙气、稚气与霸气融为一体。诗书画印俱佳，是齐白石“衰年变法”后人物画中的珍品。

齐白石（1864—1957），原名纯芝，字渭青，号兰亭。后改名为璜，字濒生，号白石、白石山翁、老萍、借山吟馆主者、三百石印富翁等。湖南湘潭人，近现代杰出的书画家、篆刻家。擅长花鸟、虫鱼、山水、人物，亦善诗文、刻印。早年曾为雕花木工，27岁才有机会向文人名流学习书画。书工篆隶，取法于秦汉碑刻，行草书临习李邕、何绍基、金农、郑板桥诸家。早期的绘画规矩精密，40岁时对八大山人、石涛的画有所取法，又“五出五归”，饱览名山大川，广结当世名人，画风由工转写意。后受陈师曾影响甚大，又吸取了吴昌硕之长，笔酣墨饱，力健有锋。57岁后定居北京，开始跳出古人窠臼的“衰年变法”，大胆引进了民间的审美情趣，把墨作为一种色彩与其他色彩对照，保留了以墨为主的中国画特色。齐白石有句著名画语“作画妙在似与不似之间，太似为媚俗，不似为欺世”，所以他的画造型简练生动，意境淳厚朴实。深厚的乡土气息，纯朴

图一　齐白石《渔翁图》

图二　王琦《渔翁图》

的农民意识，天真烂漫的童心和富有余味的诗意，是齐白石艺术的内在生命。新中国成立后，齐白石曾任中国美术家协会主席。1953年，文化部授予他“人民艺术家”称号。

民国十六年王琦《渔翁图》纸本轴（图二），水墨设色，写意，纵138.5厘米，横39.5厘米。画面上一渔翁头戴斗笠，身背渔篓，左手提鳜鱼，右手持渔竿。用墨笔勾勒人物线条，色彩晕染人物肌肤、衣裳，衣纹皱折生动飘逸，脸部表情自然传神，渔竿线条简练，鳜鱼跃然纸上，韵味十足。画心左上侧草书题诗：“人间只有江湖客，看破繁华总是空。”落款：“绍九先生清玩，西昌陶迷王琦写于珠山，丁卯年。”钤篆书白文印“西昌陶迷”、朱文印“王奇”，引首章为椭圆形朱印“人生一乐”，压角章为方形朱印“我成壹派”。其书法起顿有致，散而有序，有苍劲纵横之气。王琦是瓷绘名家，纸本绘画比较少见，此图笔墨精妙，气韵生动，展示了画家深厚的书画功底。

王琦（1884—1937），号碧珍，别号陶迷道人，室名陶陶斋。祖籍安徽，生于江西新建，中国陶瓷美术大师，民国时期景德镇瓷绘名家。原擅捏面人，1901年到景德镇向邓碧珊学习陶瓷绘画，后又学习钱惠安的仕女画，因扎实的功力和聪颖的悟性，很快超过了邓碧珊。1916年，王琦赴上海参观画展，接触“扬州八怪”，尤喜欢黄慎的画风。他所画的人物不绘背景，突出人物形态表情，勾线用墨老辣，衣纹虬结生姿。衣衫的表现以中锋入笔，有黄慎恣纵的笔意。草书题款颇具王羲之、怀素的书风。与邓碧珊等八人时相过从，品评画理，有“珠山八友”之称，是“珠山八友”的领军人物。1928年，他与王大凡、汪野亭等人组成艺术团体“月圆会”，借以抒发胸志，以瓷会友。

图三　王大凡《仕女图》

民国十六年王大凡《仕女图》纸本轴（图三），设色，工笔写意，纵139.6厘米，横39.4厘米。画面上细雨濛濛，杨柳垂枝，一仕女坐在船上吹笛。以工笔画仕女的脸部、头发，服饰、树枝等兼用写意，设色清丽，意境深悠。人物的刻画，衣纹的组织，场景的搭配都有雅逸之气，“文人画”气息充满画面。画心右上侧行书题款“夜船吹笛雨潇潇”，落款“时在丁卯年冬月上浣，以应绍九先生雅鉴，黟山大凡王堃写”，笔法苍劲，俊逸秀美。钤朱文无框印“大凡长寿”、白文“王堃之印”，左下角钤押角印“辋川后裔”。王大凡以绘瓷著称，他的这幅仕女画在用笔和设色上比瓷板画更具书卷气，是王大凡纸本绘画中的珍品。

王大凡（1888—1961），名堃，号希平居士，又号黟山樵子，斋名希平草庐。祖籍山西太原，后移居安徽黟县，出生于江西鄱阳，中国陶瓷美术大师，民国

图四　汪野亭《云林幽亭秀木图》

时期景德镇瓷绘名家，“珠山八友”之一。1901年随父母到景德镇，在他姐姐开的“红店”学艺，向当时著名的洪宪瓷和浅绛彩画家汪晓棠学习绘画和诗词歌赋。早期画的仕女与汪晓棠一脉相承，都是清末较为时尚的一种画风，仕女形象同属瓜子脸、丹凤眼、樱桃小嘴、孱弱细腰型。1916年，王大凡赴上海参观画展归来之后，受“扬州八怪”中罗聘画风影响较深。中年学习吴道子、陈老莲、马镜江的绘画技法，可谓博采众长。所绘之画都是兼工带写，婉约内敛的小写意，“文人画”风格可雅俗共赏。研究发明的“落地粉彩”陶瓷技法，使中国画的风格和技巧在陶瓷上的运用游刃有余。如果说王大凡早年的作品是用画笔向人们讲述一个动人的故事，中年的作品就是传达一种禅意，晚年的作品则是表达一种精神境界。

民国十六年汪野亭《云林幽亭秀木图》纸本轴（图四），水墨写意，纵145.5厘米，横39.5厘米。图中绘有远山、近水、幽亭、秀木等景物。采用平远法布局，山石以折带皴擦，用淡墨晕染。树叶以圆点，“介”字，“个”字勾点，聚散疏密。墨色层次分明，清新雅逸，意境幽深。画心右上部行书题款“丁卯冬十二月仿素公画，云林幽亭秀木图，以奉绍九先生大雅清玩，翥山野亭汪平写于昌江客次”，运笔流畅，遒劲风腴，钤白文印“越国王孙”、朱文印“汪野亭画”，引首章为长方形白文印“汪乐平”，押角章为正方形朱文印“野亭垂钓兮聊慰平生”。汪野亭擅长画瓷，此幅水墨山水画颇有其瓷板山水画的风韵。

汪野亭（1884—1942），名平，字鉴，号平山、平生、老平、垂钓子，又号传芳居士、平山草堂主人，斋名平山草堂。江西乐平人，中国陶瓷美术大师，民国时期景德镇瓷绘名家，“珠山八友”之一。自幼家境清贫，在祖父的资助下考进江西省陶业学堂，师承张晓耕学习山水，潘陶宇学习花鸟。1909年毕业后，以绘瓷谋生；瓷业萧条时，卖画糊口。辛亥革命后，汪野亭的画室“平山草堂”应运而生，致力于“浅绛山水”和“墨彩山水”的研究。早期作品追随程门、金品卿等浅绛彩名家技法，开创了用线细密，具浅绛风格的粉彩山水画；中期作品构图严谨，线条流畅洒脱；晚年作品用线粗犷，色彩明快，极显苍古与奔放之势。他的山水画一直为后人所仰重、仿效，影响长达半个多世纪。

图五　谢公展《岁寒天趣图》

民国谢公展《岁寒天趣图》纸本轴（图五），水墨设色，写意，纵132.5厘米，横33厘米。画面奇石旁，腊梅、天竺、水仙竞相争艳，两只麻雀飞于梅枝间。水仙的花叶以墨笔双勾，梅枝、竺叶、麻雀、奇石以水墨勾染，用曙红、藤黄点染竺子、腊梅和水仙

花蕊，画面动静结合，天趣盎然。画心左上侧草书题款“岁寒天趣，先生雅属即正，弟谢公展”，钤篆书白文印“谢公展”。笔墨舒展，力健洒脱，是谢公展花鸟画中的代表作品。

民国谢公展《菊花图》纸本轴（图六），水墨设色，写意，纵131.7厘米，横32.9厘米。画面上红、黄、蓝各色菊花盛开，两只螳螂飞于花丛中。花瓣有的用墨线双勾，色彩晕染，有的用没骨法彩绘。叶片先以花青、藤黄和水墨渲染，再用墨笔勾叶脉。笔墨湿润隽秀，色彩清新质朴，富有韵味。画心右上侧草书题诗：“不见秋花傲，但觉春花媚。借问彭泽翁，可能供一醉？此图成后介子戏题一绝。”落款“谢公展”，钤朱文印“公展”。画上的题诗是由弟弟作诗，哥哥书款，借陶渊明的典故来表达爱菊之意。

谢公展（1885—1940），民国时期著名画家，一名翥，一名寿，以字行。江苏镇江人，曾任上海美术专科学校、暨南大学

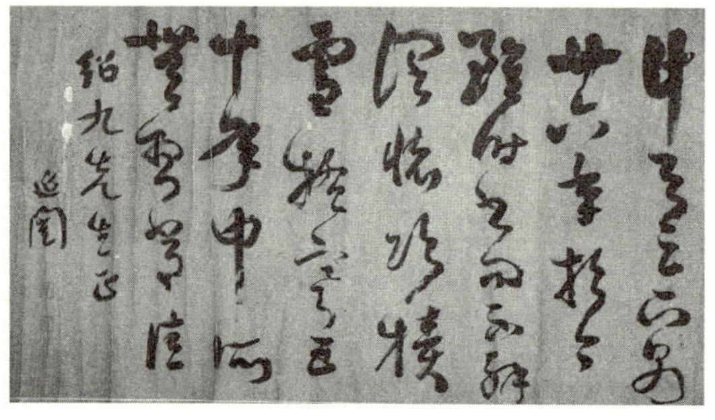

图六　谢公展《菊花图》

图七　谭延闿草书横幅

等校教授，蜜蜂画社组织者之一，著有《水彩画》《谢公展画集》。擅长花鸟虫鱼，得吴昌硕遗韵，尤工于画菊，有“谢家菊”之称，笔墨秀润挺拔。亦善诗词，与其弟谢介子唱酬联句，每有作画，多由介子加题诗词，兄弟合作，成为艺术佳话。

民国谭延闿草书纸本横幅（图七），纵39厘米，横145厘米。内容为“计与足下别廿六年，于今虽时书问，不解阔怀。顷积雪疑寒，五十年中所无，想常佳。”共32字，是谭延闿临习王羲之的草书《十七贴》中的一段文字。但临作并未完全按照原贴来写，内容有所删改，尤其笔画的形态有自己的书写风格。以中锋入笔，笔墨流畅，飘洒纵逸，气韵雄浑，笔画间以飞白，在实中见虚。落款“绍九先生正，延闿”，钤白文印“谭延闿”、朱文印“祖安”，是谭延闿草书中的珍品。

谭延闿（1880—1930），字祖安、祖庵，号无畏、切斋，湖南茶陵人。清光绪年间进士，授翰林编修。1909年被推为湖南谘议局议长，1912年加入国民党，曾任两广总督，湖南督军兼湘军总司令，授上将军衔。1927年后曾任国民政府主席、行政院院长。民国四大书法家之首，有“近代颜书大家”之称。20岁时学赵孟頫、刘墉，继而师法颜真卿，兼学杨肇、翁同龢；30岁时学颜书，参以钱南园笔法；40岁后于古法帖无所不临，生平书学至此乃大变。他的书法功底深厚，变化灵巧，笔笔中锋，有大气磅礴之势。著有《祖庵诗集》《慈

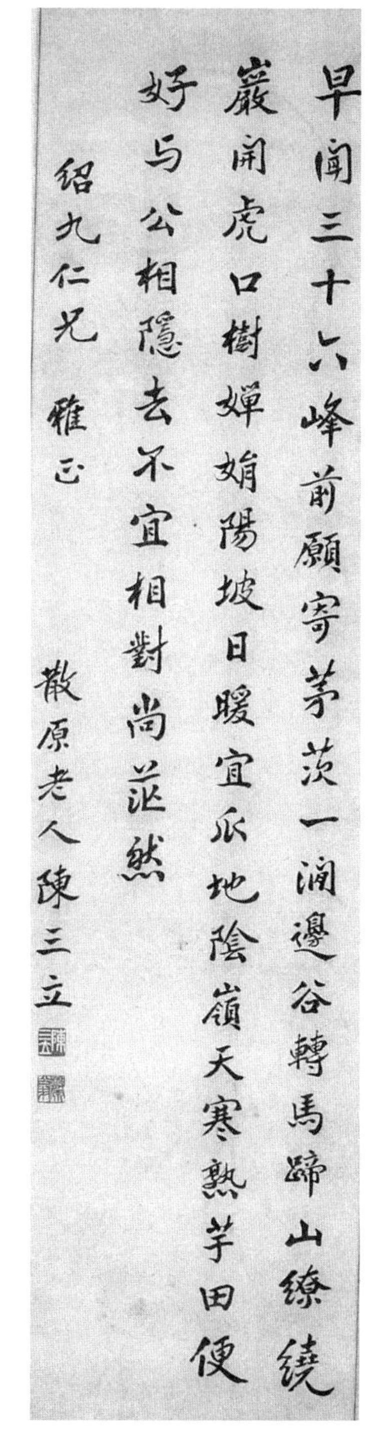

图八　陈三立行楷七言诗

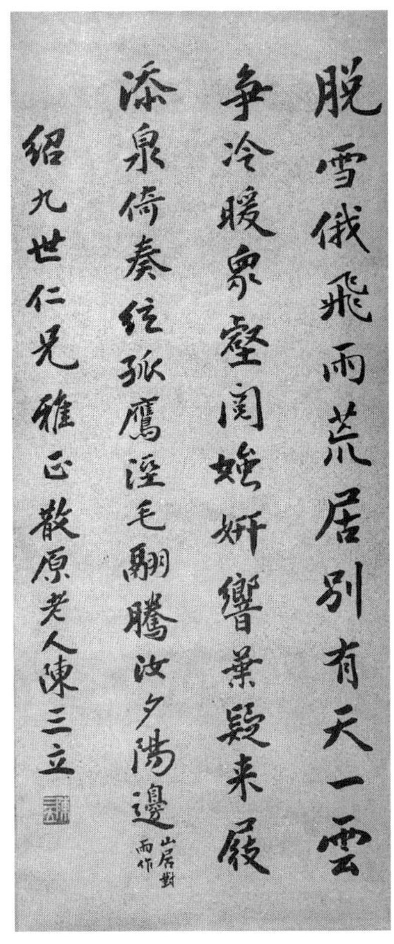

图九　陈三立行楷五言诗

卫室诗草》等。

民国陈三立行楷七言诗纸本轴（图八），纵132.4厘米，横33.1厘米。为陈三立所书宋代江西派诗人晁冲之的一首七言律诗，诗云："早闻三十六峰前，愿寄茅茨一涧边。谷转马蹄山缭绕，岩开虎口树婵娟。阳坡日暖宜瓜地，阴领天寒熟芋田。便好与公相隐去，不宜相对尚茫然。"笔画婉转流畅，行中参有楷意，字体娟秀，法度严谨。左侧落款"绍九仁兄雅正，散原老人陈三立"，钤白文印"陈三立"、朱文印"散原翁"。

民国陈三立行楷五言诗纸本轴（图九），纵116.1厘米，横37.2厘米。为陈三立自作五言律诗，诗云："脱雪俄飞雨，荒居别有天。一云争冷暖，众蹙阅媸妍。响叶疑来屐，添泉倚奏弦。孤鹰湿毛翮，腾汝夕阳边"，诗结尾处小字书写"山居对雨作"。运笔圆润，线条秀劲，结构紧凑，气韵清新。落款"绍九世仁兄雅正，散原老人陈三立"，左下角钤白文印"陈三立"。

陈三立（1853—1937），字伯严，号散原，江西义宁（今修水）人，近代同光体诗派重要代表人物，被誉为中国最后一位传统诗人。出身名门，晚清湖南巡抚、维新派名臣陈宝箴之子，国学大师、历史学家陈寅恪和著名画家陈师曾之父。光绪十五年（1889）中进士，历任吏部行走、主事。1898年戊戌政变后与父亲陈宝箴一起被革职，后朝廷恢复他的官职，但陈三立却不仕。他的书法取法黄庭坚，参以北碑，而自书胸襟，尝自称"字第一，文第二，诗第三"，著有《散原精舍诗》及其《续集》《别集》。

文中介绍的这九件书画藏品都为珍贵文物，其中有七件书画的题款上提到了“绍九先生”。据文博工作前辈说，绍九先生是民国时期上饶的一位要员，与当时的社会名流、文人雅士颇有交往。世事变迁，这些书画珍品能保存完整并入藏博物馆实属不易，为当地留下了一笔珍贵的文化遗产。

（作者简介：吕珺，上饶市信州区博物馆副馆长、副研究馆员）

志气平和　清正端雅

——上饶近现代教育先驱毛鹭先生书画赏析

陈之耀

京师大学堂

鹅湖师范

毛鹭（1878—1936），字文鸣，今上饶市信州区水南人，父翰，清秀才，以教书为业，曾任广信中学堂学监。鹭自幼随父就读，勤习欧阳询《九成宫》帖，光绪三十年（1904）中举，后新学兴起。鹭毅然放弃仕途，负笈北上，考入京师大学堂师范科（北大前身）攻读博物专业，毕业后任鹅湖师范国文科主任，教授国文生物学，其时学生受传统观念影响，不重视生物学习，鹭悉心改进教学方法，亲自采集制作标本、培养学生学习兴趣。当年在校的杨惟义即是受他的熏陶影响，以后成为世界著名的昆虫学家。

民国初年，上饶学校寥若晨星，鹜以振兴家乡教育为己任，大力倡办学校，他与学生盛时彦、章正欧等择址城南鸡应寺，创办上饶县第三国民学校。民国十三年，他就任上饶县首任教育局长时又委派徐吉贞（杨惟义夫人）、徐静贞两位女士兴办上饶县女子小学。民国十六年，鹜卸任后应上饶中学之聘重执教鞭直至垂暮，其一生为上饶的教育事业作出了重要贡献，真可谓上饶地区近现代之教育先驱。

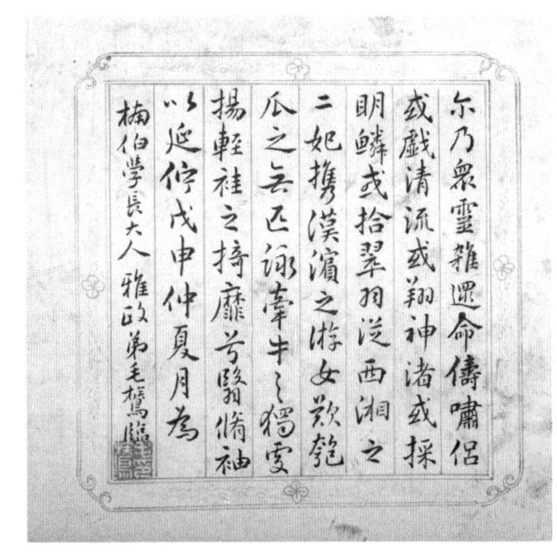

图一　毛鹜行书

图二　毛鹜书楹联

毛鹜先生平生雅善书画，得暇挥毫泼墨以自娱，邻里故旧凡求书画者无不应。由于时隔多年，其流传的书画作品至今已不多见，目前所见其存世最早的一件书法作品是其节临赵孟頫书《洛神赋》（图一），此作书于戊申仲夏，时年30岁，乃赠其学长楠伯兄（王之栋、字楠伯、奉天绥中人，乃最早考入京师大学堂之优秀学子，曾任北洋政府农林部农林司司长，后从事教育，多与文人雅士交往）。此件书虽为临作，而自运较多，行楷相

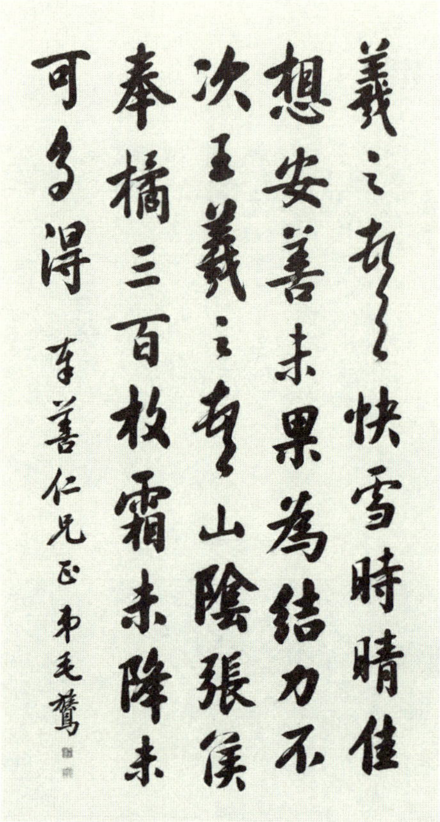

图三　毛鹜行书中堂

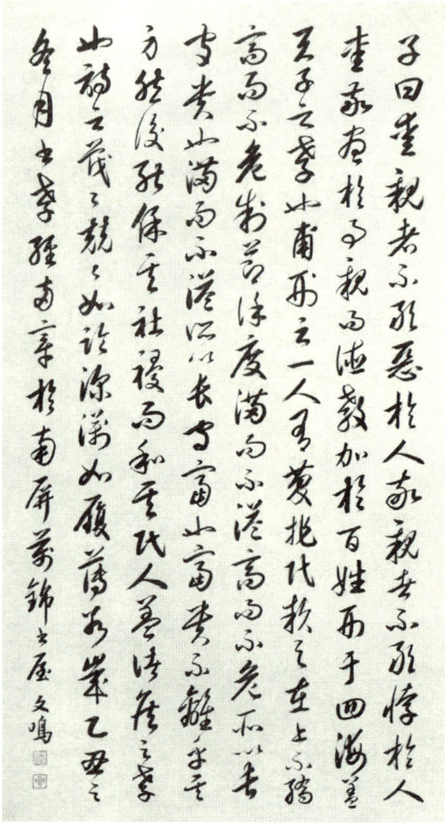

图四　毛鹜草书孝经

间，用笔颇精，提按转折处更近欧法，结字宽博，气息平和，从容不迫，有晋人散淡之意。（此书现藏于上饶市博物馆）

先生自幼勤习欧楷，于《欧阳询九成宫醴泉铭》用功尤深，亦得法最多。1917年（时年39岁）其应好友翁会明（上饶县黄沙乡人，清末秀才，诗文高手）之请，为翁氏宗祠题写楹联（题刻尚存，因年代久远，有些字有破损）（图二），即以欧楷为之，此书端庄严整而不呆板，紧密刚劲而不局促，稍去欧书劲险刻厉之态，而具丰腴朗润之姿，实为善学欧书者。

现藏于上饶市文献学会的毛鹜临王羲之《快雪时晴帖·奉橘帖》乃其中年所作，亦是意临作品（图三）。其将王羲之二帖合成一张四尺整纸临之，将羲之手扎拓而大之，亦等于再创作，所以章法自有改动，字组连带较少，用笔坚实果敢，提按分明，转折以内擫之法，更显骨力洞达，整篇楷意醇浓，沉厚茂密有遒劲浑博之气，亦可见先生独有之性情。另一件藏于铅山县博物馆之草书《孝经二章》亦是四尺整纸，书于乙丑冬月，时年48岁（图四）。此作草法纯熟，用笔精到，点画灵动，顾盼有情，起笔直起直落，行笔圆转流畅，牵丝映带富有节奏，虽字字独立而气脉相连，深得羲之《十七帖》之法乳。

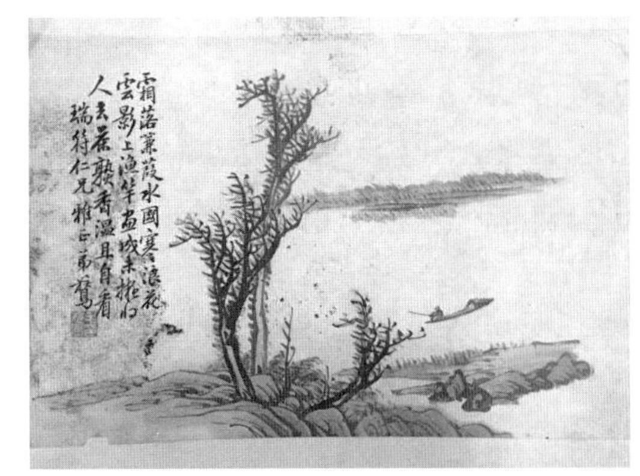

图五 毛鹜山水册页

毛鹜先生书法之外，喜作山水，其画以“四王”为宗，以书入画，山石、树木、屋舍、人物、勾皴、点染随意挥洒而不失法度，空间布白独具匠心，所题诗句亦不俗，有逸气，诗中有画，画中有诗，极具文人书卷气。现藏于信州区图书馆之册页二帧（图五）即是如此佳作。

出生于诗礼之家，接受过传统文化熏陶与现代文明洗礼的毛鹜先生，秉承着“达者兼济天下，穷则独善其身”之理念，把一生的主要精力投入到教化众生、教书育人、科教兴国之事业中，书画乃其修身、娱情之重要手段，与当下所谓的书法创作本质上截然不同。旧时文人的日常书写以及书法创作的过程是被置身于实践儒家道德“修身齐家，治国平天下”，“经世”之修身的人生大课程中，所以我们熟知的古代书论“书为心画”“书如其人”“心正则笔正”，“古人论书兼论其生平，苟非其人，虽工不贵”等等，其实都是中国书法审美标准中关乎“修身”的传统文化反映而已，所以我们看毛鹜先生的书法临习与创作，其实其脉络非常简单明了，其自幼至晚年就是以欧阳询为根基，再上溯王羲之，走帖学之路，他的楷书、行书、草书、题画小字总是彰显着晋唐书风之志气平和、清正端雅的气息，并一直贯穿于始终，哪怕是在清末民初书坛“碑学”盛行之时，他不以“抑帖扬碑”之时风所动，自守晋唐矩矱，坚定自我之审美价值观，此亦可见其见识卓绝，畅然独立之风骨，而这种道德风骨在当下已如隔世希音，荡然不存矣。

（作者简介：陈之耀，上饶书画院院长）

张恨水的书画艺术

郑文卿　李默弢

张恨水像

提起张恨水，人们总能想到《春明外史》《金粉世家》《啼笑姻缘》等脍炙人口的小说，他一生写了约 3000 万字的作品，中长篇小说达 100 多部，是由深受鸳鸯蝴蝶派影响的旧派小说向现代小说过渡的代表性作家，称为民国文坛奇观亦不为过。通俗小说只要冠以其名，便能轻易跻身畅销书的前列。“张恨水”三个字，俨然成了妇孺皆知的金字招牌。

青年张恨水

张恨水原名心远，安徽潜山人，出生于江西上饶信州区。恨水这个笔名的由来，颇为耐人寻味，坊间流传张苦恋冰心未果，“恨水不成冰”，自然就“恨水”了。毛泽东亦好奇，在重庆和谈期间曾单独约见张恨水，也向他问起过这个笔名的原委，张恨水回答是从南唐李后主“自是人生长恨水长东”词中截取“恨水”作了自己的笔名，

读书中的张恨水

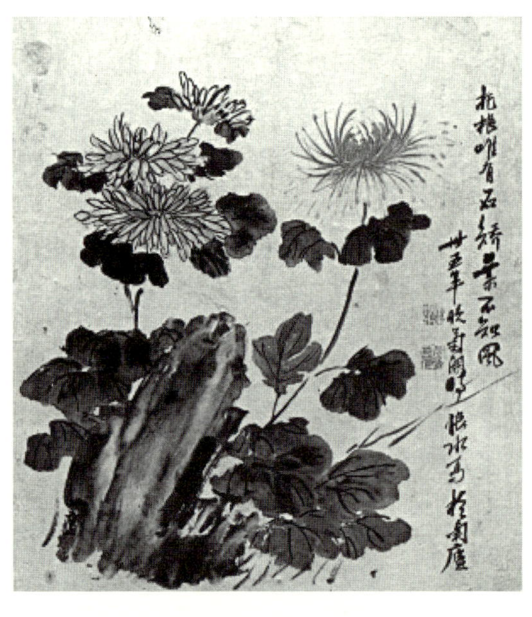

张恨水绘《菊石图》

原是为了惜时，这样才能时刻鞭策自己，不要让光阴像流水一样白白东逝。相较之下，似乎前者更具名人轶事般的吸引力。当然，张恨水可充谈资的轶事，远不止这些。

他除伏案笔耕之外，也好琴棋书画，最擅长的是绘画，张恨水多才多艺，不仅小说写得好，琴、棋、书、画也样样精通，尤其对国画情有独钟。他的朋友中，有人说他的散文比小说好，有人说诗比散文还好，可他自己却说：“都不好，我的画好。”虽然这是自谦之词，但却足以说明张恨水对绘画的热爱程度。张恨水一生作过不少画，然而亲眼见过画的人不多，因为很少发表。他不是职业画家，只是业余爱好而已，他的画大多是自娱或赠友。抗战时期，蛰居重庆山村的张恨水，曾经将自己画的花卉画贴补国难房泥墙上的破洞，让陋室增辉。他有时甚至随画随弃，很少保存。曾有人送来丰厚润笔求他作画，却被他婉言谢绝，说这是“敝帚自珍”。张恨水的画以写意为主，无论是山水或者花卉，洒脱中蕴含着一股秀逸，和他的诗风相近，是典型的文人格调。

张恨水自幼喜爱图画，很小就把《三字经》《百家姓》《千字文》念得滚瓜烂熟，后来连《论语》《孟子》等深奥的书也能朗朗上口，倒背如流。对于书中的插图，他更是饶有兴致地临摹。由于张恨水从小就对故事有特殊的偏好，10 岁时已经读了几十本古书，后来更迷上了小说。第一部启蒙的作品是罗贯中《残唐演义》，上面还有插图，于是便迷上了这个图文并茂的叙事形式。连和弟弟妹妹们讲故事，也不忘配上自己创作的插图，虽然画得稚嫩，也是个萌芽般的起点，这一年张恨水才 13 岁。

张恨水与家人

随着年岁的增长，张恨水对绘画的迷恋与日俱增。他收藏了很多名家字画，还有画论。他不仅欣赏名家的画作，自己也认真练习，常对着《芥子园画谱》全神贯注地临摹。对于画，不管是国画还是西洋画，他都喜欢，有时还在报刊上发表一些关于绘画的文章，总爱用“画卒”署名。

1947 年，老友张慧剑来北平公干，张恨水要尽地主之谊，特意请他和自己家人一道游览颐和园。这一天，晴空万里，阳光下颐和园古老的建筑金碧辉煌，湖光山色妩媚多姿。走到排云殿前，张恨水叫夫人周南带着大家去爬佛香阁，自己则坐在小马扎上写生。待众人从山上下来时，他已把佛香阁、排云殿和周围的景物一一画了下来，画得准确细腻，赢得众人的赞誉。张恨水有个习惯：除夕作诗、元旦作画，这习惯一直保持到去世。即使在烽烟滚滚的抗战岁月，在最艰苦的环境里，他照样挥毫泼墨。

1948 年 12 月 12 日，张恨水辞去了《新民报》的职务，结束了办报生涯。紧张忙碌了大半生的张恨水，突然空闲下来，感到空虚、迷茫，内心充满了矛盾。在这段“难得清闲”的日子里，他除了为孩子们补习英语外，便是静下心来作画。张恨水的四弟张牧野，20 世纪 20 年代中期毕业于国立京华美术专科学校，30 年代成了颇有名气的画家。张牧野擅长画蛇，有时候也画点草虫、小动物，出版过专著。兄弟俩在一起的时候，总喜欢谈诗论画，或探讨绘画的技法，或共同完成一幅画作。兄弟俩不仅热爱绘画，还热心美术教

张恨水在写作中

张恨水等题《许翔阶像》

育事业，期望能为国家培养美术人才。

1931 年，在四弟及一些朋友的鼓动下，张恨水决心出资创办北华美术专科学校。他将自己的稿费作为学校的开办经费，作了校董兼校长，张牧野任教务主任，李哲民任女生教导。张恨水虽身为一校之长，但并不过问校内事务，一切由他四弟打理。他只讲授国文，另外就是跑跑筹款。他平时就住在学校，主要精力仍放在小说创作上。

张恨水和北平美术界的许多画家都是稔熟的朋友，在他热忱地敦请下，齐白石、于非闇、王梦白、许翔阶、李苦禅等先生都乐于到校任教。尤其是齐白石、王梦白两位先生同来授课，很是难得，因为二人素不往来，如今由于张恨水的友谊和情面，两位美术大师能在一校共事，成了当时画坛的一段佳话。

此期间，他经常向任教的画家朋友请教绘画的技法，有时还悄悄地坐在教室一角当“旁听生”，学习写意画的泼墨笔法。他甚至拜著名国画家许翔阶为师，专门学习山水画。为使北华美专办得更好，张恨水还特意聘请了他的老友、著名语言学家、新文学家刘半农为校董。当时，在北平的新文学家如胡适、周作人、钱玄同等，都瞧不起张恨水。可是，刘半农对张恨水的小说评价却很高，他在给美专学生授课时，称张恨水为“当今的小说大家”，说他的成就超过了李伯元、吴趼人、曾孟朴那些人。张恨水对刘半农也颇为钦佩，既钦佩他从“礼拜六派”幡然悔悟成为“五四”闯将，走在时代前列；更钦佩他留学“回国而后，不穿西服，不习跳舞，不吃大菜，不无故而说洋话，不无故而引用洋文”。刘半农的文学经历和他的为人及思想与张恨水很是相投，特别是他“不结党、不营私，专心致志于其所学”的人格，与张恨水的理想人格颇为相近。刘半农与张恨水“虽相见极疏，而交情甚笃”。他经常来过问美专的工作，为张恨水出了不少好主意。北华美专设中国画、西洋画、美术师范 3 个系，收费不高，在社会上颇有声誉。“九一八”事件爆发后，大批东北学生流亡北平，不少人慕名求学北华美专，学生最

张恨水山水画

张恨水故居

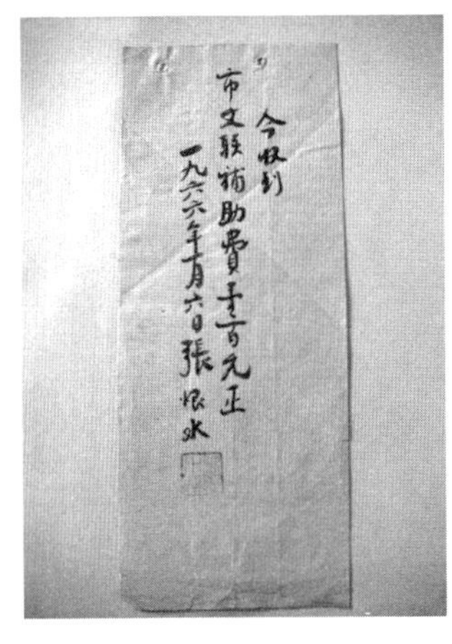
今收到
市文联补助费壹百元正
一九六六年月六日 張恨水

张恨水手书便条

张恨水书法

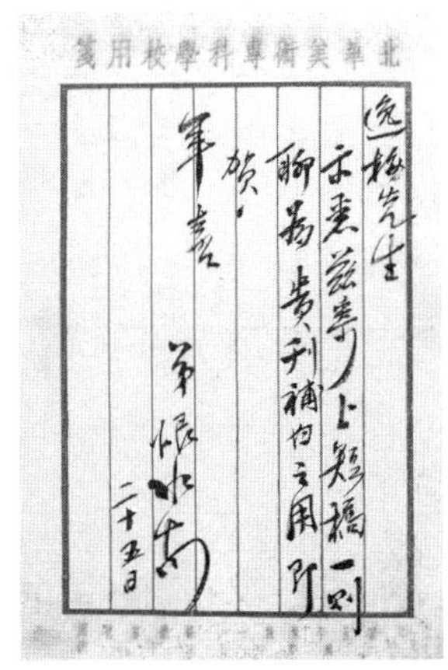
北華美術專科學校用箋

逸梅先生
示悉兹寄上短稿一则
聊为贵刊补白之用耳
顺颂
年喜
弟恨水顿
二十五日

张恨水信札

多时达400 多人。当今一些著名艺术家，如张仃、蓝马、张启仁等，都曾是这所学校的学生。从东北流亡到北平的张仃，家境贫寒，虽然考上了北华美专，却没钱交学费。张恨水知道后，特意看了他的绘画和试卷，允许这位有才华的贫困学生免费入学。为了解除张仃的后顾之忧，张恨水又为他在《世界日报》找了一份勤工俭学的工作，帮助他渡过难关。

张恨水一生爱菊是出了名的，而他画菊更是声名远播。他在读书写作的间歇，总喜欢去小园种花、松土、浇水、施肥。秋季里，赏菊更是张恨水的最爱，除了自己培育花秧、自己接种外，还买了不少名贵菊花。每到秋菊盛开的季节，张恨水总是在庭院、廊道、书房里，高低错落、上上下下，陈列一二百盆菊花上品。有的一只独放、有的花开两朵、也有三星高照者。根据菊花的姿态和颜色，张恨水在旁边用各种秋花、小金鱼缸、嶙峋的奇石、绿油油的蒲草、丰盛的水果盘、乱真的假古董来作陪衬，成为一幅立体的画。

20 世纪 30 年代，张恨水居于北平时，每到金秋季节，朋友们常来他家赏菊。张恨水曾在一篇文章中回忆道：“我常常招待朋友，在菊花丛中，喝一壶清茶谈天，有时也来二两白干，闹个菊花锅子。吃的花瓣就是我自己培养的。”满院菊花，万紫千红，群芳四绕，在这优雅的菊花阵中，既饱口福又饱眼福，这是多么惬意的文人享受啊。抗战时期，重庆南温泉桃子沟是张恨水的栖身之所。在极端艰苦的条件下，张恨水依然眷恋菊花。每到秋天，他便去山野间采撷些黄的、紫的小菊花，插在瓶中，作为案头的清供。他在一首咏菊词中写道：“添得茅斋一味凉，瓶花带露供书窗，翻书摇落满瓶香。飘逸尚留高士态，悠闲不作媚 人装，黄花同类哪寻常。”张恨水如此厚爱山野小菊，实乃人与菊花的品格相谋也。

晚年张恨水

张恨水爱菊、种菊、咏菊，更喜欢画菊，每到满园菊花盛开之时，他在写作之余，总爱仔细观赏各色各样的菊花，欣赏它们飒爽的英姿，品味它们斑斓的色彩。画菊时，他成竹在胸，信手挥洒，一枝枝、一朵朵菊花便活生生跃然纸上。

张恨水花鸟

观其于民国三十六年为新民报经理（《新民报》创始人）邓季惺先生所作的菊雀图，充满着文人的清逸之气。此幅为小写意，用笔洒脱放松。先以湿笔擦染出树干、枝条，再用淡墨及淡彩迅速勾勒菊瓣、茎枝，接下来是侧锋点染叶子，随彩墨碰撞，浓淡自如，生气摇落，飒爽多姿。盘踞在枝头上的麻雀，仅寥寥几笔，便觉栩栩如生、神气淋漓。张恨水笔下的菊，丝毫没有秋的萧瑟，散发的反而是春潮般向上的情感，豪放处有大啖秋蟹、痛饮美酒的豪情；细微处又有闲窗静读、细嗅暗香的娴雅。此幅上款人邓季惺（1907—1995），号鹈庐主人，四川重庆人，为《新民报》的创始人之一。她和丈夫陈铭德一起苦心经营，终使《新民报》扩展为南京、重庆、成都、上海、北京5社8刊，并在民众中有影响的民间报系。邓季惺任新民报总管理处协理，并先后任5社的副经理和经理。张恨水与陈铭德、邓季惺夫妇私交甚笃，与《新民报》也渊源深厚。曾任主笔、总社协理、重庆版经理等，直到1948年，张恨水才因故辞去北平《新民报》的所有职务，结束了四十年的新闻生涯。此幅恰好作于张恨水离任那一年，想必有着不寻常的纪念意义。

再看另一幅充满感慨书法作品“如此人生”，作于民国二十四年，是时张恨水正辗转游历西北，他以西北人民的生活为素材，创作了《燕归来》和《小西天》两部长篇小说。或许对“人生”的内涵有了别样的体会。四字虽为简单的题词，并无更多地可作依傍的注解，但其放任无束，刚健迅疾的运笔，却使人感到一种快意的通达，从这一点看来，是有着和其画意相同气息。知其所学、所养，再观其艺，复由其艺反注其人。张恨水书法和绘画作品的内涵，从这种不自觉的循环注解中，已经超出了作品本身的艺术层面，也许这就是文人书画值得涵咏玩味的地方吧。

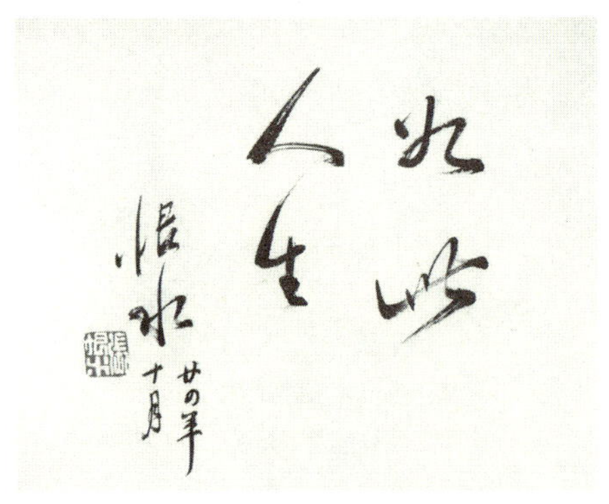

张恨水书法《如此人生》

张恨水手稿

（作者简介：郑文卿，上饶市博物馆副馆长，文博馆员；李胜豪，上饶市文献学会理事）

【陶瓷鉴赏】

信州区博物馆馆藏宋青釉五管瓶赏析

陈守妃

信州区博物馆藏宋青釉五管瓶

五管瓶，因其肩部有5个直立的多棱形或圆形管而得名。除了常见的五管瓶以外，存世还有四管、六管、七管和八管瓶，因此这类器物也称“多管瓶”。在日常生活中并不多见，常见于墓葬出土，并且多与盘口瓶成组出现，是一种陪葬的明器。

信州区博物馆藏的这件宋青釉五管瓶，通高30厘米，口径9.4厘米，底径10厘米，直口，粗短颈，瓶底圈足较矮且微微外撇，由盖、体两部分组成。瓶盖呈荷叶状，盖面装饰有斜线（涡旋）纹，盖纽是含苞待放的花骨朵形状，瓶身上腹分四级，除第一级外没有斜线纹，其余三级都装饰有斜线纹。第二级为肩部有五个圆形管，管口呈五瓣花朵状。瓶的下腹部为莲瓣纹，通体施青釉，釉色略微泛黄，且管与肩部连接处有轻微流釉现象，整体釉色莹润均匀。

宋　青釉五管瓶（首都博物馆藏）

手工艺品是时代的产物，特定的经济文化背景会造就一定的时代产品。信州区博物馆所藏的宋青釉五管瓶造型和装饰技术并不是凭空出现，而是有依据的。宋代佛教盛行，大量文人翻译佛教经典，佛教的文化艺术反映于宋人生活的方方面面，而体现在陪葬品方面，则是大量运用具有佛教文化元素的宝珠钮、莲纹、水波纹、云纹来表达生者与死者的共同夙愿。宝珠钮为佛教中最常见之物，在佛的开示当中，无论是佛经中，还是流传的佛教绘画里，无处不有圆形，或者珠子。在佛陀的世界里，宝珠代表智慧德能（只不过这件器物上的宝珠造型演变为将放未放的花骨朵）。宝珠钮盖顶在盖面所堆贴的水波纹即涡旋纹，有“光明、光荣、永恒”的意义，这些都代表着古时人们对美好来生的向往和寄托。

在北京首都博物馆中也收藏着一件青釉五管瓶，为宋代浙江龙泉窑烧制的，该件五管瓶通高25厘米，口径7.5厘米，直口粗颈，瓶盖为宝刹式，肩部呈三级阶梯状，瓶底为较矮的圈足，瓷瓶的肩部上有5个竖立的圆管，外形如壶嘴，与瓶腹不相通。通体施青釉，釉下有不规则的开片，该件器物整体纹饰简单，但造型典雅端庄，具有龙泉窑瓷器独特的造型风格和韵味，与信州区博物馆馆藏的五管瓶风格极为相似。

宋代的陶瓷艺术受到程朱理学和士大夫文人审美意识的双重影响，具有典雅、庄重的艺术风格，严谨含蓄，很少有繁缛的装饰，使人感到一种素雅的美。理学家所提倡的“究天理、明人伦、讲圣言、通世故”造就了宋人从上而下的普遍重视道德修养，人伦气节。与此精神一脉相承的宋代瓷器，则是极为理想化、抽象化、唯美的。民窑瓷器显得尤为世俗化，且富有生活情趣。同时它将朴素的人文美学融入到瓷器的制作当中，瓷器的造型显得极为简约，釉色也以单色釉为主。信州区博物馆馆藏宋青釉五管瓶釉色与其相比虽不如首都博物馆所藏五管瓶莹亮，但胜在纹饰相对多样且造型别致，亦具有极高的艺术价值。

一定的政治经济决定着文化的发展，而一定文化背景映射出经济的发展状况。五管瓶作为一种明器，也是一种特定文化的载体，它出现的背后一定有相关的历史渊源，那么它出现的原因是什么？它的造型是从何而来？它的用途又是什么？

一、五管瓶出现的根本原因——“事死如事生”厚葬传统

所谓明器，也称“冥器”，是古代人们下葬时带入地下的随葬器物。在古代，人们相信人是有灵魂的，灵魂是永生的，死亡不过是一个阶段的结束和另一阶段的开始。也就是活人离开了这个世界，而开始进入另一个世界，为了表达对往生者的怀念与尊敬，也为了往生者到另一个世界做好准备，便有了在墓葬中放入随葬品的习俗。

随葬品是私有制在丧葬礼俗中的体现，它象征着墓主人的身份、等级。古代国家的礼制大多规定死者生前身份、地位及相应的随葬品，超过这种级别的称作“逾制”，按理是要受处罚的。随葬品的出现、发展是与人们的社会意识、宗教、信仰密切相关的。只要“灵魂不死”的意识存在，就会有随葬品的存在，社会普通的“孝”的意识则起到推波助澜的作用。正因如此，历代隆葬厚丧比比皆是。中国自古就有“事死如事生”的传统观念，古代墓葬中的随葬器物多为生活实用物或专为死者而制的冥器，想象死者能在另一世界使用。

在中国，从新石器时代起即有随葬品。夏商时代的墓葬里就出土了陪葬的人、兽、日用器物及金银玉器。战国至汉代早期，厚葬之风甚盛，许多王公贵族死后往往将大批他们生前所用的奴仆、器物一同下葬。此时所用的明器严格来讲没有专门的特指，一般均是主人生前所用器具的实物。到了东汉

末期，由于战乱及经济水平的下降，厚葬之风渐衰，人们逐渐领悟到“人死如灯灭”，用不上什么实物随葬品。模型明器成为汉代新兴的成套随葬品组合。所谓模型明器，是指墓葬中常见的、一整套特点鲜明的随葬器物，主要包括仓、灶、井、风车、碓房、圈厕，院落、楼阁、田地、池塘以及家禽、家畜俑。基于这样的认识，人们不仅用生时所喜好的器物陪葬，还出现了许多仿制的象征性随葬品，也就是采用替代品陪葬，如汉墓经常出土的各种农庄、陶楼、陶院落、陶猪舍、陶狗、陶壶等等，不仅反映了当时日常生活的状态，同时也透露了当时的建筑形制，具有极高的研究价值和史料价值。

由于陶制明器大量生产，使得许多非上层阶级的人也负担得起，所以陶制的陪葬品在汉代相当盛行。它们是汉代人对所期望有的“财富”的展现，而陶农庄、院落配以侍者、乐者、戏者、兵丁等人俑，则是汉人对当时豪强富足者生活的向往。东汉后期，瓷器工艺进入成熟阶段，陶瓷随葬品也越来越常见。由唐至宋代，中国政治、经济、文化、商业贸易更加繁荣，进一步推动了制瓷业的发展和瓷器市场的扩大，在墓葬中便随处可见陶瓷随葬品，多管瓶便是其中的一种。

为什么多管瓶中以五管瓶居多，这里是有原因的。五行理论是我国古老的道家哲学之一，用金木水火土来解释宇宙自然世间万物的关系。按照五行理论，万事万物都是相互联系，互助互生的，事物之间相互促进，木生火，火生土，土生金，金生水，水生木，而又相互克制，木克土，土克水，水克火，火克金，金克木。五管瓶，应和五行理论有着一定的关联。

二、宋代多管瓶的形制演变

多管瓶器型独特，造型优美，是北宋时期出现的一种特有的瓷器造型，盛行于江南地区，但它并非是突然出现的，而是有一定的造型渊源。它作为一种明器，最早可追溯到东汉时期，当时称之为“五联罐”，因其造型是在一个瓶子的口沿和肩部塑以五个葫芦形小罐所以称之为“五联罐”。五联罐与器物的腹部相通。浙江上虞博物馆收藏的东汉青釉五联罐，器物口沿和肩部托着五个小罐，器腹相粘连，器身以多道弦纹作为装饰。釉色为青色，釉层极薄，应为时代较早的五联罐。这一时期的五联罐装饰题材和技法多样，以动物及人物俑题材最为普遍。

三国两晋时期的五管瓶，又称为魂瓶，谷仓罐、堆塑罐。这一时期的魂瓶，器型上保留了五联罐的一些特征，又在五联罐的基础上堆塑了一些人物、飞禽走兽、亭台楼阁等形象于器物的肩颈部。江浙地区的堆塑罐主要为越窑烧制，流行于三国和两晋时期。

东汉至西晋阶段多管型瓷器的雏形为东汉时期出现的五联罐。浙江慈溪博物馆藏东汉越窑酱釉五联罐其器型主体为直口罐，口沿及肩部托五小罐，小罐皆呈盘口壶状。五联罐的典型特征是在中间一大罐的肩部等距离堆附四只小罐，至西晋时期管体逐渐变小，也仍为盘口壶状。从而可推断多管瓶由盘口壶和直口罐的堆叠演变发展而来，但此类罐底与瓶体相通，瓶无盖。

自东汉晚期始，多管瓶肩部及瓶口堆塑渐渐出现，至三国两晋时期集动物、人物、亭台楼阁之形象堆塑于一身，构造复杂，形象众多，管口为多重堆塑围绕。至西晋中晚期，五管被楼阁式建筑所替代，逐渐向谷仓罐发展。

唐中晚期至北宋早期多管型瓷器少量出现于定窑、登封窑，主要为浙江烧制龙泉窑烧制。龙泉窑始烧于三国，盛于宋元，至明清逐渐衰落。北宋中期以后越窑趋于没落，龙泉窑则取代了越窑，而成为南方最重要的青瓷产地。在龙泉窑逐渐替代越窑的地位之后，多管瓶也成为龙泉窑烧制器型之一。这一阶段多管瓶由唐中晚期多角罐、五代时期五嘴灯、多嘴灯发展而来。出土的实物资料证明，多管瓶是由唐代的多角瓶演进产生的，至北宋多管瓶样式较多，有四管、五管以至多达十五管的。浙江省庆元县出土的唐代多角瓶，覆钵形盖，盖顶有卷边荷叶形钮，顶缘和中部各贴一圈水波纹。瓶直口，平唇，深腹，平底，溜肩，鼓腹，下腹斜收，肩与上腹贴三圈波浪形堆纹。第一圈泥条上等距离装羊角形五角，角尖朝上，微内收。而多嘴灯在器型上与北宋时期多管瓶在部分构件上颇为相近，可以看作这一时期过渡性器型。

至北宋，多管瓶发展趋于多样化，器型经历了丰满——肥矮——清瘦的过程，器身分级，管数有四管、五管、六管、七管甚至多至十五管不一，管中空但与腹不相通，细且微内收，造型作直口、圆肩、敛腹、圈足，也有溜肩、折肩、鼓腹等。器物通常有盖，盖大多呈复瓣花朵形状，盖沿略外撇，钮作花蕾状。纹饰方面，以刻划覆莲纹为主，肩颈部几无堆塑。少量器物于盖上以堆塑装饰，但题材、规模皆异于东汉魏晋阶段，大规模以亭台楼阁、动物人物集聚为主体装饰的堆塑多管瓶在北宋并无出土。

三、五管瓶（多管瓶）的用途猜测

现阶段，文物界普遍认为五管瓶是一种明器的观点占据主流，那作为一种明器，它属于哪种类型？考古人员从近年出土于浙江龙泉市兰巨乡的一件五管瓶上找到了线索，该五管瓶现藏于浙江龙泉青瓷博物馆。其通高30.5厘米，口径7.3厘米，瓶体呈青灰色，有宝刹式的瓶盖，花蕾型的盖顶，盖面装饰有莲花纹，瓶的腹部分为六级，由下而上逐级内收，直到瓶口部位。瓶的腹部装饰有斜方格纹，莲瓣纹和卷草纹。瓶肩部位立有五个喇叭状的管，考古人员在瓶盖内发现了用墨笔书写的“张氏五娘，五谷仓柜，上应天宫，下应地中，荫子益孙，长命富贵”等文字。由此判断，该器物应是谷仓罐。仓谷罐是南方地区墓葬中常见的一种明器，它继承了以前谷仓罐制作的传统，但是在造型上又进行了独特的创造，形成了两宋时期这样一种多管的独特造型。中国封建社会的经济形式以农耕为主，除了金银以外，衡量一个家庭财富多少最重要标志就是存粮，作为存放粮食的粮仓，也就成为财富的象征。当时的富裕人家为了炫耀家财，在粮仓的建造上可谓煞费苦心。而明器粮仓也因此花样翻新，这一类器型也就应运而生。

尽管五管瓶的确切用途还有待研究，但其历史文化价值是不容质疑的，通过这件器物，我们可以得知宋人的制瓷业发展的水平和相应的葬俗。信州区博物馆藏的这件青釉五管瓶从釉色、造型及装饰工艺上来讲都是一件不可多得的陶瓷精品。

（作者：陈守妃，景德镇陶瓷大学）

宋人的斗茶

——以信州区博物馆藏吉州窑木叶盏为例

岑上茖

宋人 斗茶之风

斗茶，即比赛茶的优劣，又名斗茗、茗战。其兴于唐，极盛于宋。宋代是一个极为特殊的时代，因为统治版图逊于之前的大一统王朝，又常被北方少数民族侵扰，被认为偏安一隅，武治不兴。但凡事有两面，重文轻武的风气固然让宋朝难以招架北方少数民族的入侵，却也促进了宋朝文化、经济的高度繁荣。陈寅恪先生就曾评价道："华夏民族之文化，历数千载之演进，造极于赵宋之世。"在这样的风气背景下，士大夫阶层得到了空前未有的尊重。其与士大夫共治天下的国策更使得宋代文人享受着极高的待遇，单从假期方面便可体现。宋代官员的公假包括节假、旬假、国忌假、外官上任假、朝假等。全年假期超过了120天。这么多的假期，也给了本来生活待遇优厚的士大夫们更多的休闲时光。再加上宋代经济快速发展，市民生活繁荣，也给宋人的休闲提供了很好的场地。当时，宋代最发达的城市汴京（今开封）、洛阳、临安（今杭州）等，都有茶楼酒肆、勾栏瓦肆以及各类园林休闲场所，供各阶层的民众休闲娱乐。在《东京梦华录》中随处可见对当时遍布城市的酒楼茶肆的记载："大抵诸酒肆瓦市，不以风雨寒暑，白昼通夜，骈闻如此。州东宋门外仁和店、姜店，州西宣城楼、药张四店、班楼，金梁桥下刘楼，曹门蛮王家、奶酪张家，州北八仙楼，戴楼门张八家园宅正店，郑门河王家，李七家正店，景灵宫东墙长庆楼。在京正店七十二户，此外不能遍数，其余皆谓之‘脚店’。”

长江以南、长江以北以及整个华南地区是宋朝国土覆盖的主要地区。在这一地区，由于临近长江，有丰富的水资源，植被茂盛，气候湿润，冬暖夏凉。如此优越的气候条件使得这一地区物产丰富，种类繁多。更加适宜茶叶的种植与培养，故宋人爱好喝茶。加之前文所述，文人雅客既有丰富的空闲时间，又有便宜的游乐场所，那么符合他们精益求精追求的斗茶这一行为受到欢迎追捧，也就不言而喻了。以至于宋徽宗赵佶在《大观茶论》中有段名言："天下之士励志清白，竟为闲暇修索之玩，莫不碎玉锵金，吸英咀华，较筐筐之精，争鉴裁之别"。宋徽宗本人酷爱斗茶，常与大臣一试身手。北宋宰相蔡京在《延福宫曲宴记》中记载，宣和二年（1120）宋徽宗赵佶在延福宫赐宴并表演斗茶："宣和二年十二月癸巳，召宰执亲王等曲宴于延福宫。……上命近侍取茶具，亲手注汤击拂，少顷白乳浮盏面，如疏星淡月，顾诸臣曰，此自布茶，饮毕皆顿首谢。"可见宋朝的斗茶文化已经得到了皇帝的认可和关注。上行下效，斗茶极盛于宋代，是有其历史必然性的。

茶文化影响下的瓷器

饮茶必有茶具，专门用以烧水泡茶、品饮鉴茶的碗、盏、壶等陶瓷器具，自唐代陆羽《茶经》问世后，就从食、酒器中分离出来而自成体系，成为茶文化传播中的自然载体。陆羽是唐人，唐代的饮茶风尚是饮煎茶，即直接将茶放在釜中煎煮，煎茶重技艺，茶主要用饼茶，经炙烤、冷却后碾罗成末，初沸调盐，二沸投末，并加以环搅、三沸则止。茶色尚绿，而能称绿者当属青瓷，故陆羽在谈及茶碗时认为："碗，越州上，鼎州次，婺州次，岳州次，寿州、洪州次。或者以邢州处越州上，殊为不然。若邢瓷类银，越瓷类玉，邢不如越一也；若邢瓷类雪，则越瓷类冰，邢不如越二也；邢瓷白而茶色丹，越瓷青而茶色绿，邢不如越三也。晋杜毓《荈赋》所谓器择陶拣，出自东瓯。瓯，越也。瓯，越州上口唇不卷，底卷而浅，受半升已下。越州瓷、岳瓷皆青，青则益茶，茶作白红之色。邢州瓷白，茶色红；寿州瓷黄，茶色紫；洪州瓷褐，茶色黑：悉不宜茶。"唐代有着"尚青"的饮茶风俗，人们认为茶以绿为贵，加上陆羽个人喜好的影响，唐代青瓷盛行。唐代文学家陆龟蒙曾在诗中写道："九秋枫露越窑开，夺得千峰翠色来。"诗句中的"千峰翠色"便是形容越窑青瓷如千峰般的翠绿色泽。越窑瓷器除了其颜色迷人之外，还具有胎质细腻、釉层均匀且细腻光滑等特点。白瓷在唐代也得到了广泛应用，北方邢窑盛产白瓷。白瓷色泽洁白因而易显茶色，其装饰朴素雅致，显得端庄大气。唐代白瓷不仅受到当时本国人民喜爱，还远销海外。唐代陶瓷茶具的装饰手法主要以釉色装饰为主，外观简洁大方，制作工艺较为简单，适合大量生产。除了釉色茶具，唐代茶具还有彩绘茶具、堆贴花茶具、刻花茶具等。

这一时期，唐代的碗多为玉璧底，器型也偏矮，口径大，多有唇口。这都是出于饮茶的需要。煎茶滚烫，煮出来的茶水需要快速降温才能入得人口。器型矮口径大深腹敞口的茶碗可以更快散热，也利于叠放，使得饮茶活动能在更多场合进行。唇口大则不易洒落茶汤，玉璧底的器型也能使茶碗更加稳妥地摆放。茶壶亦如是，一切造型都出于更利于饮茶的需要。当时的茶壶多为短流束颈壶和短流喇叭口壶，短流，肩平把手，壶腹浑圆饱满且多为瓜棱腹，流嘴远远低于壶口，为短直流，便于倒水时茶叶堵塞用木棒疏通。壶底无釉，多也是因为煎茶需要在炉上直接煮。

到了宋代，饮茶方式有了非常大的转变，从茶叶开始就不同。唐代的茶叶大体上分粗、散、末、饼等四种。因此在备茶上就有几道工序，包括炙茶、碾茶和罗茶三项，需要把茶叶无异味的放于文火上烤炙。而宋代饮用的茶叶

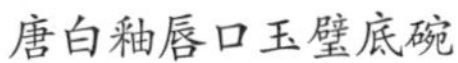

唐白釉唇口玉璧底碗

唐白釉短颈壶

是一种半发酵的“研茶”，饮用前只要把干硬的茶饼碾碎、罗细即可。这种茶饼，被当时人称为“团茶”。宋仁宗时，蔡襄制成“小龙团茶”，一斤值黄金二两；宋徽宗时，用“银丝水芽”制成的“龙团”，颜色雪白，每一饼的价格就要四万钱，珍贵无比。斗茶的办法是在茶盏中放一定的茶沫，先注汤调匀，以沸水点注，同时用茶筅搅动，使水与茶末彼此交融，茶汤表面泛起一层白色泡沫，评比的对象是白沫持续的时间和茶汤的颜色。斗茶先斗色，茶色贵白，色越白，品越高，以清白胜黄白。其次斗水痕，如果茶末研磨细腻，且点注、击拂都恰到好处，汤花匀细，有若均匀细碎的汤花薄膜，就可以紧咬盏沿，外聚不散，这种最佳效果名曰“咬盏”。点茶、点汤，指茶、汤的调制，即茶汤煎煮沏泡技艺。点汤的同时，用茶筅旋转击打和拂动茶盏中的茶汤，使之泛起汤花，称为击拂。反之，若汤花不能咬盏，而是很快散开，汤与盏相接的地方立即露出“水痕”，这就输定了。水痕出现的早晚，是茶汤优劣的依据。“斗试之法，以水痕先退者为负，耐久者为胜。”“斗茶”输赢标准主要是茶沫的白色程度及白沫维持的时间长短。影响斗茶胜败的因素除茶叶质量、水质、水温、点茶工艺外，还有盛茶汤的茶盏。要凸显茶的白色泡沫持久不退，唯有黑色茶盏能达到这一要求。

工欲善其事，必先利其器。从茶文化而言，茶具不仅是一种盛放茶汤的容器，而且是整个饮茶过程不可缺少的一部分。陆羽提出了“益茶”之说，他认为茶具的选择要能衬托出茶汤的色泽。茶具的演变与发展，总是和茶文化的变化或饮茶方法的变化联系在一起。好的茶盏甚至能成为斗茶胜负的关键。这给黑釉茶盏带来了极大的商机，大量新奇纹饰的黑釉茶盏在这一时期喷薄而出。

吉州窑茶盏

吉州窑是中国现有保存完好的古代名窑遗址之一，位于江西省吉安县永和镇。它始于晚唐，兴于五代、北宋，极盛于南宋，而衰于元末。其黑釉、彩绘、剪纸贴花、木叶纹等品种在宋元陶瓷中独树一帜。两宋时期，政府设官监烧，生产规模进一步扩大，永和镇“附而居者数千家，民物繁庶，舟车辐辏”“百尺层楼万余家，连廒峻宇”，形成了一个六街三市的大集镇，出现“烟火数千家”“秀民大家，陶埏者半之……窑焰竟日夜”的盛况，是全国著名的窑场。宋代是中国制瓷业的一个繁荣期，不仅制瓷工艺得到了极大的进步，创烧了许多新瓷器，其窑场分布也更加广泛，数量众多。现时已发现的古代陶瓷遗址分布于全国170个县。其中有宋代窑址的就有130个县，占总数的75%。吉州窑能在宋代五大名窑兴盛之时，而占有一席之地，主要奥秘就在于器型与装饰的与时俱进。这当中，吉州窑的陶瓷类别之一的茶具，其造型、釉色、纹饰，工艺的演变，既受时代政治、文化、宗教的影响，更与时代风尚、民俗风情以及世人审美观念等多种因素关系密切。茶具当中，又以黑釉盏所占比重最大。且值得一提的是，北宋南北各地瓷窑林立，窑业技术发达，相互交流融合。中兴渡江，部分窑工南迁，加速了北方窑业技术南传，促进了北方与南方窑业技术的融合，吉州窑作为一个典型代表，兼容并包，独树一

信州区博物馆藏黑釉木叶盏上视图

信州区博物馆藏黑釉木叶盏正视图

信州区博物馆藏黑釉木叶盏底视图

帜，在唐代剪纸贴花的基础上发展和创新，其中又尤以木叶盏最具地方特色，其产品行销海内外。

信州区博物馆藏南宋吉州窑黑釉木叶纹盏，为国家一级文物，1996年9月4日出土于上饶电厂基建工地“宋安人赵氏墓”，此盏口稍敛，深斜腹，矮圈足，盏高5.3厘米，口径10.5厘米，圈足高2.9厘米。盏体内外施黑釉，外壁釉不到足底，圈足及其周围露出素胎，釉色漆黑均匀，盏内壁贴以木叶纹图案，整片树叶从盏壁直至盏底，叶脉清晰。为黑釉，又是木叶盏，属于吉州窑最具代表性和最有特色的独创品种。所谓“木叶”，是指在产品内壁黑釉下贴饰天然木叶，并在烧成过程中通过与釉层反应形成茎叶分明的叶片纹饰的装饰工艺。黑釉本身并无美观可言，单纯的黑釉无法满足苛刻的文人审美。吉州窑的工匠便别出心裁，不以传统的刻划、压印等陶瓷装饰法，转用木叶纹这种贴印法。从传世品和考古出土物来看，所用树叶有桑叶、柚树叶、樟树叶等，都是当地常见的树种。这件吉州窑木叶盏的图案设计乃一叶展开于盏内壁，占器壁的二分之一，如大树耸立苍穹之中。略带有几分禅意，给人以遐想和深思。其釉色并非死黑，而是黑得有层次，有变化。蛋黄色的图案衬在黑色的地纹上，纹样与地色之间反差大，树叶质感惟妙惟肖。这种取材于自然、极富写实趣味的装饰风格，自然清新，朴实无华，意境幽远。

吉州窑黑釉盏的基本型制是大口小足，口唇较薄，略微向外卷，口沿下端内收，颈部有一道凹棱，壁斜，下狭上宽，状如漏斗或斗笠，胎体厚实凝重，器口釉薄，器腹釉渐厚，器足露胎，质地粗松，呈栗壳色，盏形体有大、小之别，小者一般口径10—12厘米，大者口径14—16厘米。茶盏造型正是受到斗茶世风的影响，多唇口、敛口和敞口的，底多圈底、卧足底，腹多斜和深两种，与晚唐五代口大腹浅的茶碗相比，此时的茶盏有口略小、腹略深的变化，深笠式盏较之晚唐五代玉璧底碗，明显要深得多。这种茶盏虽显挺拔轻巧，但上大下小，重心不稳，并不实用。它也是专为斗茶而设计的，茶盏的大敞口，可容纳更多的汤花，使茶泡沫有一定的空间悬浮，便于点注；盏的敛口可防止茶汁溢出；口沿下内收一圈的束口，或是内沿增厚成一道凸圈，皆可在斗茶点注时起标尺作用，便于观察汤痕；斜直腹能使茶沫在搅拂时顺畅均匀并迅速上浮；下腹直收、小圈足能即时沉淀渣滓；盏深底阔显稳重，易于斗茶时形成如米粥样的汤花；沏茶用厚胎的黑盏，不仅茶色澄明，汤味醇正，久热难冷，而且黑白分明，对比强烈，便于观察评判和裁判评比。

吉州窑黑釉撇口斗笠盏标本一组（一）

吉州窑黑釉撇口斗笠盏标本一组（二）

宋代其他黑釉窑址

谈到同时期其他烧制黑釉的窑址，不得不提的就是建窑。建窑，窑址位于福建省建阳县水吉镇的后井、池中村一带，以生产黑瓷闻名。主要烧制碗、盘、碟等日用器。建阳窑在宋代盛产黑釉盏。黑瓷是在青瓷的基础上发展而来，成色剂主要是铁元素。因土质含铁成分较高，所以形成的是黑色的胎体，非常坚固，胎体非常地厚重。冯先铭先生在《中国陶瓷》一书中写道："建窑……宋代著名黑瓷产地之一，以生产一种带条状结晶的黑釉茶盏而驰名于当时，是宋代文献多处述及的兔毫盏的主要产地。"建阳窑在一千多年的烧造历史中，北宋晚期徽宗时期达到了鼎盛，特别是烧造出了"兔毫盏"，这是黑釉瓷器中的珍品，他主要依靠北宋制瓷技术的不断创新，同时，他还需要窑匠的辛勤劳动。北宋宫廷茶文化的繁荣与发展，以及流行的“斗茶”，兔毫盏的出现和发展起了巨大的作用。

建窑兔毫盏

建窑和吉州窑都位列宋代八大民窑，但二者兴盛时间有所区别。建窑的黑釉瓷烧制技艺，在北宋就已臻成熟，吉州窑黑釉瓷烧制技艺，则在南宋才大为发展。而且建窑的烧制以黑釉盏为主，吉州窑则有更多的器型和釉色。二者胎釉和工艺也有所不同。具体主要有以下三点：

1. 胎骨成分不同

建窑黑釉盏（即建盏）是历代黑釉瓷中胎骨含铁量最高的。吉州窑黑釉盏胎骨的含铁量远低于建盏。建盏胎骨一般呈灰黑色，质地厚重且稍粗；吉州窑黑釉盏胎骨一般偏黄白色，质地较细。

2. 釉料成分与施釉手法不同

建窑黑釉中含铁量也比吉州窑黑釉更高，前者多呈均匀润泽的的绀黑之色，后者则多为黑中带褐。建盏施釉很厚，一次上釉，且施半釉。吉州窑黑釉盏施釉较薄，贴花、撒釉等不同产品有不同上釉手法，且施全釉。

3. 烧制工艺不同

建窑与吉州窑的产品在用料和工艺上都有本质区别。 建窑的独门工艺是“自然析晶”，追求窑变，以窑炉内自然形成，且有一定规律的铁系结晶斑为装饰。 其釉水在高温下流动性强，对胎釉原料、施釉手法都有特别的要求；窑工无法精确掌控成品的纹样，烧成精品需要人巧结合天意。吉州窑的独门工艺则是人工装饰，如木叶贴花、剪纸贴花、撒釉等，釉水在窑内烧制时几乎不流动，装饰图案也不会在烧制时变形。

磁州窑黑釉盏

除了建窑，还有一个窑址也值得一提，那就是北方的磁州窑。磁州窑，自北朝始烧，延续至今，历经北方地区由陶到瓷的发展变迁，是见证北方地区瓷业技术从发源到繁荣完整轨迹的窑场之一。磁州窑烧造时间较长，以白釉、黑釉为基调的器物，品类繁多、装饰丰富，不仅产品远销海内外，窑业技术也对国内外影响巨大，是我国北方地区代表性窑场之一。磁州窑中心窑场与吉州窑直线距离约1030公里，呈南北基本走向。虽然磁州窑处于华北平原，吉州窑地处江南，但不影响这两处著名窑场的交集，甚至是密切的内在联系。冯先铭先生在《我国陶瓷发展中的几个问题》一文中认为吉州窑的釉下彩绘受到了磁州窑的影响，属于“磁州窑系”。

两窑都属于民窑体系，在装饰题材上极为相似，都属于民间艺术，民间艺术最根本的特色就是生活是创作的源泉。“天人合一”是中国美学和艺术创作的观念，磁州窑和吉州窑都是把人与自然、宇宙万物一体化，动与静，对与立统一起来。像信州区博物馆藏吉州窑木叶盏，我们可以很清楚地感受到人与自然的融合，也能体会到生命与时间的玄奥，有单纯清逸、明朗的艺术效果，在平淡中显示出了典雅。

磁州窑与吉州窑的器物富于装饰，为了美化器物、提升审美情趣而不遗余力。就宋元时期的黑釉盏而言，是穷其智慧的艺术结晶，所以在装饰方面的复杂程度是可想而知的。黑釉盏在这两个窑口的装饰

吉州窑黑地彩绘卷草纹碗标本

元代吉州窑黑地白釉彩绘双凤纹碗标本

工艺上，其共性在釉彩装饰方面有所表现，不同的是吉州窑在装饰方面表现得更为复杂，审美意趣更高雅，可能是茶文化、佛教文化的影响所致。

宋代的理学思潮对整个宋朝的思想和文化影响很大，其核心思想是重视人的内省功夫，通过内心的沉思，使自己的心理得到净化。黑釉瓷茶盏起初的釉色是自然形成，从思想文化的角度看，是对宋代人追求自然含蓄、淡泊质朴风格的反映。它可以融入人们的精神文化生活，成为人们的艺术追求。同时，宋人追求以茶来养生，这种庄严肃穆、澄心静虑的面壁参禅式的斗茶，恰好反映了当时社会重视内省功夫的时代精神和心理素质。陶瓷与茶，在历史发展的长河中一直紧密联系，相得益彰。

（作者简介：岑上荅，上饶市文献学会会员）

传统的寄托：信州区博物馆藏建炎四年多角陶谷仓

陈守妃

《说文解字》："方者为京，圆者为仓"《辞海》："囷仓，贮藏粮食的仓库。圆形的叫'囷'，方形的叫'仓'。"谷仓是一种约定俗成的称谓，亦称"魂瓶""堆塑瓶"，它是陪葬明器的一种类型，在墓中用以盛贮谷物、铜钱、酒等，供墓主在另一个幽冥世界享用，皆为致奠之意。

谷仓罐发展变化及其文化内涵

出于对生产、生活、军事各方面的考虑，自古以来，我国先民一直重视粮食的贮藏，《礼记》曰："仲秋之月，穿窦窑，修囷仓。"直至新中国成立初的"深挖洞，广积粮。"因此，钱粮蓄储是国计民生中至关重要的大事，是古往今来人们最关心的问题，它也理所当然地反映到了古代葬俗之中。

谷仓，也称五谷仓，是为储存五谷而设置的。"五谷"，古人说法不一。《周礼·天官·疾医》："以五味、五谷、五药养其病。"郑玄注："五谷，麻、黍、稷、麦、豆也。"《孟子·滕文公上》："树艺五谷。"赵歧注："五谷，谓稻、黍、稷、麦、菽也。"《楚辞·大招》："五谷六仞。"王逸注："五谷，稻、稷、麦、豆、麻也。"泛指粮食作物。又有"六谷""九谷""百谷"的称谓。随葬粮食或谷种是我国古代流行的葬习，应是不使逝者饥饿的意思。历来储谷明器的形制虽有变异，但此种习俗沿袭不衰。它是我国古代农业经济为主导的反映。早在四千年前的龙山文化的早期已发现有木质仓形器，乳圆尖顶，圆柱体、三面有门。这是现代发现的早期的粮仓模型。1967年陕西宝鸡市茹家庄东周墓出土的陶仓，尖圆顶，平沿外出，鼓腹平底，腹部开方门。1976年陕西凤翔秦国墓出土的陶困，直桶形，圆锥形顶，略出檐，顶中央有一孔。它们都已具有防雨和通风的基本条件，但形制还比较简单。

汉代初期，统治者推行“与民休息”“轻徭薄赋”政策，社会经济恢复，农业发展，“文景之治”时，“太仓之粟陈陈相因，充溢露积于外，至腐败不可食。”当时流行厚葬之风，以大批实物和明器殉葬，其中就有大量谷物。《后汉书·礼仪》载：“东园武士执事下明器筲八盛，容卫斗，乘一、稷一、麦一、粱一、稻一、麻一、孜一、小豆一。”各地汉墓中出土各种困仓明器，多为陶质，形象写实，仓内常常装有谷物。东汉时期绿釉陶流行，谷仓多为深绿色的釉陶器。如1960年江西南昌市汉墓出土的釉陶仓，仓盖呈笠帽式，顶上蹲一立鸟，仓体呈圆鼓式，上腹开一小方窗，底有三条短足。 三国两晋时期，中原豪强不断发动兼并割据战争，后期又有“八王之乱”，战乱频仍。但江南地区战乱较少，社会相对安定，经济得到进一步发展。农业、丝织、铜铁采冶各业兴盛。豪门大族不断出现，他们“商贩千艘，腐谷万庾，园园拟上林，馆第僭太极”。荆吴之地水利便宜，沃野千里，素以“鱼米之乡”著称，是当时的经济重地。此时厚葬之风亦盛，富庶的农耕经济也在出土的谷仓中得到反映。当时南方的陶瓷业已经成熟，而且青瓷生产已很普遍，所以不少明器也用青瓷烧制，尤其是越密的青瓷产品越丰富多彩，制作工艺非常高超，制胎、釉色、纹饰都达到了很高的水平。

东晋以后，江浙地区采用人死后用五谷囊随葬，所以谷仓消失。江西、广西等地虽偶有谷仓发现，但也较简单。唐代、北宋年间江浙出现“粮罂瓶”随葬。浙江嵊县曾经出土过一件喇叭口罂，颈部有舞龙堆塑，腹部划铭为“元和拾肆年四月一日造此罂，价直壹千文”。绍兴出土过腹壁刻有“上虞窑匠人项霸造粮罂瓶一个献上新化亡灵王七郎，咸平元年七月廿日记。”这是以粮罂瓶替代谷仓罐的实物见证。晚唐至北宋间，江南地区还出现一种多角瓶随葬。浙江嵊县曾出土过葫芦形瓷瓶，颈部四面有系，或间有灵龟等小贴饰，腹部有许多尖角。

宋元时期，是我国历史上科学技术大发展时期，社会经济有很大进步，农业、手工业也很发达。江南水系发达，经济殷实，富户广有土地，“田园宅馆道天下，库藏仓庚相望区”。以江西景德镇为中心的制瓷业兴旺勃发，成为中国制瓷业的中心，先后出现了青白瓷、青花瓷、釉里红及青花釉里红等新品种。宋元墓葬中常常出土长颈堆塑瓶，瓶颈有日月星辰、仙佛人象、舞龙奔虎、飞鸟朵云等堆贴。有的雕塑工艺很高，从装饰上看，似为天界冥境，有人以为是亡灵的皈依之所，称为“皈依瓶”。又因其有盖，盖顶往往有立鸟，又称为“盖瓶”或“立鸟瓶”。这些长颈堆塑瓶也应是五谷仓之一种形制，只是在装饰形象上比较奇特，有一定神奇色彩。

明代是古代明器发展的最后阶段，谷仓罐也已进入其发展末期。谷仓罐在继承历代一些特征及制作手法的基础上，更多地体现了明代的丧葬礼俗和发展态势。明代谷仓罐在各地均有发现，时间跨度较大，主要有三类：第一类，器表堆塑人物及动物等纹饰；第二类，腹部装饰流状角，这类谷仓主要流行于四川地区，通常上细下粗的宝塔状，器身被束为5节，每节上装饰有3个流状角，配有器盖；第三类，器表无堆塑装饰，这类谷仓罐多与同时期的实用器型形制相同，应是日常所用之物，而不是专门用于随葬的明器，但根据其摆放位置和罐内盛放的谷物来看，应具备谷仓罐的功能。从明代墓葬出土的随葬品来看，神煞和宗教色彩已经淡化，整体丧葬风格则更为写实。

至此，谷仓罐回归最初的功能，在墓葬中充当“食罐”，象征食物，解决墓主的饥饱问题，逐渐成了一种程式化的随葬品。

宋代江南特色谷仓罐——多角谷仓罐

晚唐至北宋时期，江南一带出现一种多角瓶随葬。宋时江南一带颇为流行用多角瓶陪葬，在江浙闽地区的方言中，“角”与“谷”同音，取其谐音“多谷”，而且其形象也似谷物生长之态。在以农业经济为主导的古代，寄托着人们祈求粮食丰收的美好愿望。

古代人心目中皆希望人死后照样能够享受到活前所享受的一切，故墓葬常出土有谷仓、房屋、陶灶等随葬用品。多嘴壶制作成塔形谷仓，民以食为天，塔又高又大，寓意在塔形的谷仓内储存大量的谷物，祈望五谷丰登。“多角谷仓”也称“多嘴谷仓”，很多嘴说明有很多人，寓意人丁兴旺，多子多福。中国古代是农业国家，急需强壮的劳动力，故多生几个儿子，就多几个劳动力，所以“多子多福”的观念在古代人们心中根深蒂固。信州区博物馆藏的这件多角陶谷仓通高33厘米，口径14厘米，分盖、体两部分，盖顶缀宝珠，盖身呈阶梯式，表面圈有三条泥条状锯齿边，应是水波纹，器表青褐色，无釉。器身上大下小，分五层，每层凸出五个尖角，纵列成行，行距间处有一瓜棱纹。其中一纵行的间隔处刻有“仓库常满”和“建炎四年九月初九浦记”字样，该谷仓据此为名，经专家鉴定为二级文物。

信州区博物馆藏建炎四年多角陶谷仓（原信州区博物馆馆长沈法栋捐赠）

无独有偶，在中国粮仓博物馆中也收藏着一件北宋黄釉多角谷仓罐，通体施黄釉（脱釉现象严重，仅残余少部分），无盖，短直颈，口大圈足小。直筒罐身，分四层，每层间隔较开，且凸出四个角，纵列成行，最下一层往里收于圈足。信州区博物馆藏的建炎多角陶谷仓与之相比，无论是造型还是装饰工艺上都略胜一筹，因罐身刻有建炎年号的明确纪年，则更显珍贵。冯先铭先生在其主编的《中国陶瓷图典》一书中曾说过：“宋代瓷器上的纪年大都为北宋的年号，只有少数为南宋年号。”靖康之变是划分北宋与南宋的分界线。宋室南渡，宋康

北宋黄釉多角谷仓罐

王赵构即位于南京应天府（今河南商丘），改元建炎，史称南宋。“建炎”元年为宋高宗登基的第一个年号，南宋一朝，从兹伊始。因金人南侵，战事吃紧，战祸连绵，高宗赵构颠沛流离，疲于奔命，建炎年号仅使用了四年，在应天府仅五个多月时间，十月迁至扬州，再迁都于临安（今浙江杭州）。这一时期宋朝的制瓷业因战争因素遭受沉重的打击和破坏，窑工逃亡，瓷路中断，虽有些地方还有少量烧造，但产品极为粗劣，与北宋陶瓷器相比则相去甚远。

尽管这件多角陶谷仓罐整体外观并不如北宋时期的典雅端庄，釉也脱落较多，瓷胎也较为粗糙，但作为具有明确文字纪年的断代标准器，则具有极高的历史、科研、艺术价值，甚至可以填补建炎朝纪年瓷器的空白。

多角谷仓罐用途的判断依据

明器用途有很多种，如何证明这种多角瓶（罐）就是谷仓，最直接的还是根据文物身上的铭文，很多这类器物的出土文物本身上都刻有铭文，如浙江德清出土一件唐黑釉谷仓，有“元和三年十月十四日润州句容县甘唐乡延德里赵金妻任氏粮罂”铭文；江西青白釉堆塑瓶上有“东仓”“西库”铭文；福建邵武出土的谷仓罐，墨书“千秋万岁仓库年年常满子孙日见发达谷仓酒库大吉”，另一件刻有“淳熙七年九月十五圆日造此仓库，仓库常满，典库当开，儿孙大富”。日本大和文华馆收藏一件多管瓶，刻“元丰三年又九日十五圆日增添福寿”；刘建业先生收藏的宋多角（嘴）瓶上有褐书“千秋万岁，五谷仓库年年常满，子孙代代兴龙，元祐元年夏未六月谨题”铭文，更明白无误地说明多角瓶即是五谷仓库。

此外，1978年福建顺昌北宋墓出土一件多角罐，器身分五层，上小下大，每层凸出五个尖角，纵列五行。器盖作亭阁式，重檐五角攒尖顶，上有宝珠，阁四面均有门，台基呈覆游莲花状，制作精巧，总体亦如丰腴的麦穗。出土时瓶内盛有黄色稻谷。诸多此类器物的出土，并伴有盛装谷物即证明了这种形式奇特的多角明器是储谷的仓舍。

“莫笑农家腊酒浑，丰年留客足鸡豚。”中国是农耕社会，社稷富强、百姓安康的一个大前提便是五谷丰登。风调雨顺则五谷丰登，旱灾涝难则是哀鸿遍野。数千年来以谷物随葬的历史事实表明我国人民对“五谷”的珍重和崇敬。它象征着我国人民自古以来种植五谷、引以为生的农耕传统习惯，也是我国古代农业经济的现实反映。随着各个历史时期经济状况和民风习俗的变化，我们的先人曾构筑过各具时代特征的五谷仓，这些制作精巧的器物是研究古代粮食贮藏的工艺设施和科学水平的实物资料。

（作者简介：陈守妃，景德镇陶瓷大学）

元青花“茂叔爱莲”玉壶春瓶的装饰艺术

陈尚格

青花瓷器是江西景德镇制瓷工人创烧的一个品种，青花瓷又称白地青花瓷，常简称青花，属釉下彩瓷。青花瓷是以含钴元素的矿物质为着色剂，在瓷器的半成品胚体上进行彩绘装饰，然后再罩一层青白釉入窑经高温（1300摄氏度左右）烧成瓷，才呈现蓝色纹饰的釉下彩瓷器。钴料烧成后呈蓝色，具有着色力强、发色鲜艳、烧成率高、呈色稳定的特点。原始青花瓷于唐宋已见端倪，成熟的青花瓷则出现在元代景德镇的湖田窑。由于它的制造工艺在当时比较困难，且元代延续时间较短，仅有九十七年，所以流传至今较为罕见，显得更加弥足珍贵。青花瓷丰富多彩的装饰技法和独特的制作流程，使得它成为我国最具代表性的传统装饰艺术。

陶瓷绘画艺术使单一的瓷器拥有更加丰富多样的表现形式。陶瓷上最早发现存在人物题材的图案可以追溯到原始时期，如出现在青海大同县孙家寨著名的舞蹈纹彩陶盆，其描绘的画面为多个少女手拉手舞动的景象，这为陶瓷绘画的起源提供了实物佐证。而后陶瓷绘画艺术经历了长期的发展，在元代达到了一定的高度。这是因为青花瓷器的正式烧成，为在瓷器上进行图案绘画，提供了更为方便的条件。元代统治者为蒙古族，生活在大草原的蒙古族对蓝、白色情有独钟。在其原始宗教中，蓝色是天，白色则象征善良的草原神祇，蓝白两色正是蒙古图腾“苍狼白鹿”的颜色。11世纪前，蒙古族处于原始多神崇拜阶段，此后两百多年的时间里生产力的发展推动了由多神崇拜向一神崇拜的转变。蒙古人崇拜的天（腾格里）成为至高无上的存在，具有绝对的权威，蓝色因之具有了统治者至高无上权力的象征意识。在元朝建立后，蒙古统治者将各族人群等划分为四个等级，其中蒙古人在最高等级，被称为蓝色的蒙古人，代表了天意的承载者，是高贵的民族。这一审美促使了青花瓷的发展，青花瓷的釉色比较艳丽，容易着色，又是釉下彩，颜色也相对于稳定，白色的背景上绘上浓度不同的蓝色颜料，洁净淡雅，与中国经典水墨画异曲同工。元青花装饰纹饰众多，主要分为植物纹饰、动物纹饰和人物纹饰三大类。这些纹饰多共同组成青花瓷装饰图案，使得青花瓷装饰呈现出鲜明的多层次感和画面满饰的特点。但是这些纹饰主次也很分明，主体纹饰一看便知。

目前所见元青花瓷器人物故事图案主题大致分为两类：一种是元杂剧故事图案，如《萧何月下追韩信》《尉迟恭单鞭救主》《昭君出塞》《三顾茅庐》《西厢记》等；一种是高士及仙人图，表现山林隐逸生活，有《四爱图》《周茂叔爱莲》《吕洞宾》等。人物大多是汉人装束，从服饰上看，有宋代特征，也有胡人装束。亦有婴戏图和百子图、劳动场景等，不过数量较少。这和前朝不太一样，中国瓷器在宋代以前，除去用作明器的人俑外，很少能见到人物形象的装饰。北朝和唐宋陶瓷器上尚有一些印花人物形象，但彩绘人物却寥若晨星。而宋代彩绘人物多以婴戏图为主，主要绘画于枕、瓶、罐类器物上，枕多在枕面，瓶、罐多在肩、腹部。常见的纹饰主题有童子戏花、童子攀枝、池塘赶鸭、群婴相戏、双婴戏鸟，以及钓鱼、放爆竹、骑竹马、打陀螺等。除婴戏图案外，宋代少量瓷器，特别是瓷枕面上，还有一些女子形象，如磁州窑系瓷，枕面上有少女读书、女子毗鞠的图案。

这样转变的原因首先是市井平民文化发展的结果，特别是与宋代以来话本小说、民间说唱、杂技马戏等技艺的流行和繁荣不可分割。宋代以来商业经济的高度发达促进了城市化的进程，市民阶层的产生和发展，城市聚集了大批的人口，随即产生了娱乐的需求，“瓦肆”应运而生。及至元代，这种市井间的“俗文化”更发展成一种文化潮流，不仅话本小说、民间说唱伎艺有所发展，杂剧、散曲也都非常盛行。元代的文化艺术，基本上都是传统宋代文化艺术的延续和发展。从关汉卿、白朴、马致远、郑光祖元杂剧四大家，到名声很大但未能被后人列入四大家的王实甫，都为元朝的文化艺术发展作出了重要贡献。大多数元曲、元杂剧、小说和版画，几乎都围绕《西厢记》《窦娥冤》和先秦列国战争、东汉末年的历史和故事展开。元代统治者对汉人的戏曲艺术也同样很感兴趣。元人熊梦祥的《析津志》中曾描述过这样的场景“八日，平则门外三里许，即西镇国寺，寺之两廊买卖富甚太平，皆南北川广精粗之货，最为饶盛。於内商贾开张如锦，咸於是日。南北二城，行院、社直、杂戏毕集，恭迎帝坐金牌与寺之大佛游与城外，极甚华丽。多是江南宫商，海内珍奇莫不凑集。此亦年例故事。开酒食肆与江南无异，是亦游皇城之亚者也。过此，则有昭游皇城，世祖之典故也。其例于庆寿寺都会，先是得旨，后中书札下礼部，行移各属所司，默整教坊诸等乐人、社直、鼓板、大乐、北乐、清乐，仪凤司常川提点，各宰辅自办婶子车，凡宝玩珍奇，希罕番国之物，与夫百禽异兽诸杂办，献赏贡奇相互夸耀，于以见京师机天下之壮丽，于以见圣上兆开太平与民同乐之意；下户部关拨钱粮，应付诸该衙门分办社直等用，各投下分办簇马只孙宴会，具是小小舍人盛饰以显豪奢。”文中几次提到了帝王观赏戏剧，与民同乐的场景。青花瓷器烧造的如火如荼，许多人物题材的出现，与元曲、杂剧和版画的发展成正比，那些精美的元青花人物故事图作品，实际上可能与元代帝王对这些汉文化经典的热衷和喜爱有相当大的关系。

还有一个重要原因就是文人画的介入。文人画，亦称“士夫画”，西方人称为 Literati painting，即封建社会中文人、士大夫所作之画。北宋苏轼提出的“士夫画”，他曾在画跋中提到“观士人画如阅千里马，取其意气所到。乃若画工，往往只取鞭策皮毛槽枥刍秣，无一点俊发，看数尺许便倦。汉杰，真士人画也。”明代文徵明称唐代王维为文人画之创始者，并视为南宗之祖。陈衡恪曾指出“所谓文人画或谓以文人作画，知画之为物。是性灵者也，思想者也，活动者也，非器械者也，非单纯者也。”中国文人画的理论思想实际就是儒、释、道三家思想的结合作为基础，通过选取的创作题材，采取写实、写意、写境等多种表现手法，以“行”为表，以“意”为里，积极抒发“性灵”或个人抱负，在画中巧妙地塑造了文人形（行为）、性（品格）、心（思想）等外在与有形的实体形象和内在与无形的精神形象，并将二者融为一体，以达到人与画的有机结合。文人画反映的是一种人类学、哲学、宗教思想的超功利意义及高士的那种高古、散淡、疏狂、闲适、清逸、旷达、超脱等等。由于当时在元代的统治下，各阶级地位相差悬殊，时人俗称“九儒十丐”，读书人的地位甚至仅排在乞丐之前，不如娼妓。所以众多有才华的文人被忽略，他们虽然精通诗词歌赋，却往往不受重用。元朝建立后，迟迟不举行科举考试，直到元仁宗延祐二年（1315）才正式开科。科举之路不通，文人无法参与政治，加上元朝政策的压力，加速了文人融入市井文化的现象，在他们仕途不畅通的背景下，许多人转向杂剧和绘画的创作以谋生。其中就有一部分人从事绘制瓷器的工作。《美的历程》一书中李泽厚曾这样讲道："审美趣味和美的理想由具体人事、仕女牛马转到自然对象、山水花鸟，当然不是一件偶然的事情，它是历史行径、社会变异的间接而曲折的反应。"如果说唐与宋的文人画是描写和记录大好山河或美好事物的客观事实的话，那么元代以后文人画更侧重于反映画家自身对社会以及其主观世界的体验，从而抒发其主观心绪。

信州区博物馆藏元青花"茂叔爱莲"玉壶春瓶

所以元青花瓷呈现出有别于其他朝代专业画工的绘制手法和创作意蕴，体现了这个时代独有的艺术特征。元青花人物故事图是宋元以来市井文化与士大夫文化共同发展、相互影响的结果。

青花装饰融入文人绘画，当以赵孟頫为先驱。赵孟頫，字子昂，号松雪道人，又号水晶宫道人、鸥波，中年曾署孟俯。浙江吴兴（今浙江湖州）人。南宋末至元初著名书法家、画家、诗人，他出身高贵，是宋太祖赵匡胤十一世孙、秦王赵德芳嫡派子孙。赵孟頫博学多才，能诗善文，通经济之学，工书法，精绘艺，擅金石，通律吕，解鉴赏，尤其以书法和绘画的成就最高。在绘画上，他开创元代新画风，被称为"元人冠冕"。元朝取代宋朝之后，很多文人郁郁

纹饰展开图

不得志，投身于艺术创作后将故国情怀投射到自己的作品之中。考证青花装饰，绘画是其主要研究领域。赵孟頫曾题诗“石如飞白木如籀，写竹还于八法通；若也有人能会此，方知书画本来同。”这与元代 1278 年设立浮梁瓷局之画局有着不解之缘。从时间上看，这一年的赵孟頫25岁，正是仕途的开端，时间上相符。再从他的画的风格及寓意来研究，与元代青花瓷有着密切的内在联系。前面那首诗是赵孟頫《秀石疏林图》的题跋，对照青花瓷研究，如果找到青花瓷与诗中所言的共同点与画中的植物寓意相同，就足以证明青花瓷的创作绘画与赵孟頫有着不可分割的内在联系，从而挖掘其思想根源。从书画起源与发展的历史沿革可以看出元代青花瓷的装饰艺术与绘画内容，是其产生创作的艺术文化土壤与来源，是青花瓷绘画艺术创作的起源。

1986年出土于信州区的元青花茂叔爱莲图玉壶春瓶，是非常典型的元青花人物装饰，其内容取材属文人隐士题材。茂叔为周敦颐别号，周敦颐是北宋著名理学家，是一个洁身自好，不慕名利，正直无私，不媚权贵的人。他的这种高洁的人品，北宋文学大家黄庭坚誉为：“人品甚高，胸怀洒落，如光风霁月……”他致仕隐居庐山莲花洞，创办了著名的濂溪书院。他毕生挚爱就是莲花，故在书院内建造了一座爱莲堂，堂前开凿“莲池”，以莲花之高洁寄托心志，《爱莲说》即写成于此。

两件四爱图中的茂叔爱莲纹饰

“茂叔爱莲玉壶春瓶”口外翻呈喇叭状，细长颈，溜肩，垂腹，圈足稍外撇。全器内外施釉，釉面透明度很高，胎土细白，露胎处呈火石红色，青花发色浓艳，有明显铁锈斑。上腹部的主仆人物图是画面的主题纹饰：有一人头戴冠帽，长袍广袖，依坐在池塘边一株柳树之下，右腿屈起，手执一物，转头看向另一人，此人当是周敦颐。周敦颐对面还有一垂髫童子，身着长服，右手提举，作右侧视状头向莲池，莲池中种植着茂盛的花叶，数支长莲花荷叶伸出池塘。画面其他部分则绘有山石、芭蕉、卷云，花草，玉壶春瓶的束颈处缠绕一周柳树下垂的柳枝，玉壶春瓶胫部则以卷云纹连圈隔开，绘有变体莲瓣纹。整体画面和谐清晰，线条流畅，纹饰之间主次分明，构图丰满，层次多而不乱。布局合理，造型挺秀大方。

元青花人物故事图凡人物五官及鞍马造型准确，刻画细腻，线条或柔秀，或遒劲，画法严谨周密。如人物的胡须、马的鬃毛、长尾，分缕分绺，丝丝毕现，笔笔送到。人物故事图配景的竹石、芭蕉、花树、云气等同样用笔细腻，画法严谨。这种画风通常被称为“密体”。但这件“茂叔爱莲”玉壶春瓶，使用的却是另一种相反的画风。其装饰意匠平淡，构图简单，笔意自然从容，用笔洒脱，生动放逸。主人公衣纹简单，芭蕉、竹叶和“密体”一比较，显得轻快潇洒许多。这种画风就是“疏体”。“密体”笔法工谨者细密而生动，“疏体”简者放逸而又见法度。

同样有茂叔爱莲题材的元青花还有著名的元青花四爱图梅瓶，四爱图梅瓶出土了两件，分别藏于湖北省博物馆和武汉市博物馆，不过两件梅瓶的茂叔爱莲图相差并不大。构图皆为一主一仆前后而立，主题人物周敦颐在前，书童紧随其后。两者间的不同之处在于周敦颐及书童的服饰均不相同，武汉市博物馆的周敦颐身着素白长衫而湖北省博物馆的身着深色长衫；武汉市博物馆的书童身穿深色长衫双手托个小瓶侍立主人身后，而湖北省博物馆的身着花布衫，右手腋下挟一张古琴，侍立于主人身后。

元“至正十一年”铭青花云龙纹象耳瓶

信州区博物馆藏的元青花“茂叔爱莲”玉壶春瓶出土于信州区北门街道东瓦窑村，在元代时为信州路属地，与景德镇相距不远。元代景德镇制瓷业已经一枝独秀，朝廷专门在景德镇设立浮梁瓷局为皇室服务。这一机构汇聚了全天下最优秀的制瓷工匠，各地的工匠汇集于此，互相交流学习，连带着周边的民窑制瓷业也兴旺发展。元青花作为景德镇独创的发明，特殊的瓷石加高岭土的二元配方法保障了出产瓷器的优质，这一技术在当时的信息传播背景下，是很难快速地全国性传播的。所以来源相对比较单一，除却皇家专享及赏赐的那些，相当一部分的出土元青花都集中在邻近景德镇的地区。与上饶有关的还有一对重要的元青花，就是著名的“至正十一年”铭青花云龙纹象耳瓶，现藏于英国大维德中国艺术基金会。

这对有铭文瓶在元青花研究史上意义重大，20世纪50年代初，美国学者约翰·波普博士正是根据这对纪年瓶，结合土耳其托普卡比宫博物馆和伊朗阿德比尔清真寺的藏品，从传世器物中辨识出一批“至正型”器物，奠定了元青花研究的基础。能够作为标准器来参考，是因为这对象耳瓶的铭文非常详尽，有确切纪年，直接书写在瓶颈上，一丝不苟，说得清清楚楚。加之内容丰富，绘制精良，难有与之比肩者。右边这件的颈部铭文有六十二字：“信州路玉山县顺城乡德教里荆塔社奉圣弟子张文进，喜舍香炉花瓶一付，祈保阖家清吉子女平安。至正十一年四月良辰谨记，星源祖殿胡净一元帅打供。”左边这件的铭文略有变化，为“至正十一年四月吉日舍”。

铭文局部

元青花瓷器装饰上的一个重要特点就是分层装饰，如大盘纹样多由三至五层满密的图案组成，瓶、罐的纹样多由三至八层图案纹饰组成。像这件标准器，自口至足共绘有八道纹饰，分别为缠枝菊花、蕉叶、云凤、缠枝莲、海水云龙、海涛、缠枝牡丹以及杂宝莲瓣。信州区博物馆这件“茂叔爱莲”玉壶春瓶同样具有这样的特点。它共有八道纹饰，柳树、人物、山石、丛竹、花卉、流云、卷草、仰莲，层次清晰，繁而不乱。这样繁密纹饰布满瓶身的装饰风格，其实与中国传统装饰艺术风格大不一样，尤其是以朴素淡雅而著称的宋瓷背道而驰，元青花在装饰的时候，将器物通体描绘，不留空隙，从而达到一种视觉上的冲击感，这种装饰风格的产生很大程度上是来源于伊斯兰装饰艺术中“无限图案”的数学概念。元青花的装饰特征，很容易就让人联想到中西亚地区的金属器、陶器、建筑以及染织装饰。这是由于青花瓷成熟于元代，而元代的统治者又秉承野蛮扩张的民族思想理念，不断地开拓自己的版图。盛时疆域东起东北亚，西至西亚东欧，北至整个西伯利亚大陆，南至南海。在征服的过程中，无可避免地会加强各国各民族之间的接触与交流，为各种文化的交流提供条件。大量的墓葬遗址出土都证明了这一点。蒙古族人在成吉思汗统治时期，就已经进军中西亚，营造了良好国内外市场，有益于商品经济的发展和对外贸易的繁荣，中西亚交流空前开放，促进了瓷器等外贸商品的需求量，给陶瓷业的生产和发展提供了动力。元人在立国之初就在福建泉州建立了国内最大的港口，与当时的亚历山大港并称世界最大贸易港口，可想而知当时与外界的商贸是多么频繁。在元代至少有140 多个国家和地区与我国保持海上贸易。而陶瓷作为主要的商贸产品更是备受各国亲睐。

青花装饰在伊斯兰地区也有悠久的历史。伊斯兰地区最早出现青花的是在今伊拉克地区，当时是以陶器为载体的青花陶，时间大概是公元 9 世纪至 10 世纪中期。后来中国的唐三彩和唐青花通过贸易往来传到中亚、西亚、东欧、北非等地，为青花瓷在伊斯兰文化中的传播起到了深远的影响。蒙古帝国在成吉思汗死后爆发了关于汗位的争夺，最终分裂为元朝和四大汗国（即金帐汗国、察合台汗国、窝阔台汗国、伊利汗国），除了窝阔台汗国较早灭亡，剩余的三大汗国无一例外最终都信仰了伊斯兰教。所以元青花中会出现大量伊斯兰文化素材装饰，并广受伊斯兰世界欢迎，是有其特殊历史背景的。元青花通过贸易传到伊斯兰国家，被伊斯兰国家的陶工争先恐后地模仿。14 世纪末，叙利亚的陶工首先效仿了元青花的器型与纹饰，之后伊拉克、埃及、帖木儿王朝、萨法维王朝都相继效仿，均出现了元青花的仿制品，仿的还相当地精准。伊斯兰贵族对瓷青花极为推崇，不仅用来把玩欣赏，连日常的餐具使用都要用青花瓷。目前世界各大博物馆对元代青花的收藏多来源于伊斯兰国家，如 1960 年在印度德里图格拉克宫的一个遗址上发掘出元代瓷器，其中元青花就有 67 件，都是碗盘餐具，均有使用过的痕迹，说明伊斯兰国家宫廷大多使用青花瓷作为餐具。

青花瓷是我国珍贵的传统艺术，在陶瓷史上、文化史上都有着极其重要的地位。它之所以能够长时间的流行，是因为它不仅是艺术的文明，还是一种物质文化，它有丰富多彩的装饰技法和独特的中国民族风格，而且还是一种极富实用价值的生活用品。比起其他的彩绘陶瓷，釉下彩绘的制作流程相对简便，它的瓷胎和装饰花纹是一次烧成，且钴蓝色的花纹在釉下不会被磨损，不变色，耐久经用。在视觉效果上，青白的颜色稳重大方，纯洁美丽，给人以清新明快、肃穆端庄之感。我们探究青花的装饰艺术，不单是知道器物因何而美，更是透过其装饰艺术背后的时代气息去见识那个时代的独特文化和审美意趣，继承和发扬前人的艺术文化，指导当代的文化创作，做到“笔墨随时代”的艺术境界。

（作者简介：陈尚格，景德镇陶瓷大学）

元青白釉梅花纹双耳瓶鉴赏与梅纹装饰艺术

曾裳歌

景德镇是享誉中外的著名瓷都，但凡谈及瓷器都无法绕过景德镇。景德镇制瓷历史悠久，始烧于唐武德（618—626）年间。然而景德镇真正在制瓷史上成为重要篇章之一，还是在宋朝。宋代是中国制瓷史上百花争艳的时期，是瓷器艺术臻于成熟的时代，是中国陶瓷发展的辉煌年代，不管是在种类、样式还是烧造工艺等方面，均位于巅峰地位。景德镇能够在这样一个百花齐放的盛况中开辟自己的地位，全然仰赖于青白瓷的创烧。

青白瓷也叫“影青”“隐青”“映青”。指的是釉色介于青白二色之间，青中泛白、白中透青的一种瓷器。青白瓷是宋元时期景德镇及受其影响的窑场烧成的、具有独特风格和鲜明时代特征的新品种。清人蓝浦在《景德镇陶录》里对青白瓷有着极高的美学评价，认为青白瓷“光致茂美”“如冰似玉”。它是南北制瓷技艺有机融合之产物，是在唐宋之际中国社会变迁的宏大背景下产生的，是伴随着晚唐以来自北向南的大规模迁移运动出现的文化现象，同时也是中原文化向南方地区扩散、影响的结果。宋人评价青白瓷“洁白不疵”，称其为“饶玉”。考古资料表明，景德镇的青白瓷生产极盛于两宋，元代仍然盛烧不衰，受其影响在今江西、安徽、浙江、福建、湖南、湖北、广东、广西等地都发现了不少宋元时期专烧或兼烧青白瓷的古代瓷窑遗址。宋元时期，交通发达，商贸频繁，各种形式、不同层面的交流，丰富了各地区文化的内涵，也促使了制瓷业的彼此融合，形成了多元的瓷业格局。江西地区除窑业的核心景德镇以外，在纵贯整个江西南北的赣江流域及其支流如抚河等流域均有广泛的分布，并且在赣江上游的赣州七里镇、吉州永和镇、抚河流域的南丰白舍等地形成相当大的生产规模，质量也仅次于景德镇地区，成为青白瓷生产的次级生产区域。这些窑场与景德镇窑一起在当时的南方地区形成了一个庞大的烧造青白瓷的瓷窑体系。诚如宋末元初人蒋祈《陶记》中所说："江、川、湖、广，器尚青白，出于镇之窑者也。"

元龙泉凤耳瓶

元代景德镇窑的青白瓷虽上承南宋遗风，但在胎质、造型、釉色、装饰上与宋代产品已有所不同，有着自身的时代风格。与宋代相比，元代青白瓷的胎体普遍比较厚重，宋代那种薄胎透影的产品已很少见，由于制胎原料中加入了含铁量较高的高岭土，所以元代青白瓷的胎色普遍泛青，不如宋代的胎色白。釉色上，元青白瓷的釉色与前代制品相比，青色更加明显，釉面玻璃质感强，釉的玉质效果不如宋代，有些较粗的产品釉色泛黄，还有一些器物釉面失透无光，常与同时期卵白釉器物混淆在一起，使人不易分辨。元代青白瓷的造型十分丰富，除传统的碗、盘、杯、碟、瓶、罐、枕等日用器造型之外，还出现了匜、笔山、扁壶、葫芦形执壶、多穆壶、僧帽壶、观音像等新器型。双耳瓶则是十分经典的瓶式之一，因颈部两侧贴附双耳而闻名，由于耳的形式不一，所以名称各异。

宋双环耳瓶

信州区博物馆藏有一对元代青白釉梅纹双耳瓶，其双耳为S形，又称如意形耳。直口，颈细长，附如意形耳，溜肩，丰腹，有圈足。瓶身曲线柔和自然，流畅而挺秀。转折不露锋棱，也没有线角出现，给人以温润端庄、清

信州区博物馆藏元青白釉梅纹双耳瓶

信州区博物馆藏青白釉梅纹双耳瓶俯视图

丽秀美之感。腹刻凸雕折枝梅纹。梅纹形象逼真，自然纯朴，带有丰富的情感和旺盛的生命力，体现了元代瓷器自由豪放的艺术特色。凸雕，亦称“堆雕”“凸花”。是采用各种方法，如堆、贴、刻等，使陶瓷表面产生凸起的纹样。这一技艺运用在瓷器上起于宋代。宋代的烧瓷技术有着巨大的发展，最显著的方面就是装饰花纹上的突出发展。早期的定瓷及耀瓷，仅能在一色釉的器物上施加划花、刻花及印花等传统手法。河南修武县当阳峪窑所烧制的瓷器，已于划刻之外，创造了剔地及填地两种新的方法。直到磁州窑系统的许多瓷窑所烧制的器物，才又开创了在胎上用毛笔来作画的新方法。此种在白釉或绿釉下用黑色或赭色作画的装饰，较之定窑等瓷器上所附加的花纹远为自由活泼，就是比之唐代长沙铜官窑的釉下彩也迈进了一大步，因为铜官窑瓷器上的花纹大都是规整的图案，只有把绘画的方法应用到瓷器上来，才可以从笔触中充分发挥民间艺人们的智慧。此种瓷器的烧成，为以后的彩绘瓷器奠定了初步基础。

浙江省博物馆藏有一件元青白釉梅纹双耳瓶，出土于杭州老和山。可以看出无论是器型还是纹饰，都非常相似。新安沉船也发现了一件相似装饰和造型的瓶子。新安沉船是自20世纪70年代在朝鲜半岛西南部新安海域发现的一艘中国元代沉船，沉船的发现，对了解元代的海外贸易情况，瓷器的生产和输出以及航线等，有重要的研究价值。1万多件沉船出水文物中，近60%是龙泉窑瓷器。龙泉窑是当时销量最大的外销瓷器。在这样数量庞大的龙泉窑

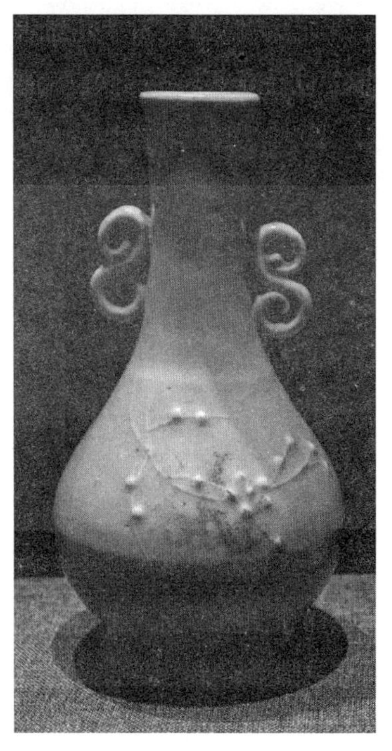
浙江省博物馆藏元青白釉梅花纹双耳瓶

青瓷中，仍然有青白釉梅花纹双耳瓶，可见这样造型纹饰的瓶子在当时社会很受欢迎，不仅留以自用，还要将其出口外销。

事实上，在元代，青白瓷已经呈现出衰落的趋势。蒙古人的性格较为粗犷、豪爽，宋人性格较为细腻、儒雅。加之元代统治者是游牧民族，在制瓷技术上继承宋代，继续生产宋金时期的传统造型，但元人对各种器物的造型上进行了改进，更加适应元人的生活习惯。例如，元人对瓷器的要求，不再是以往的轻薄细腻为主，而是要求胎质厚重耐用，外型体积偏大的器皿。上述社会历史文化的差异，成为宋人所追求细腻、唯美典雅的青白瓷淡出人们的视野的主要原因。除了社会历史原因外，一方面是为了外销的需要，为了适应异域人民生活，需要更多样的瓷器品种，如青花瓷、彩绘瓷等。另一方面元政府对青花瓷过于关注，景德镇生产的青白瓷，质量也比以前粗糙，呈显乳浊色，少了宋代青白瓷温润、细腻的质感，产量减少许多。越来越多的人们开始沉迷于青花，颜色釉的艺术研究中，忽视了青白瓷自身艺术价值。

元朝的建立，不仅从政治上实现了“正统观”，而且在思想、艺术、文化上打破了此前历史上出现过的人为的文化屏蔽现象，中华文化多样性的现实得到普遍认可，结束了多个政权并存的局面，对社会商业和文化艺术都产生巨大影响。瓷器作为社会文化艺术的一部分，也悄然发生了一些变化。元代景德镇青白瓷的美学思想和审美情趣，和宋代景德镇青白瓷相比，差异性较大。从美学艺术角度来看，宋代陶瓷强调的是典雅之美和含蓄之美，而元代陶瓷则强调的是粗犷之美，明清陶瓷则看重的是华丽之美。从美学风格角度来看，宋代景德镇青白瓷制作精致细腻，给人一种温润雅致的感觉。而元代的景德镇青白瓷，粗狂简朴，缺少一种灵动性。

既然如此，这种青白瓷双耳梅纹瓶合该被淘汰才是，又为何在不同地区都有出土，甚至在外销海外的新安沉船也有发现呢？这就不得不提一下元代的文人阶级了。我们知道宋代是一个文化非常兴盛的朝代，有宋一代，士大夫得到了前所未有的尊重。“与士大夫共治天下”甚至是宋朝的祖宗家训，不得违背。还认为“礼不下庶人，刑不上大夫”。正是这样的政治背景，使得宋代的文人阶级自然优越于其他阶级。但是宋朝灭亡之后，新兴的王朝元朝却截然不同于宋，不仅没有如赵宋统治者一样给予文人阶级各种特权，反而将文人视为低下无能的存在。在这种背景下，心高气傲的读书人只能将满腔热血转投他处，平日里喜好推崇的器物也难免带有抱负无处施展的寄托。曾经在宋代备受欢迎，如今却没落的简约大方的青白瓷，正是他们的自我投射。这种青白瓷瓶的器型较小，不似日常实用器，应当属于装饰品，属于文人喜爱在案头摆放的小瓶。双耳瓶、贯耳瓶、长颈瓶、胆式瓶等，形制典雅，或清赏，或插花，是案头陈设佳器，即南宋吴自牧《梦粱录》所记“烧香点茶，挂画插花”四般闲事之一。

还有一个原因，就是该双耳瓶的纹饰，是深受民众喜爱的梅花纹。无论是平民百姓，还是文人士大夫，无一例外都对梅花纹有所偏好。

梅花是中国人非常看重的一种花卉，在前不久的全民投票国花竞选中，梅花仅次于牡丹，是民众心目中的第二国花。人们对梅花推崇在中国拥有渊远的历史。汉、晋至南北朝，梅始因梅花冰中孕蕾、雪里开花而闻天下，如《西京杂记》载 :“初修上林苑，群臣远方各献名果异树，……梅七：朱梅、紫叶梅、紫花梅、同心梅、丽枝梅、燕梅、猴梅。”汉时梅花常见栽培观赏新品种，诗人吟赞亦渐多。《金陵志》云 :“武帝女寿阳公主人日卧于含章殿檐下，梅花落公主额上，成五出之华，拂之不去，皇后留之，看得几时，经三日洗之乃落 ，宫女奇其异效之，今称梅花妆是也。”这可能是梅花图案用于美化的发端。隋唐五代时期，梅花栽培渐盛，引起了文人雅士更多的关注，纷纷用梅花作为创作的主题。两宋优厚的文治政策，促使文人士大夫地位和处境的变换，“达则兼济天下，退则独善其身”成为士人的人生追求，由此引发了文人的全面自觉。士人“以文载道”的士大夫品格意识高涨，带来了自然审美中普遍的“比德”倾向，梅花也由此获得深刻的思想意义，梅之冬花凌寒、素色清香等生物种性，是宋代理想人格的最佳物化载体。宜诗宜画使梅花在宋人心目中成了花卉“比德”的“集大成者”。梅花之所以成为道德品格象征，可以说是宋代士大夫儒雅之生活及其品德风范聚焦凝结于梅花这一江南芳物的结果。

作为瓷器的装饰纹样，梅花在所有的装饰纹饰中所占的比例不是最大。而就由宋开始工艺美术中梅花作为新兴的装饰纹样本身来说，梅花纹饰在瓷器中所占的比例就比较大了。同在江西的吉州窑运用梅花纹饰就极为广泛。吉州窑主要生产青釉瓷、绿釉瓷、白釉瓷、彩绘瓷和黑釉瓷。其中以黑釉瓷最多，也是最具代表性的产品。梅花纹样在吉州窑瓷中的表现形式主要分为剪纸贴花、剔花、彩绘等。剪纸贴花装饰设计多运用于碗盏之上，出现最多的是鸾凤、梅等吉祥祈福图案。它们既有组合装饰，也有单独装饰。组合装饰多为单凤纹与梅纹结合、双凤纹与多朵梅纹结合、多凤纹与朵梅纹结合等形式。

剔花折枝梅纹瓶

剪纸贴花鸾凤梅花碗

吉州窑的黑釉剔花是在黑釉上剔出花纹，花纹露胎，有长颈瓶、梅瓶、罐、碗等，装饰题材多为梅花。深黑色的釉质，腹部剔花工艺剔出一束黄色胎体折枝梅花纹，并用褐色写意笔法勾画花蕊，虽不是用毛笔画出，却有水墨写意笔法的风格，装饰效果很强。施满釉料的外壁上，直接剔划掉釉色，利用釉色与胎体色彩和质地的差别进行装饰设计，构思非常巧妙。

梅纹还经常同松、竹纹一起出现。松、竹、梅在我国传统的观念中，它们象征坚毅、无畏和气节。松、竹、梅这三种植物，在生理构成上有其特殊的性格。松在严寒季节叶不枯落，保持四季长青，为长寿不老的树木；竹长年常绿，有节中空，挺劲直立，代表了顽强不屈，坚韧不拔；梅，玉骨冰肌，馥郁清香，领袖群芳，体现了不畏严寒傲霜凌雪的高风亮节。三者都是在寒冬树木凋落时，傲视冰雪，挺然卓立，象征君子节操高行，所以有“岁寒三友”之称。这种优美的装饰题材，使用极为普遍，至今仍为陶瓷工艺者借鉴、传承和发扬。

封建士大夫道德品格意识的影响和渗透，构成了梅花品格美的价值取向。赋予梅花形象以品格意趣、道德情操的丰富内容与精神意义。咏梅与“梅格”成了士人越来越常见的话题，使梅花的审美意蕴得到了进一步的升华。文人士大夫关于梅比德论道的文化思想是工艺美术梅纹运用的精神依据。梅花这样的气节，更是符合文人自喻。因此他们喜爱这样的青白釉双耳梅花纹瓶，也就不足为奇了。

（作者简介：曾裳歌，上饶市文献学会会员）

【碑志镌华】

娄性墓志考

双子力

娄性何许人也？今人知其详者几稀！其父娄谅倒是闻名遐迩，乃明代理学开山吴康斋三大嫡传弟子之一。读张廷玉《明史·娄谅传》，于其子嗣仅得聊聊数言："子忱，字诚善，传父学。"只字未提娄性，幸娄性生前与王阳明父王华交善，卒后得其亲撰墓志，于诸疑方得澄清，兹略叙关节如下：

信州娄氏理学旧第

娄性墓志拓本

娄性之官阶、卒年

王华像

据志文，娄性以南京武库清吏司郎中致仕，进阶朝列大夫，正德五年（1515）六月甲午卒于上饶，家属来讣遂请铭于王华，古稀之年的王华此时正过着归田隐居，读书自娱之悠游岁月，唯侍奉百岁老母，行孝床前不辍。长子王阳明亦否极泰来，不但官运亨通，升任南京鸿儒寺卿，学力益日渐深湛，门人云集。老友讣至，撰铭之请自是却之不恭。

娄性与王华之交游

据志文，王华与原善举进士同年，考王华于成化辛丑（1481）会试第三十三名，殿试状元及第。娄性亦同年中进士，与其有同年之谊。二人不但为同科进士，又生同甲子，王华生于正统十一年（1446），娄性同年出生，登科时皆为三十有六，实非泛然一日之交。并娄性寿数七十，当可勘定。

娄性之生平、德行

后有风言自上饶来，言娄性退官居家，一心经营宅池之胜、流连游观之乐，王华始是怀疑，既而思娄性之言，会心一笑曰："彼固尝言之是必得其道也。"王华以为以娄性之学，从心所欲，循道而行，自不逾矩，何拘外相！对好友品行德操之信心可见一斑。继又有传娄性主讲白鹿洞书院，西江之士从游者甚众。修白鹿之废坠，反鹅湖之侵田，王华更是喜出望外曰："吾固知其为之有道也。夫三公之位皆可以幸得，而谈说仁义道德为弟子师，则非心悦诚服决不可。苟致使原善平日自处稍有斑疵可指摘，人肯尊而师事之乎？"王华坦言三公之位得之有幸，至于身体力行，无终食之间违仁，造次必于是，颠沛必于是，以操行得士人心，却是半分做不得伪的，言辞间颇以其老友为荣，更以此间事皆为二人别后事、不得其详为憾。遂发感慨曰以娄性之才，诚无所不可为者，假使进其所好，穷所至焉，得纵其才，则何古圣贤之足异。对其直追古圣先贤之才德推崇备至！

王华继而深情追忆娄性初举进士之初：开口论时事，慷慨激扬凿凿可听，士夫交称其才，虽未有职守而能声已著，其后为南京职方主事，历武库郎中，果皆绰有建树，酬其所言。更举实例曰：当年朝廷修康济渠，选贤与能，大臣都推荐娄性，及期而功，名声更著。唯世事无常，正当风生水起、大展拳脚之年的娄性，因忤权贵，卒为所诬抵狱，三年其事始白，乞休以。史载娄性居官南京兵部郎中期间与守备太监蒋琮相互揭发阴私。讯实，坐除名。（《明史·马中锡传》）考蒋琮其人，孝宗时任南京守备。多行侵民田、杀人等违法事，后充军孝陵。孰是孰非，自有公断。幸其东窗事发，充军孝陵，娄性方得昭雪，唯曾经沧海，娄性索然于官场之余终下归田之决意，令人扼腕。王华亦叹曰：夫以原善之才，藉其资望，使其时不为人所挤，遂当重任，功烈所就，必大有遇。为好友鸣不平，并有明珠蒙尘之憾！

陈献章像

娄性之家学

据王华所撰志文，对娄性之家学亦推崇备至："原善之先公，一斋先生谅，尝师事吴康斋以道学倡其乡，四方之士，往往有及门者。其弟方伯谦亦以学行闻于时，盖原善之才得之天而论议学术考诸其家庭父叔之间，盖有所自。"娄性之父娄谅乃吴康斋之亲淑入室弟子，娄谅先祖娄曜曾任上饶尉，子娄璜，乐山水，璜子师德累官至御史台中丞，为高宗、则天朝重臣。两宋年间，娄氏七出进士。家学传至明代娄谅，终成伟器。

娄谅，字克贞，别号一斋，广信上饶（今信州区）人。少有志于圣学，尝求师于四方，夷然不屑曰：率举子学，非身心学也。闻康斋在临川，乃往从之。康斋一见喜之，云：老夫聪明性紧，贤也聪明性紧。一日，康斋治地，召先生往视，云：学者须亲细务。先生素豪迈，由此折节，虽扫除之事，必躬自为之，不责僮仆，遂为康斋入室，凡康斋不以语门人者，于先生无所不尽。

能让素性豪迈的娄一斋折节向学，吴康斋其人，必有其特出之处！吴与弼，字子傅，号康斋，江西崇仁人。青年时至金陵省亲，从"三杨"之一的杨溥学，读《伊洛渊源录》，遂弃去科举之业，慨然有志于道。"谢人事，独处小楼，玩四书五经、诸儒语录，体贴于身心，不下楼者二年。"还乡后躬耕力田，衣粗食淡，恬然自得。后以荐至京师，授谕德，不久称病辞归。居林下读书授徒。律己甚严，于作止语默间，孜孜求其合于道。常发如"日夜痛自点检且不暇，岂有功夫点检他人？责人密，自治疏矣，可不戒哉？明德、新民，虽无二致，然己德未明，遽欲新民，不惟失本末先后之序，岂能有新民之效乎？徒尔劳攘，成私意也。"之临深履薄语。刘宗周说他"刻苦奋勉，多从五更枕上、汗流泪下得来"，当为真实写照。

康斋三大弟子，均为儒门巨擘，然各有其质，胡敬斋醇正，陈石斋近禅，娄一斋融道，兹叙如下：

胡居仁，字叔心，学者称为敬斋先生，江西余干人。筑室梅溪山中，绝意科举。终老于林下，一生清贫，不以恶衣恶食动心。常说以仁义润身，以书籍润屋足矣。《四库提要》谓："居仁之学虽出于吴与弼，而笃实则远过其师。故在明代与曹端、薛瑄俱号醇儒。所著《居业录》，至今称道学正宗。"其学以程朱"涵养须用敬，进学在致知"为纲领，又特重敬字。以敬为操存之要，以敬义夹持为进德之途。胡居仁不同于乃师吴与弼者，在于吴与弼将敬字主要贯彻为持守心不使放逸，安贫乐道，变化气质，而胡居仁则以穷理充实敬，敬义夹持，以义理浸灌、润沃心地，非硬把持不动。故吴与弼之学虽持守可观，但无优游豫悦气象，而显得褊狭急迫。胡居仁则虽严毅刚劲，但讲究以义理润沃，克服褊急之气。

陈献章，字公甫，号石斋，广东新会白沙里人，学者称白沙先生。27岁，至江西崇仁，从吴与弼游。半年归家，闭门读书，穷究典籍，时至不寝。久之悟自然之旨，以自得为真实受用。于是筑春阳台，静坐其中，足不出户者数年。其于《龙冈书院记》自述曰："予少无师友，学不得其方，汩没于声利，支离于秕糠者盖久之。年几三十，始尽弃举子业，从吴聘君游，然后益叹迷途其未远，觉今是而昨非。取向所汩没而支离者，洗之以长风，荡之以大波，惴惴焉惟恐其苗之复长也。"后得大名，屡荐不起，老于林下。献章之学，舍读书之繁，求自得之约，行静坐之功，一力于静中养出端倪。此静中养出的，是心中之理，此理初始甚为朦胧，甚为微弱，故称端倪。然此理为心中本有，性理物理二相归一，故献章学当为明代心学之起始，与陆九渊"心即理"之说一脉相承。概以虚为基本，以静为门户，以四方上下、往古来今穿纽凑合为匡郭，以日用、常行、分殊为功用，以勿忘、勿助之间为体认之则。

再谈娄谅，传敬斋之所訾者，唯石斋（陈献章）与一斋（娄谅）为最，谓两人皆是儒者陷入异教去，言一斋"陆子不穷理，他却肯穷理；石斋不读书，他却勤读书。但其穷理读书，只是将圣贤言语来护己见耳。"娄谅之书散逸不可见，观此数言，则非谨蹈袭师门者也。敬斋又言："克贞见搬木之人得法，便说他是道，此与运水搬柴相似，指知觉运动为性，故如此说。道固无所不在，必其合乎义理而无私，乃可为道，岂搬木者所能？”盖娄谅之说，不过于日用行藏体认天理，未尝非也，敬斋之言，未免过峻。娄谅静久而明，其于参考南京进士试之半途，由衢州忽返，人问云何，先生曰：“此行非惟不第，且有危祸。”春闱果灾，举子多焚死者。灵山崩，曰：“其应在我矣！”急召子弟永诀，命门人蔡登查周、程子卒之月日，曰：“元公、纯公皆暑月卒，予何憾！”时弘治辛亥五月二十七日也，年七十。门人私谥文肃先生。青年王阳明年十七，亲迎过信，从先生问学，娄谅授之以宋儒格物之学，谓“圣人必可学而至”，相深契也。则姚江之学，娄谅为发端也。

娄性承父学，撰《明政要》二十卷，是书仿《贞观政要》之体，编载明太祖、太宗、仁宗、宣宗、英宗五朝之事。凡四百五十二条，分类四十，弘治十六年（1503）表进于朝，自称篇目皆其父谅所定，凡历十馀年始纂成书。所录英宗之事，大抵在天顺以后，则以正统初政之不纲也，颇具史鱼风范。

附言二子娄忱，字诚善，号冰溪，不下楼者十年，从游甚众，僧舍不能容，其弟子有架木为巢而读书者。亦具乃父之风！

娄性之女

据《明史》卷二百八十三列传第一百七十一“娄谅”部分原文记载“子忱，字诚善，传父学。女为宁王宸濠妃，有贤声，尝劝王毋反。王不听，卒

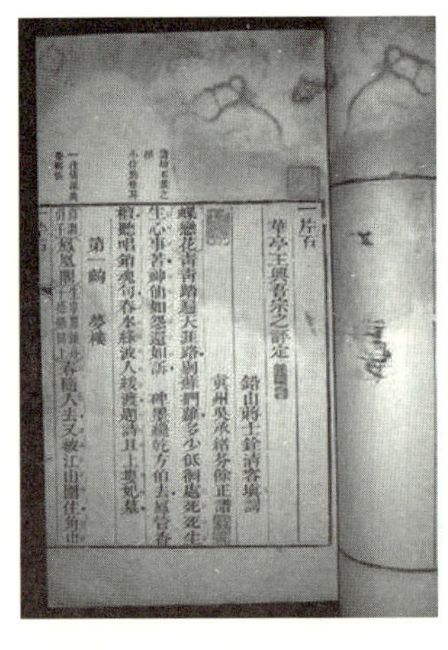

一片石

鉛山蔣士銓清容填詞

第一齣 夢樓

蒋士铨戏曲《一片石》

娄妃墓

反。谅子姓皆捕系，遗文遂散轶矣。”据此，今人多以娄妃为娄谅女，抑或娄谅子娄忱女，实皆误。

据王华志文收束部言：“原善讳性，号野亭，所著有《野亭诗稿》《皇明政要》诸书藏于家。配徐氏。长女为宁国妃，次女适铅山费宷。二子伯仲出侧室翁氏，皆尚幼。墓在灵溪之原。”明白无误地指出娄性得子嗣四，正室徐氏生二女，侧室翁氏生二子。其长女为宁国妃，自无可疑。后复有黄道周于《明儒学案》言：“子兵部郎中性。其女嫁为甯庶人妃，庶人反，先生子姓皆逮系，遗文散失。”更添一证。

蒋士铨戏曲《第二碑》

宋明以降，程朱理学与陆王心学二足鼎立，于释家之交融互摄在所难免，如理学吸收华严宗“理事无碍”“事事无碍”之思想，而有“人人一太极，物物一太极”和“理一分殊”思想之诞生，陆九渊、王阳明则吸收禅宗“明心见性”思想，借以传承先秦儒家“尽心、知性、知天”之宗旨，而有“吾心便是宇宙”和“心外无物”之说。清代戴东原以《孟子字义疏证》，明言宋明二学，俱以禅意解《孟子》。“六经，孔孟之言，以及传记群籍，理字不多见……理者，自宋以来，始相习成俗，则以理为如有物焉，得于天而具于心，因以心之意见当之也。”对理学的援释入儒和心学的引儒入释大加挞伐。平心而论，诸儒所为，不过是要为“治国平天下”之终极理想构造一个圆融无碍、严整完善的形而上学体系来应对咄咄逼人的现实挑战，实现“替往圣继绝学，为万

娄妃书“屏”字

世开太平”之宏愿而已，上饶娄氏亦复如是，其心可鉴天地，其德可配日月，吾辈小子当怀无限之温情与敬意，养“吾道一以贯之”之浩然正气，诚心正意，继往开来，如是而已！

（作者简介：双子力，上饶市文献学会理事）

清代广信府文庙纪事碑探考

商建榕

2009年冬，原清代府文庙遗址——地处信州区东门附近的上饶军分区大院，在进行庭院改造的营建工程中，挖掘机挖到地下一米多深的土层时，忽然发出刺耳的异样声响，经验丰富的工人立刻停机，试探性地进行人工挖掘。谁知土层中的无名硬物体积很大，土坑越挖越大，待到将土一层层刨开，拂去浮土，地下埋藏的无名硬物一点点地露出原形，几件湮没半个多世纪的文化瑰宝——两块清代巨型碑刻，一对石趺碑座，由此意外地重见天日。

出土情形

地位显赫的螭首龟趺

出土的两只石趺为青石材质，呈青白色，螭首龟身，故又称龟趺，长2.6米，宽1.1米，高0.8米，重4.4吨。其形象与以往江南出土常见的昂首立颈的龟趺略有不同，螭颈较长，向上斜伸0.9米，体形大而粗壮，体态浑圆，显得端庄凝重。具有鲜明的明末清初的风格特征。

出土石碑赑屃

螭是古代传说中一种未化成形的龙，其形象似龙非龙，古建筑或工艺品常以螭首作装饰。螭首龟趺虽为龟形而非龟，称“赑屃”或“霸下”，传说是龙的九子之一，好负重。明代杨慎《升庵集》载：“俗传龙生九子，不成龙，各有所好：一曰赑屃，形似龟，好负重，今石碑下龟趺是也。”旧时碑座雕作赑屃状，即取其力大能负重之意。赑屃实为现实中的鼋，俗名“绿团鱼”“大头鼋”，性凶悍，力气大，传说可负山。唐朝《宣宝志》中，记有宣州江中的鼋上岸与虎搏斗的情景。曾有人在80公斤的鼋背上，放一块重达150公斤的花岗岩石，再站上5个彪形大汉，鼋仍能自如地爬行，其负重能力可想而知。据文献记载：鼋生存至今已有1.75亿年，是地球上最古老的物种之一。鄱阳湖自古常有巨鼋在湖中救人的传说，渔民视其为神，从而衍化出龙子的传说，建庙祭祀。但巨鼋今已难得一见。

龟趺在元代以前完全是龟形，但从元代开始，因草原游牧民族出身的统治者不崇龟，所以在明代以后的龟趺，多被刻成了半龙半龟或龙首龟身的怪样。这次出土的两座龟趺，便是如此，龙首龟身。

细观这对龟趺，用料考究，体量高大，刻划精致，伸颈昂首挺足，姿态栩栩如生，威风凛凛。趺体身圆腹鼓，四肢骨节分明，腿部肌肉虬凸起一个个疙瘩，显得非常丰满，健壮有力，动感十足。背甲、长颈刻满均匀鳞纹，头顶刻有龙鳍，头部的额、眼、鼻、口、须、鳍、鳞，无不刻制精细，显示出极高的技艺水平。这两只龟趺，应是上饶市近年间出土文物中，保存最完好、等级最高的两只赑屃碑座，具有很高的史学研究价值和文物观赏价值，属于不可多得的珍贵石刻文物。

中国自古就是个等级森严的国度，凡事都要讲究个官民等级之分，而这种螭首龟趺的纪事碑，也非一般人可享用。在中国古代文化中，龟是四灵（麟、凤、龟、龙）之一，也是四神（青龙、白虎、朱雀、玄武）之一，有神圣而显赫的地位。就算是传说中的赑屃，也是一种神力和权威的象征，所以只有地位显赫的石碑趺座，才能雕刻成赑屃状。唐朝葬令：五品以上的官阶，方可立螭首龟趺。故而只有文庙（官学）的纪事碑和帝王及五品以上官员的墓碑，才能以螭首龟趺的石雕为碑座，这也是那龟趺虽身负千钧，却依然昂首挺足、神气活现的原因。

笔者释读石碑

耐人寻味的纪事碑刻

与龟趺同时出土的两块石碑，为灰白色青石材质，各长4.1米，宽1.02米，厚0.32米，重4.4吨。碑上的字迹，因掩埋日久，土渍风化有些模糊，其中一块碑首刻有“重建文庙碑记”六个篆字，碑文题为“广信府学文庙……”，年代落款处有“康熙四十七年”的字样。另一块碑首刻有“新修文庙碑记”六个篆字，碑文题为“广信府新修文庙碑记”，年代落款处已十分模糊，依稀可见“康熙四十七年岁次戊子仲春之造 ”的字样。由此推断，两块碑的树立年代应在公元1708年间，距今已有300余年。

石碑材质与趺座相比，有明显差异，刻制风格也不一，与碑座似非同一年代所制。从趺座背上安插石碑榫头的榫槽孔，也可看出端倪——榫槽口边缘有陈旧磨损痕迹，推测石碑有可能是后来配置的。石碑的年代为清康熙四十七年（1708），明显晚于石趺的年代。碑额正面刻着双龙腾云的图案，背面是云雷纹的装饰，龙爪只有四爪——据说这是低于皇宫的等级标示。两条龙左右相对，龙首向上，采用高浮雕手法，凹凸感强，技艺粗放，这是清初常用的风格特色。

待重立的石碑

在唐朝，整体为长方形的石刻称为“碑”，而环首形或方圆之间、上小下大的石刻称“碣”。碑与碣的使用，也有着等级的区分。五品以上的官，可立碑；五品以下的官，只能立碣。到了清代，五品以上官吏用螭首龟趺碑，五品以下官吏用方趺圆首碣。庶民墓前基本不许立碑碣。但社会风气是禁不住的，后来只是庶民所立的碑体小一些，无趺座，墓碑上只写姓名及生卒年、立碑人，不写传略及墓志铭。从这两块长方形巨碑及碑座的制式，可以想见其地位应该是一府之尊了。

这两块珍贵的纪事碑得以保存至今，有一个很耐人寻味、值得研究的现象。按照古代建筑惯例，在文庙重修或重建之后，一般都要由地方的头面人物——地位显赫的官僚或大学者写上一段纪事本末，刻个石碑树立起来。而重修或重建的活动，是随着时间的流逝不断重复进行的。所以，纪事碑也会不断地更替换新。而自康熙四十七年（1708）到民国初，历经二百余年，这两块碑却始终未予更换，推测大概有两个原因：一因政治，二因经济。

从地方志记载可以得知：历代广信府文庙的修建，大多是由知府或知县主持，而这两块碑上记载的康熙四十七年主持修建（或庆贺竣工）的参与人员，却是清一色的省级官员，其地位与级别当然是后来的知府们所无法逾越的。从石碑残留的年代及内容推测，清康熙四十七年那次文庙修建，应是上饶历史上非常隆重的一次活动，因为碑首非同寻常地排列了那么多省级官员的职务与名字。康熙为使臣民认同“清承明制”，确认自己的正统地位，曾

广信府文庙石构件

碑额

三拜九叩祭明皇陵，并大修各地文化建筑，这个历史背景也可佐证广信府文庙在康熙四十七年重修时的隆重程度。而这两块纪事碑之所以在历次的修缮中没被更换掉，很可能是因为：此后历次修建活动的规格及主事人官位级别，都不及康熙四十七年那次参与的人地位高。否则，自康熙四十七年到清末，期间文庙大大小小的修缮与重建至少经历了数十次，历代重建文庙的纪事碑也为数不少，而这两块纪事碑却始终立在庙前，没有更换，代代相传。说明它的主事人及主修活动规格之高，是此后的历次修复工程所无法比拟的。其在府文庙碑林中的“首碑”地位不言而喻。

清末以后社会动乱，经济凋敝，官府正常的支出尚且不能保证，文庙的修缮资金，更是一代不如一代，仅靠地方几个官绅、遗老的捐助，已是力不从心。至于更新纪事碑的惯例，自然演变为只能维持旧碑。五四新文化运动后，传统文化遭受巨大冲击，孔老夫子至尊无上的地位被动摇质疑。至民国成立后，文庙的地位普遍不如之前。地方长官不再重视也无力承担文庙的重修，当然也就不再去关注纪事碑的更换问题了。

新中国成立后，文庙被地方军事机关驻扎，所有主殿与偏殿、厢房，均成为军分区的办公楼和宿舍。1952至1954年间，军分区将年久失修的文庙古建群先后拆除，填掉泮池，在文庙旧址上建起了军分区办公楼、操场，楼前这对赑屃碑座与两块石碑，因是“封建阶级的标志”，体积庞大又厚重，难以处理，便就地利用工程废土在院中掩埋，故此掩埋得并不深。这两座信州文化瑰宝，因被掩埋而侥幸躲过了“文化大革命”“破四旧”运动的打砸破坏，直至今日完整出土，实乃一大幸事。这应是上饶市近年间出土文物中，保存最完好、等级最高的两只赑屃碑刻，具有很高的史学研究价值和文物观赏价值。

重立后的石碑

与这对石趺同期出土的许多古建筑残件，也是十分令人惊叹的：有石柱、石狮、台檐、护基、石墀、门坊等各种石质装饰构件，其中有几方大青石板，每块面积足有数平方米，上饰以精美线条和回字形、角形图案，刻划细致，构思飘逸，有极高的艺术欣赏价值。

近几年常见有各地龟趺出土的报道，许多地方的龟趺与石碑，其品相、年代及珍贵性，都远不及信州出土的这两块，但却受到各地官方与民间的高度关注，这说明人们对传统古文化的日益重视。而信州这对龟趺和两块纪事碑，材质优良，保存完好，品相一流，无论从建筑艺术还是历史文化研究方面，都有着重大意义。是上饶人民极其珍贵的文化瑰宝。

（作者简介：商建榕，原上饶市方志办副主任，上饶市抗战文化研究会会长）

信州区博物馆藏叶书绅诰命碑探析

吕　珺

2015年6月，上饶市信州区博物馆在清理馆藏碑刻时，发现了一通刻有乾隆五十五年叶书绅诰命的石碑。该碑高150厘米，宽105厘米，厚9厘米，青石质地，正面阴刻楷书碑文，四周阳刻双龙戏珠和云龙纹。石碑历经二百余年的岁月打磨和人为破坏，有些字迹已模糊不清，龙纹雕刻亦局部受损。结合有关资料，笔者对碑文进行了仔细的辨识和考证，今录诰命碑全文，就碑文所涉人物、清代诰命规制及该碑的来由等问题加以探析。

乾隆五十五年叶书绅诰命碑（潘宏斌摄）

一、诰命碑碑文

奉天承运，皇帝制曰：命达置邮，爰考节符之合；政成府海，聿昭盐策之功。尔原任广西苍梧盐法道叶书绅，才任冲烦，心娴综核，靖共尔位，即敷政以宁人干济。攸长克宣，猷而报绩。式逢庆典，特赉宠章。兹以覃恩，特授尔阶中宪大夫，锡之诰命。于戏！勤劳用饬于皇涂，心计兼资于国课。钦予休渥，益懋勋庸。

制曰：奉职恪共，懋举劳臣之绩；同心黾勉，载嘉德配之贤。壶范攸昭，国恩斯沛。尔原任苍梧盐法道叶书绅之妻俞氏，毓自名家，嫔于望族。采藻苹于碧涧，允襄修祀之诚；咏紽绒于素丝，克励自公之操。兹以覃恩，赠尔为恭人。于戏！被宠光于象服，懿问交流；锡嘉奖于鸾章，惠风益畅。祇呈显命，永播休声。

乾隆五十五年正月初一日（制诰之宝）

二、叶书绅生平

碑文共计244个字，内容为乾隆皇帝封赠叶书绅及其妻子的两道诰命。叶书绅，字宪昭，号镜塘，江西广丰五都人，生于雍正八年（1730），卒于乾隆五十五年（1790），官至广西按察使，诰授中宪大夫。他13岁时就以神童著称乡里，乾隆十八年（1753）考中癸酉科举人，二十六年（1761）大挑时发四川以知县试用，二十八年（1763）实授大竹知县。他在灌县任知县时，因不知县衙总运各府县赴京城的南来短缺数目而丢官去任，发往军营效力。在营中以两次金川军功劳绩复升重庆江北厅同知，后又以“三暗巴”军功特授四川雅州府知府。他曾四次奏署建昌兵备道，九次出盆地口外办理诸番业务，因功绩卓著，于乾隆五十三年（1788）推升广西苍梧盐法道，五十四年（1789）十月奏署广西按察使司按察使，任职不到半年，病逝于梧州舟次。

纵观叶书绅三十年的仕途生涯，可谓鞠躬尽瘁，死而后已。他23岁考中举人，31岁才因大挑获做官机会。大挑是乾隆十七年（1752）实行的一种科考制度，三科会试不中的举人由吏部根据其形貌应对挑选，一等以知县用，二等以教职用，每六年举行一次。叶书绅被选为一等，挑发四川以知县试用。他在大竹任知县前后，打破惯例，彻底革除辖区内历来收受礼金和进贡的恶习，深受商民和百姓的敬仰，清廉之名如雷贯耳，以至当地百姓建生祠和遗爱坊供奉。他在灌县任知县时，审理有关汉番关系的重大疑案，成功设计捕获真凶，维护了汉番团结，并有效治理了都江堰，清除了争水械斗隐患。在运送楠木进京时，却因短少数目而丢官去任。按理说，这并不是他的错，发货的上峰是总督，官比他大，不按规定数目发运，作为下属他又不敢讲，结果当了替罪羊。一介书生发往军营效力，本来是场灾难，但叶书绅却做得有声有色。他以一个白衣的身份去大竹办理军铁矿，当时的百姓感念这位当年在此地任职的“叶青天”的恩惠，纷纷不请自来，自带干粮，四十多天昼夜开采，不但完成了五十万斤的任务，还多采了二十多万斤，这就是“叶青天”的人格魅力。他还有一个特别之处，就是在番人中，只要一提到他的名号，番人都俯首以拇指加额，示为敬如祖宗神明，称“呀么呀么”，即“顶好”的意思。正因如此，一般有关少数民族的案件都交由他处理，事务均委派他，可谓能者多劳。他九次赴高寒荒蛮地区办差，并文兼武职随军艰苦转战。乾隆四十一年（1776）在西路的噶喇依，清军大败大金川土司索诺木之后，他仍在塞外勘定疆界，办理屯田事务，分发种子，护送晋见皇上的土司回巢。回到成都后，又完成了测量新疆日晷任务。乾隆四十五年（1780），他带兵剿办“三暗巴”，成功平叛，保持了通藏大道的长期稳定。他以雅州知府兼任建昌兵备道时，又带兵剿办了甘肃回民之乱。乾隆五十年（1785），55岁高龄的他再署建昌道印，奔赴川东各临河州县监兑浙江济荒米石。五十一年（1786），四川康定南发生7.5级地震，成千上万的汉番人遇难，他一边捐俸救灾，一边带人开山通径。五十二年（1787），他又委赴重庆监兑运闽军粮，接着两次总运台湾军粮赴江苏、上海交接。这年十月，经四川总督保宁“大计正荐卓异第一”，第二年任满推升广西苍梧盐法道。五十四年（1789）八月，他入闱乡试提调，负责考场事务，此前曾护送安南贡使至湖南，之后又照护使臣归国。乾隆五十五年（1790）四月，身为按察使的叶书绅赴南关照料安南阮藩，送入关口，在回程的船上不幸病逝。一代治边理番的能臣干将就这样悄然离世，不禁令人扼腕叹息。

三、清代的诰命

碑中记载的是乾隆五十五年的诰命。诰命又称诰书，是皇帝封赠官员的专用文书。清代对有功劳和政绩的官员进行奖赏的办法之一，就是在国家庆典时给官员及家属封赠名号。清制规定：覃恩封赠五品以上官员及世爵承袭罔替者，发给诰命；敕封外藩，覃恩封赠六品以下官员及世爵有次者，发给敕命。由于实行“覃恩封赠”，除了封授官员本身以外，还对官员的先代和妻室实行推恩封赠，并可延及官员子孙后人。官员获封赠的次数，一品封三代，二、三品封二代，四至七品封赠一代，八、九品只封赠本人。受封赠者存者为封，死者为赠。雍正三年又定“四品至七品，愿将本身妻室封典，封祖父母者；八、九品愿封父母者，皆许封”。受封赠的官员首先由吏部向皇帝提准职务及姓名，而后由翰林院依式代皇帝撰拟，到封典时，由中书科缮写，经内阁诰敕房核对无误后，加盖御宝颁发。

叶书绅的这两道诰命是他在任广西苍梧盐法道时，经吏部考核上奏封赠的。清代对地方官员的考核称为大计，三年行一次，以寅、巳、申、亥年实施，其做法是从州县官至府、道、司层层考察属官，而后汇送督抚，判定后题报吏部，考核优等者叫“卓异”，凡荐举卓异者，经吏部复核后，进京引见、注册，加官一级，以待升迁。叶书绅于乾隆五十二年（1787）十月，经四川总督保宁“大计卓异正荐第一”，第二年推升为广西苍梧盐法道。盐法道是清代在不设盐运使的各省设置的官职，为正四品，掌管一省的盐场生产，盐价估评及水陆挽运等事务。叶书绅在担任这一职务期间，廉洁奉公、恪尽职守，以征收盐税之功绩而封授诰命。其诰命文式以骈体文撰写，内容多为套话，制首以“奉天承运皇帝制曰”八个字开头，先简述皇帝的相关旨意，然后是他的任官事迹，最后是封授的品秩。他在诰中授为中宪大夫，妻子俞氏贤良淑德，赠为恭人。

按规定，四品官的诰命除封妻室外，还可封赠其父母。但碑中并未见叶书绅父母的封赠，笔者是在《丰溪读洲叶氏宗谱》中见到了同时封赠其父母的两道诰命。此外，谱中还记载了乾隆三十六年（1771）十一月二十五日，他任灌县知县时赠其祖父母的敕命；乾隆四十二年（1777）五月初二日，他任重庆江北厅同知时赠其祖父母的诰命；乾隆五十年（1785）正月初一日，他任雅州知府时赠其父母的诰命以及乾隆五十八年（1793）十二月十二日，因父勋而封授其儿子的诰命。可见，叶书绅在任职的各个阶段，皇帝都封赠了他诰命（敕命）。对于一个忠于职守、能力出众、品德高尚的良臣来说，这不足为奇。因为诰命（敕命）这种封赠方式，本来就是统治阶级为维护其专治统治而采取的一种笼络臣民的措施，利用它来满足官僚士大夫“上荣祖考、下及子孙”的欲望，使之效忠于朝廷。

四、诰命碑的来由

叶书绅是广丰人，他自入仕以来，常年勤于政事，很少返回家乡，花甲之年本可致仕，回家颐养天年，不料却客死他乡，最后只能魂归故里。所以，这通诰命碑一定是其后人为纪念他而刻的。但叶书绅的家乡是在广丰，他的诰命碑为什么在上饶信州区被发现呢？带着这一疑问，笔者仔细研读了广丰五都的《丰溪读洲叶氏宗谱》，这套宗谱的主撰人就是叶书绅的儿子叶蔼曾。据谱中记载，叶氏于乾隆五十二年（1787）开始在上饶居住，初为租住状元坊旧宅。上饶状元坊是宋代状元徐元杰的故居，遗址就在上饶城西西壕之畔。叶氏是广丰旧族，早年迁自皖南歙县，到叶书绅这一代在广丰已传十六代。其氏族繁盛，文脉昌隆，向未远族而居，安土重迁，为什么叶氏第十七代孙叶蔼曾却要离开祖居之地迁到上饶定居呢？其中必有原因。

最直接的原因是，乾隆五十年（1785）七月初三，叶蔼曾的母亲在四川雅州府治所去世，父亲叶书绅终年鞍马劳顿，无暇告假回家处办丧事，只能命儿子扶柩还乡归葬。五十一年（1786），叶蔼曾护着母亲的灵柩，经七千里艰难跋涉，水陆兼行，于次年抵达广信府。此时，他已离家多年，不知老家的旧居如何，于是派人先去查看，结果看人回报，旧居已为本家亲戚借住，暂时不能归还，叶蔼曾只能租住上饶状元坊，处理母亲的安葬事宜。一住数月，仍不能回乡，而租地的主人又急于出售，叶蔼曾便买下了状元坊进行改建。

还有一个重要原因就是，他的父亲在广西任职期间，各州县贡运安南军粮亏空，吏议罚赔，一纸公文追到了原籍，勒限又紧，逼得叶蔼曾不得不把广丰五都的旧居变卖。因本家不准将屋卖给外姓，本姓又不愿意出多少钱，只得又将自己做生意时新增置的田产卖掉，才凑足了赔款。从此，他再也回不了祖居之地广丰五都，只能在上饶定居下来。他在自撰的《新迁状元坊基宅记》中就曾写道：“予初重故里无迁意……岂意咨追变缴令，则意成永迁矣。”

叶蔼曾将新买的状元坊改建成贻经堂，并在附近建了香远楼、涉趣园，预备老父亲退归林下时居住。岂料，就在工程即将竣工时，凶报传到，父亲已在任上去世。这一打击前所未有，叶蔼曾大病一场，赴广西迎回灵柩，在贻经堂给父亲办理了丧事。因没有亲自给父亲送终，他觉得抱恨终天。他将父亲的诰命刻于碑上，以此来缅怀父亲生前的功绩，同时亦彰显其家族的荣光……

时过境迁，昔日的贻经堂、香远楼、涉趣园早已湮没在历史的尘烟中，而这通诰命碑却能保存下来并收藏于博物馆，实属不易，为研究能臣叶书绅和清代的诰命提供了一份珍贵的实物资料。

（作者简介：吕珺，上饶市信州区博物馆副馆长、副研究馆员）

王赓言与吴嵩梁交往略述

——以信江书院《亦乐堂记》碑展开的研究

王鸿平

亦乐堂记原碑

亦樂堂記

諸城王箐山先生治廣信之四年綱紀修明教化翔洽既增修信江書院又規隙地築室一區為讌游之所自題曰亦樂堂屬余記之余聞亦樂之義有二孔子曰有朋自遠方來不亦樂乎謂以善及人而從學者衆也孟子曰樂民之樂民亦樂其樂謂不以己先民而天下服其公也古君子學道而后治民故以廣大清明之理發為文章措諸政事渾而不擾後之能吏以儒者為迂往往不免以身造士而專務法令整齊其民彼營私自便者無論矣或以雅望為時所推學校亦興農桑未勸頑欲自適于山水文酒之間其中能無少愧耶先生則不然其言曰吾官以知府稱則所屬之中其吏治士習民隱皆所宜知知或未詳吾負吾官矣于是晝行夜思凡所以興利除害者毅然為之不遺餘力增修書院其一端也書院修于前郡守康公已四十年今多傾圮先生撤而新之厚給膏火其規制詳自記中茲堂尤奄有諸勝花竹之陰交于户庭江山之秀攬諸几席先生之讌游於茲也郡之人望其旌旗咸欣忭舞傳其觴詠以為美談然後知先生之所樂非自有之也蓋即士之所樂以樂其服賞之廣也即民之所樂以樂其向化之誠也余願為之士者益以嚮道為樂而不患乎貧為之民者益以勤業為樂而不競乎逸且願為之屬吏者樂先生之所樂推其心以及士民而不囿乎流俗之所為由是人才衆多風俗樸茂以上追乎三代之治余雖眷河窮山猶樂執筆以紀其盛否則先生且汲汲乎其憂之矣況肯執此以名其堂乎哉先生名賡言箐山其別字也乾隆癸丑進士由吏部郎出典是郡襄其事者通判汪公名正修上饒知縣賴公名勳法當附書

嘉慶十七年七月二十一日奉直大夫候補內閣中書東鄉吳嵩梁謹撰

亦乐堂记碑拓本

上饶市信江书院夕秀亭侧立有一通清代东乡吴嵩梁所撰的《亦乐堂记》碑，碑为青石质，高234厘米，宽116厘米，厚10厘米，呈长方形，嵌于青石底座上，碑体背部微凹，有许多短条斜形刻痕，表面粗糙。碑文正面为《亦乐堂记》，碑文共计16行，593字，为楷书阴刻，文字清晰，仅一字被人錾去。碑文中錾去一字即为作者名字中的“嵩”字。细读该碑文：“诸诚王篑山先生治广信之四年，纲纪修明，教化翔洽，既增修信江书院，又规隙地筑室一区为谯游之所，自题曰‘亦乐堂’，属余记之。”吴嵩梁为纪念亦乐堂落成而应广信知府王赓言所属而撰。吴时主讲广信府属的铅山鹅湖书院，而王赓言时守广信府，二人对于培植后进，化育一方，做

摄影于民国时期的信江书院远景

王赓言山水

出不可磨灭的功绩。今略述王赓言与吴嵩梁交游之况。

王赓言（1762—1824），原名赓琰，因避嘉庆帝讳改名赓言，字赞虞，号篑山，山东诸城人。其七世祖王良相，字景山，明万历间以军功起家，官至浙江总兵。其族经明末清初，兵燹变革，渐至衰落。赓言幼时父即殁，赖母氏辛苦课读，26岁母殁，31岁中式山东乡试举人第二十七名，翌年春赴京参加会试，中式第五名（会魁），因伯父病重急归，未能参加殿试，后二年伯父殁，遂补乾隆乙卯科殿试，始成进士三甲第七名，钦授吏部考功司主事，历任吏部文选司员外郎、吏部考功司郎中、稽勋司掌印郎中、户部宝泉局监督。京察一等，以知府外放，嘉庆十四年授江西广信府知府，在任六年（十七年十月调署饶广九南兵备道，驻九江，十一月回任。）二十年春，调任南昌府，走送者相望于途，广信绅民赋诗赠行成集，曰《去思留咏》。是年冬，以卓异北上入觐，行抵浙西，即有擢授江西督粮道之令。二十三年调江安督粮道（督理江安徽宁池太庐凤淮扬十府粮道），二十四年署江宁布政使，是年再调江西督粮道，八月兼署江西布政使，二十五年署江西按察使（时叶志倬未到任），摄篆七月，平反大狱甚多。道光二年继调江苏常镇通海兵备道（道署在镇江府丹徒县治安坊），道光三年十月擢署江苏按察使（时苏臬林则徐北上入觐），道光四年卒于官，年六十三。赓言“美须髯，伟躯干，严毅有为”，为官近三十年，审慎刑狱，清理积案，士民服其威，誉为“冰心铁石”。生平工诗，著有《车中吟存草》二卷，《篑山堂诗钞》二十一卷，《四书释文》六卷，辑有《东武诗存》十卷。

吴嵩梁像

吴嵩梁（1766—1834），字子山，号兰雪，别号莲花博士、石溪老渔，晚号澈翁，江西东乡人。15岁应顺天乡试，为金溪杨頀所识，结为忘年交。乾隆四十九年，高宗南巡时，吴嵩梁应召赴金陵应试。乾隆五十五年主讲饶州府东山书院，嘉庆元年

清代信江书院全图

主讲抚州兴鲁书院。五年乡试中举，初授国子监博士。十年奏充琉球学经理官，旋候补内阁中书。十五年庚午春因病乞假回乡，十六年任信州府铅山县鹅湖书院山长，十九任白鹿洞书院山长。至道光十年始任贵州黔西州知州，十四年卒于贵州。生平工诗，著有《香苏山房全集》五十七卷，内有《今体诗古体诗》二十八卷，《词》一卷，《文集》二卷，《石溪舫诗话》二卷，《听香馆丛录》六卷，《新田十忆图咏》四卷，《鹅湖书田志》四卷，《表忠录》《东乡风土记》《粤游日记》《庐山纪游图咏》《武夷记游图咏》《莲花博士图咏》《拜梅图咏》《秦淮春泛图咏》《香苏草堂图咏》《鹤听诗图咏》各一卷。

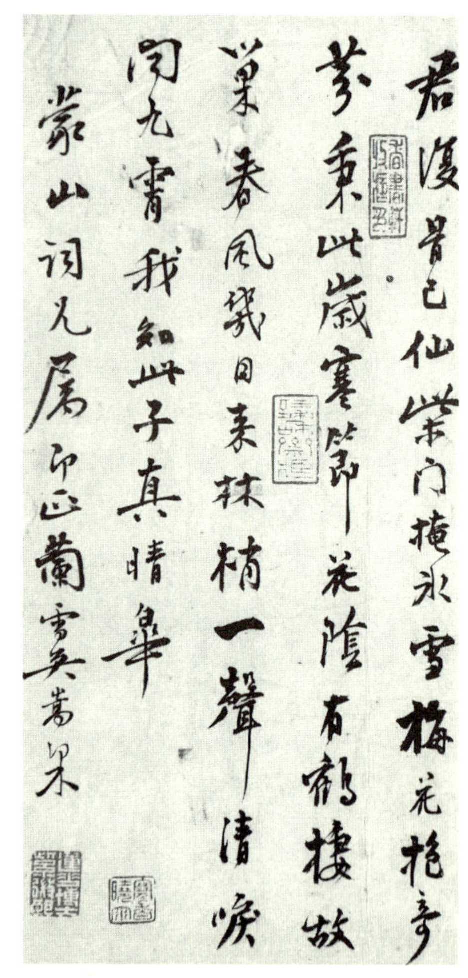

吴嵩梁书法

王赓言年长吴嵩梁四岁，王、吴最早订交的时间暂无可考，但据吴嵩梁在《篑山堂诗钞序》称："篑山先

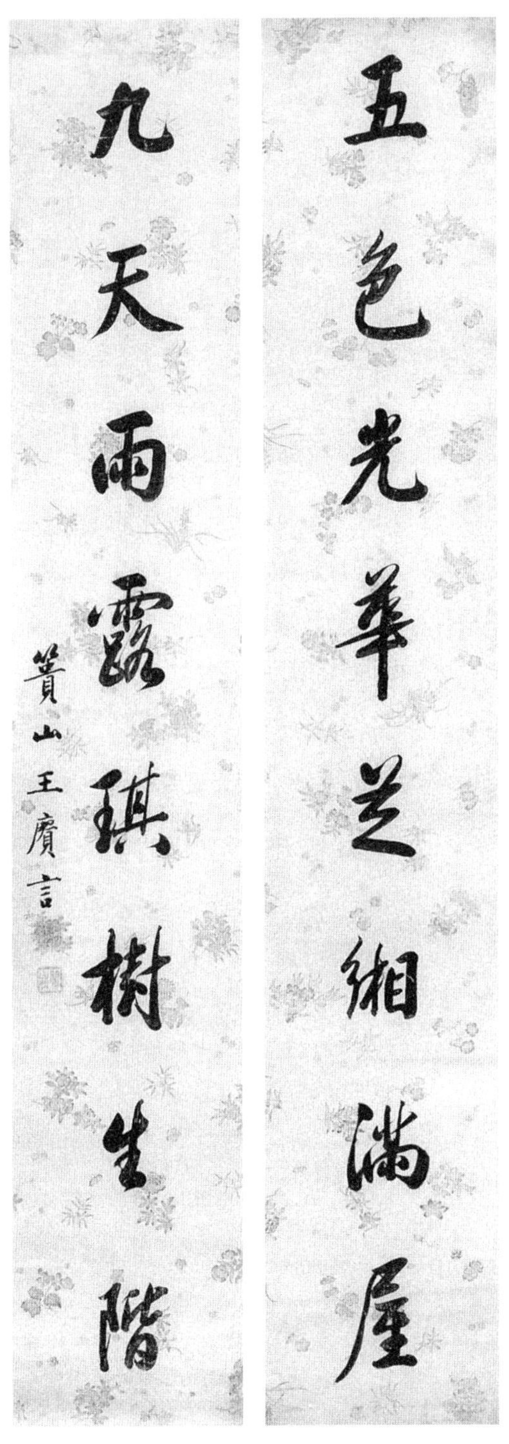

王赓言对联

生以名进士为吏部郎，与余同宦京师，获以论诗定交。”王赓言自乾隆六十年补殿试，始官吏部，可知他们订交的时间上限不超过是年。王赓言在京师曾监督户部宝泉局事务，时每天驱车来往宝泉局及寓所，作有咏物诗近三百章，名《车中吟》。从《车中吟》诗作中可窥见王赓言经学功底之扎实，但诗名却不及吴嵩梁。吴嵩梁多次应试南北闱，屡屡落第，虽科举不顺，然以诗才遍交海内名公，如袁枚、赵翼、蒋士铨、翁方纲、法式善、王昶、王文治、吴锡麒、秦瀛、曾燠等多折节交往，或出游登高，或诗酒唱酬，为时人所推重。至嘉庆五年始举于乡，得官国子监博士。

由于王赓言在吏部、刑部、户部等部门任职十余年，勤于部务，以廉能著称，嘉庆十四年，京察大考优异，得以知府外放，是年七月授江西广信府知府，十一月到任。吴嵩梁也于十五年春以病告假回江西东乡。

王赓言与吴嵩梁再次相遇，是始于吴嵩梁来鹅湖书院任山长之时。关于吴嵩梁是什么时候来主讲鹅湖书院，其侄吴晁在《鹅湖书田志跋》有明确记载："嘉庆辛未，叔父来主讲席于兹。"

吴嵩梁虽在未中举之前就曾主讲饶州府东山书院、抚州府兴鲁书院，中举后在京师又担任国子监博士，虽说这些经历都与教职相关，但鹅湖书院是江西四大书院之一，南宋时，朱熹、吕祖谦、陆九渊、陆九龄等著名理学家于鹅湖寺聚会，首开会讲论辩先河，史称"鹅湖之会"；到清初，理学地位更是被推到一个新的高度。此时，可以说鹅湖书院是一个很有影响的文化中心。吴嵩梁能主讲此席，正是得到了时任江西巡抚先福的推荐。关于先福生平，综合相关史料考得以下履历：

> 先福（1762—1821），字芝圃，自号雪堂俗吏（守黄州时自署），那木都鲁氏，满洲正白旗人。陕西汉兴道岳礼子。翻译生员，由笔帖式入仕。历任湖北黄州府知府、陕西按察使、四川按察使、光禄寺卿、江宁布政使，嘉庆八年七月调江西布政使，十一年护理江西巡抚，十三年十月调广东布政使，十四年正月擢授江西巡抚，嘉庆十九年三月升陕甘总督。后缘事革职，遣戍伊犁效力赎罪。嘉庆二十四年以三等侍卫任塔尔巴哈台参赞大臣。著有《居官切要》《召对粗语》各一卷。

笔者又在阅法式善《存素堂集》时，读集中与先福酬赠诗文较多，又为其父岳礼《兰雪堂遗诗》作序，相交甚厚。而法式善一生与吴嵩梁以诗相知相交近二十年，法式善时常感慨道"每与兰雪别而复见，读其诗辄使余胸中之境若有与俱移焉者"，可见法式善对吴氏的诗作评价甚高。这或许也是先福对吴嵩梁礼遇有加的原因之一。嘉庆十六年春，吴嵩梁将赴鹅湖书院，先福在省城置酒为其饯行，又亲书楹枯见赠："湖上云山，抗怀朱陆；江乡风雅，继美黄杨。"

王赓言自上任广信以来，对前任遗留下来的积案进行了清案。每日坐堂判决，"皆得情，感服以去"，一个月之内"清案数百起"。政务之余，尤其留心培养人才，他认为"人虽中材，得以自尽于学，道德之归，人材之出，将于是乎在"。十五年二月，课士信江书院，见书院只有大门、讲堂、中道亭尚属完事，其春风亭、青云阁半就倾圮，其余皆存基址，而山长竟然借民房传

吴嵩梁书法

道授业。于是起草《劝修书院椽文》劝富民捐资重修，自己首捐廉俸七百两为率。又请泸溪进士于旭钟、弋阳进士周尚莲先后出任山长。

十六年七月，王赓言拜访吴嵩梁于鹅湖书院，一番寒暄之后，王赓言把自己平生所作的全部诗稿请吴嵩梁详加校勘。从这一点可以感受到王赓言对吴嵩梁学识的肯定，诚然视吴嵩梁为知己。吴嵩梁经近十天的仔细校读，认为王赓言不但有深厚的学识和严谨的治学态度，而且还能做到不耻下问，这是很难得的。吴嵩梁在《叙》中道："吾今而后知古人之为诗与今人同，而其所以为诗者，则与今较然异也。今人之诗，以雕饰为丽，以驰骋为壮，而不求其义之所归；古人之诗，言近而旨远，文简而事该，发乎性情之正，而被于民物者深。故诵其诗，即可考其政事，知其为人。今读先生之集，其宣示朝廷恩法，陈说民间疾苦，则有纪事之诗；其念骨肉友朋，合离存没，则有言情之诗；其经游名山大川，前贤遗迹，则有怀古揽胜之诗。哀乐相乘，劝惩毕著，言皆有物音，足感人，殆有得于古人立言之旨，而非今人所能范围者耶！……先生之治诗也，其精勤与吏事同，凡有一章未协，一字未安，必虚中商榷，以求其当，即孤陋如余，犹不耻下问之殷如此。"

吴嵩梁时以《新田十忆图》请王赓言题诗。吴嵩梁少年时期，随父亲吴居澳官河南，父亲一生清廉，在办理黄河堤工，政声卓著，后因"河工赔帑"案受牵连而卒。之后游京师多年，故乡田园之旧貌仅存幼时的记忆，遂请鲁嗣光绘《新田十忆图》十幅，聊以慰藉其思乡思亲之情。王赓言展卷斯图，深知吴嵩梁之情愫所在，竟勾忆起自己生平经历，不禁悲从中来。王赓言和其原韵诗：

吴子才不羁，掞天称妙手。偶作《十忆图》，其义各有取。名公与巨卿，题诗近千首。投我索我和，欲语呐于口。忆我少壮时，自负颇不苟。父殁书未读，画荻烦老母。兄弟同孤露，十载相师友。厥后婚宦成，饥驱日奔走。交游满京洛，声望皆山斗。作诗推杜二，论文有欧九。五十服官政，三年作郡守。志欲希前人，诸事多掣肘。每思返故庐，迟之忽又久。禄养久不逮，鸿雁伤无偶。田园已就荒，孤负好花柳。有妇如孟光，颇能操井臼。行当挽鹿车，负郭置百亩。晚听牛背笛，朝剪春畦韭。携我膝下儿，寻我邻家叟。梅花向我笑，鱼鸟乐渊薮。闲步铁沟东，高卧庐山后。乘兴一咏歌，金石出户牖。此愿恐终虚，此景心常有。立德与立言，自古称不朽。自顾一无能，徒自伤老丑。今日为君歌，明日饮我酒。且勿示他人，恐成续貂狗。

吴嵩梁在掌教鹅湖书院不久，便发现书院的学田及山地被当地的胥吏与寺僧所侵占。由于鹅湖书院与峰顶寺相邻，学田及山地无法有效地划界，加之胥吏从中作梗，由来已久。吴嵩梁当即查阅前铅山知县郑之侨所编的《鹅湖书田志》及书院所存的有关禁碑后，决心对山林重新勘查，学田重新丈量，时撰《大源坑山界议》二篇，《清核田租膏火议》一篇，上呈知府王赓言。吴嵩梁指出："鹅湖书院所管大源坑山田地三十九顷，载在《明碑》，近为峰顶寺僧所侵，请于太守许为据碑立界，以复旧制。乾隆九年前铅山令郑君之侨撰《书田志》具载地名租额，以防侵渔，此后扩增田租八百余石，俱未补入，今议重修。"并在《中丞芝圃先生荐主鹅湖书院述怀奉寄，即简王篔山太守、时轩明府兼示肄业诸生》诗的第二、三章中向王赓言建言：

鹅湖间气钟，山水极幽胜。培养七百年，弦歌久逾盛。在昔明季叶，奄儿盗国柄。书院及祠堂，奏毁著为令。此邦教泽深，卫道独严劲。至今一瓣香，鹿洞圭峰并。缅维宋四贤，德业共醇正。门墙见或岐，师说未为病。景运开中天，心法绍前圣。大哉惟王言，曰穷理居敬。奎章万古悬，焕若斗杓映。小臣林下来，仰观实荣幸。诸生际昌期，恩波恣涵泳。义利辨既昭，异同论毋竞。

三代治化隆，教养无不该。学校与井田，遗法犹可推。此地皆沃壤，所产多异材。山畬垦逾宽，溪水周复回。守者或未善，绣塍委蒿莱。斧斤不时入，松柏烧成灰。况有邻寺僧，百计思戕摧。遂令养士资，化为佞佛财。郑公古循吏，志量尤恢恢。清厘复旧业，寒畯加栽培。我读《书田志》，一字三低徊。证以《万历碑》，饩羊殊可哀。复古有深心，勿避流俗猜。敬告贤令守，鉴此知取裁。

王赓言在接到吴嵩梁所呈之“三议”后，于嘉庆十七年七月初七日抵铅山县，率铅山知县徐丽生、山长吴嵩梁同至大源坑实地勘察，并将清复结果呈报省城大吏，又饬令知县徐丽生清查书院田租膏火。至此，积年之弊，逐一廓清。王赓言在这期间与吴嵩梁诗作有《舟中微雨有怀兰雪》《题东乡吴氏所藏〈重模文信国三札〉后，为兰雪作》《鹅湖书院谒四贤祠》（诗注：此来为勘定山界）、《兰雪先生寄示谒四贤祠诗次韵奉酬》。吴嵩梁也有《篑山先生约以勘山枉过，雨后奉怀》《篑山太守临勘大源坑山界，枉过讲堂，即送还郡，兼柬徐石溪明府》等诗作互酬往还。

是时，江西学政潘世恩，按试广信府，鹅湖书院“肄业诸生多在前列”。王赓言即向潘世恩极力赞誉鹅湖书院山长吴嵩梁的教学思想。潘世恩在《鹅湖书院纪事碑》中记述了此事：“嘉庆十七年，余以督学校士信州，欲迂道鹅湖谒四贤祠，不果。闻太守王君篑山盛称山长吴君兰雪之贤。及君来道，故甚欢，徐出其近诗与《书院田租膏火议》一篇，《大源坑山界议》前后二篇，始知君于讲学之暇，又能考据金石文字以扩复前规，其意良厚。”对王、吴二人为培育人才，清厘书院田产，不惧阻力，潘世恩又作出如下褒扬：“然犹惧其议之格而不行也，既而太守履勘清查，实如君议，遂上其事於督抚大吏皆蒙允行，益叹两君之相与有成，能不狃于因循之习，沮于流俗之言，毅然以行其志，所以造就多士，嘉惠无穷，独非一时之善而已。”吴嵩梁也对王赓言“遇事立办”的执政风格赞不绝口，吴在《王篑山太守招陪芝轩少宰，讌集皆山堂，笙歌彻夜，主客尽欢，明日周览信江书院诸胜，摇桨而去，追送以诗》中有“能兼教养惟循吏，不负山川始异才”句可知梗概。

王赓言在扩建信江书院之后，于书院内建亦乐堂，又恢复南宋遗迹一杯亭等建筑，亲自与生徒讲学其间，并且以“亦乐堂”“一杯亭”为题，命生徒作诗赋，每月对生徒课卷亲自甄别评选，遇贫困刻苦的子弟总是格外嘉奖，鼓励其能学有所成，学有所用。同时，还招同僚一起宴集，吴嵩梁在这期间，也留下了很多诗作，如《篔山太守邀游亦乐堂、远风亭、茶山寺同作》《篔山太守归自南昌，邀游一杯亭、岳云寺、吉阳楼同作》《西园八景为王篔山太守作》等等，他们之间唱和之作都收录在《信江书院志》和《鹅湖书田志》中。

是年冬，吴嵩梁将辞去书院山长一职，王赓言深为惋惜，即请吴嵩梁为亦乐堂作记，镌石嵌于亦乐堂壁间。吴嵩梁在《亦乐堂记》所述：“先生之谯游于兹也，郡之人望其旌旗咸欲忭舞，传其觞咏，以为美谈，然后知先生之所乐非自有之也。盖即士之所乐，以乐其取资之广也；即民之所乐，以乐其向化之诚也。”显然，吴嵩梁是了解王赓言的，王赓言自题此堂名为“亦乐”，当是有“后天下之乐而乐”的境界。然而更让笔者心慰的是，此碑至今还在信江书院屹立着。

至是以后，吴嵩梁又赴白鹿洞书院传道授业，王赓言则先后擢江西、江南督粮道，两护藩司，一署臬台，数年之中不曾相遇。

嘉庆二十四年，王赓言在江宁，时有复调江西督粮道之命，听闻吴嵩梁在庐山主讲白鹿洞书院，写下一首《怀吴兰雪》诗：“诗人吾爱吴兰雪，一卷吟成万口传。消瘦形骸疑病鹤，凄凉岁月梦游仙。鹅湖旧作俱千古，鹿洞清游正五年。已遂东山归隐志，何时同泛五湖船？”诗中对好友吴嵩梁的诗才更加仰慕，期待能再次泛舟同游。

嘉庆二十四年冬，是王赓言与吴嵩梁最后一次交游。吴嵩梁时自广东抵南昌，王赓言邀吴嵩梁游南昌郊外的螺墩，吴嵩梁作《篔山观察邀游白云丙舍，移舟泊清华寺，归临鹤轩小饮同刘雪畹次韵二首》诗与王赓言作《偕兰雪、雪盌游螺墩作》诗中，分别记述了他们游踪之况。在这次短暂的相聚期间，吴嵩梁又为王赓言题《待漏图》《出京图》《抵里图》《渡江图》《夜课图》《秋试图》《雅集图》《游山图》及七世祖王良相的宝刀题诗，如吴嵩梁集中有录《王篔山观察出示其祖龙虎将军征倭时所得宝刀作歌以纪》《题王篔山观察纪事图八首》等诗。其中《雅集图》是描绘他们曾在广信时交游之作，吴嵩梁在诗中追述往昔的交往之迹："万峰抱郡城，空翠入庭户。桐阴领鹤行，记取寻诗处。琴展西园共宴游，看山曾说似滁州。惭愧鹅湖旧山长，一杯同醉亦风流。"

次年正月吴嵩梁远赴京师，至道光四年，王赓言卒于江苏常镇道，这期间没有资料证实他们之间有交往。而吴嵩梁在道光十年二月，始由玉牒馆议叙选得贵州大定府黔西州知州。吴嵩梁在任上重建王阳明祠、创建玉屏书院、赈济灾民，循声卓著亦如王赓言在广信时，或许因为王赓言守广信时诸多的善政影响到了吴嵩梁，正如吴嵩梁在《亦乐堂记》中所述："余愿为之士者，益以向导为荣而不患乎贫；为之民者，益以勤业为乐而不耽于逸。且愿为之属吏者，乐先生之所乐，推其心以及士民，而不囿于流俗之所为。由是人才众多，风俗朴茂，以上追乎三代之治。"这不正是王赓言"乐民所乐"的精神宗旨吗？然而，道光四年的江南水灾与道光十四年的黔西旱灾，他们先后以劳累卒于任上，留下"循吏"之声在历史长河中。

（作者简介：王鸿平，上饶市文献学会理事）

【文物撷英】

上饶市第四中学宋墓出土金银器鉴赏

——以祥云托日金乌金配饰为例

陈尚格

金银器在历史文物中占有重要位置，是中国传统文化艺术的重要载体。金银是贵重金属，硬度适中，具有延展性，易锤打成形，又有亮丽的天然色泽，且不易氧化变色，是制作工艺品的良好材料。自从人类发现、认识了金银之后，就将其加工成为各种金银制品。世界上最早的黄金制品出现于公元前五千年的古埃及，最早的银器则出现在公元前4000年左右的美索不达米亚。随后，希腊、罗马、波斯、萨珊朝等都开始了对金银器的广泛使用。而中国金银制品最早是在商代出现，春秋战国时代已有金银镶嵌工艺。中国古代金银器不仅类型多样，范围广泛，而且工艺复杂精细，科技价值含量很高。从其用途划分，不但包括了生活器皿、服饰、宗教用具、殡葬用具、医药保健用具、钱币、工具等大类，另外还有少量祭祀、兵器、模型等类，几乎遍及社会生活的各个方面。值得注意的是，金银制品一开始就以具有审美价值的艺术品形式出现，而不像铜器和玉石等制品，在经历了漫长的发展后，才逐渐从具有功利目的性的生产工具中脱离出来，进入审美对象的范畴。

各时期金银器风格有着明显的区别，这也是不同时期经济政治文化在物质上面的具体反映。春秋战国金银器的风格是清新活泼，这一时期生产力水平比起之前有了很大的一个跨越，金银器型制种类增多，出现了金银器皿。从金银器艺术特色和制作工艺看，南北风格迥异。北方出土的金银器工艺发达。南方地区金银器则多为器皿，制法大多来自青铜工艺。从南北方的差异可以很明显地看出当时的经济重心全然在北方，北方的生产水平远高于南方。秦汉时期的金银器则开始富丽繁荣起来。这一时期国家从连年征战中走出，分裂的局面结束，连年的战争促进了生产力尤其是金属冶炼锻造技术的快速发展。秦朝的金银器制作已综合使用了铸造、抛光等工艺技术。汉朝金银器多为饰品，器型简洁，多为素面。工艺逐渐发展成熟，金银的形制、纹饰、色彩更加精巧玲珑，富丽多姿。魏晋南北朝金银器最突出的特点就是异域风情。在这一时期，少数民族和汉族之间的民族融合达到了一个新阶段，胡风盛行。同时佛教自东汉明帝传入中国，在魏晋南北朝也已经发展了数百年，正是一个鼎盛时期。民众苦于战争和民族矛盾，越来越多人将希望寄托在宗教信仰之上。不少上层统治者也对佛教抱有极大的依托性。从建筑上看北方有著名的云冈石窟、敦煌莫高窟、龙门石窟等，南方则有灵隐寺等著名寺庙，有“南朝四百八十寺”的壮景。大量异域文化的涌入，使得魏晋南北朝的异域风情格外明显。不管是造型还是图案，都带有浓厚的异域风。魏晋南北朝时期的金银器数量较多。金银器的社会功能进一步扩大，制作技术更加娴熟，器型、图案也不断创新。较为常见的金银器仍为饰品。

从隋唐时期开始，金银器的制作进入一个新阶段。中国古代金银器皿自唐代起日渐兴盛。大唐国力兴盛，又兼容并蓄，中外交流的规模逐渐庞大，频率也高，中亚、西亚等地的商人与工匠纷纷来到中国，并且带来了外来的金银器物，同时也引进了金银器制造工艺，达到空前的种类丰富、造型多样。唐人尚金，认为金是最高标准，外来的各个国家和各民族为了讨好大唐王朝，向唐王朝帝王进贡名贵的金银器皿，同时也不会放过向唐王朝输出金银器皿进行贸易。不计成本的皇家气派使得金银器制作工艺高超、纹饰精美，体现了唐代繁荣的文化艺术和先进的科技水平。唐代金银器可分为饰品、法器、食器、饮器、容器、杂器等。陕西何家村出土的一大批金银器，制作精美，水平高超，该窖藏的制作工艺代表了唐代的最高水平。窖藏文物的焊接、铆、镀、刻、凿等的工艺技术已达到较高的水平，同时大量优质银器的出现也表明当时冶银技术的进步。宋元时期的金银器则不复大唐的雍容华贵，转向清新素雅的风格。宋代金银器轻薄精巧、典雅秀美，民族风格完美。造型上极为讲究，花式繁多，以清素典雅为特色。孟元老的《东京梦华录》记载了当时金银器的使用情况：“大抵都人风俗奢侈，度量稍宽，凡酒店中不问何人，止两人对坐饮酒，亦须用注碗一副，盘盏两副，果菜楪各五片，水菜碗三五只，即银近百两矣。虽一人独饮，盌遂亦用银盂之类……”元代金银器与宋代相似，除日用器皿和饰品外，陈设品增多。从造型纹饰看十分讲究，素面较多。然而，元代某些金银器亦表现出纹饰华丽繁复的趋向。明清是中国封建主义的巅峰时期，也是传统手工艺达到的最高峰，各项技术臻于成熟。这一时期的金银器华丽浓艳，宫廷气息浓厚，器型雍容华贵，宝石镶嵌和龙凤图案的色彩斑斓，象征着高贵与权势。明代金银器生动古朴，纹饰结构趋向繁密。清代金银器既有传统风格，也有其他艺术的影响。清代金银器可用精、细二字概括。复合工艺发达，金银器与珐琅、珠玉宝石等结合，增添了器物的高贵与华美。

江西作为一个文物大省，又是古代金银矿的主要产地，但出土和馆藏的金器（包括鎏金银器）珍品也不算很多。江西出土金器包括鎏金银器珍品具有如下几个明显的特点：一是金器珍品全部是宋代之后的文物。这是由于古代江西远离全国政治和经济中心，没有王公贵族生活，因此难得见到只有上流社会才能使用的金银器。宋代之后，随着全国政治、经济中心的南移，江西人文开始昌盛起来，入朝为官，出将入相的名宦增多，再加上宋代以后金银器的商品化趋势越来越浓厚，金银器开始进入中层阶级社会的生活中，因此过去难得一见的金银

宋祥云托日金乌金配饰（信州区上饶第四中学宋墓出土）

器开始在江西一些贵族官僚的墓葬中有所出土；二是宋元时代鎏金器比较多。鎏金是我国传统的镀金工艺，它是借助金稳定的化学性质和美丽的金属光泽，镀到其他金属表面，以防腐蚀和增加其外表的美观。宋元时代流行鎏金器的主要原因应该是社会崇尚金器，但金器昂贵难得，人们只好退而求其次，在银器上鎏金以满足自己对金器的渴望；三是墓葬中一般出土随身佩戴的发簪发钗等金器首饰，而窖藏中则常见日常生活所用的碗、盘、杯、碟等金银器皿。信州区上饶第四中学建筑工地发现的宋墓，就很幸运出土了一批金银器，以金银首饰为主。有花卉纹金梳背、金钗、六瓣型金花、三角形金花等。当中最为独特的就是这个祥云托日金乌纹配饰。

该配饰由两部分组成，上半部是圆形金日，中有三足金乌纹饰，下半部分则为金花图饰相连，成三角云状，如祥云托举着上方的太阳。

三足金乌又称三足乌，在中国古代神话里，红日中央有一只黑色的三足乌鸦，黑乌鸦蹲居在红日中央周围是金光闪烁的“红光”，故称“金乌”，作为一种中国古代神话传说中的神鸟之一。从文献记载看，有关“乌”的文字记载最早见于战国时编著的《山海经·大荒东经》：“汤谷上有扶木，一日方至，一日方出，皆载于乌。”汤谷即“旸谷”，神话传说中太阳升起之处，与虞渊相对，虞渊指传说中日落之处，是上古时期羲和族人祭祀太阳神的地方，是东夷文明的摇篮，也是我国东方太阳文化的发源地。古埃及人也有太阳文化，他们认为太阳创造了自己，万物是按太阳的意愿产生的。太阳，是人类文明发展史中最令人敬崇、最切身也是最重要的宇宙参照。太阳崇拜是人类在远古时期存在过的一种普遍的宗教信仰，有关的神话内容也相当丰富。神话是原人的科学，原人的哲学，是原人的文化观念的反映。黄石先生在他的《神话研究》中如此给神话下定义：“它不仅仅是文学，并且是一种社会的产物，并且是各时代的生活和思想的反映。它是想象的产物，是智力尚未发达的原人，对于宇宙的森罗万象，如日月的运行、星辰的出没、山川河海、风云雷雨以及生活的技术、人类的理智，乃至于日常生活中看似神奇的事物的解释。”古代社会围绕着太阳崇拜所形成的人类不同民族的太阳文化观。深深影响了人类的生存观念和文化价值取向。太阳和自然界万物生命生长。轮回的紧密关联，启蒙了人类的生命意识，塑造了人类的信仰及生存方式。而鸟崇拜则是图腾崇拜的一种，全世界的鸟灵崇拜有一个奇特的现象，那就是都崇拜太阳鸟。太阳和鸟成为了一组共存的图腾。在中国，鸟崇拜几乎与太阳崇拜融为一体。在新石器时期黄河流域仰韶文化的彩陶中，就出现了大量的鸟纹和蛙纹，马家窑文化更是以鸟纹蛙纹为主要装饰纹样。后来鸟纹逐渐演变成为代表太阳的金乌，蛙纹则变成了代表月亮的蟾蜍。但蟾蜍之于月亮，和金乌之于太阳的代表性全然无法比较。

在我国古代文献记载中，太阳的运行有两种方式。一种是乌背负着太阳在天空中运行。《山海经・大荒东经》中记载道，“有大木，九日居下枝，一日居上枝”，这里是提及我国东海有个叫旸谷的地方，此地有株太阳树，上面生长着十个太阳进行轮班。而肩负起让十个太阳轮班的责任的，“汤谷上有扶木，一日方至，一日方出，皆载于乌。”晋人郭璞在这里注曰：“交会相代也，皆载于乌，中有三足乌。”第二种方式则是给太阳配置了一辆座驾，让太阳搭载在太阳车上前行。而这种方式也和乌有关。《洞冥记》卷四记载，大地东北生长着地日之草，这种草有个特点，“食草能不老，其他鸟兽食此草，则美闷不能动矣。”“三足乌数下地食此草，羲和欲驭，以手掩乌目，不听下也。”羲和就是传说中驾驭太阳车的太阳神。《大荒东经》甚至说她是太阳之母“羲和者，帝后之妻，生十日。”《酉阳杂俎》中也有相同记载：“南方地日草，三足乌欲下食其草，羲和之驭，以手掩目。”这都能说明在这种方式里，驾着太阳车的是一只三足乌。

神话当中还有一种说法，让太阳和金乌的关系更加密切，不仅是交通工具，甚至直接是太阳当中有金乌。“日中有踆乌，月中有蟾蜍。”（《淮南子・精神篇》）“日为德而君于天下，辱于三足之乌。月为刑而相佐，见食于虾蟆。”（《史记・龟策列传》）；“日者，阳精之宗，积而成鸟，象乌，而有三足也，阳之类，其数倚。”（《灵宪》）；“日中有三足乌，乌者，阳精。”（《春秋元命苞》）。在这些神话里，太阳和乌已经融为一体，且乌鸦并不是一般乌鸦，而是由阳精堆积而成，因此“金乌”便成了太阳的代称。远古时期我们的先民大都信奉太阳神，上至君主，下至平民。《玉历通政经》云：“三足乌，王者慈孝，被于百姓，不好杀生则来。”三足金乌也由此成为历代君王的座上宾，被视为祥瑞之兆的象征。晋代崔豹在《古今注・鸟兽》中也说：“有虞至孝，三足集其庭；曾参锄瓜，三足萃其冠”，汉以后的文献中也常出现有关三足金乌象征慈孝的记述。三足金乌既与太阳崇拜有着密不可分的关系，又被赋予了慈孝这一情感色彩，至此，古人视三足金乌为祥瑞的象征也就不足为奇了。

但是乌为何被定义为三足呢？从“三”字在古汉语中的含义来看，“三”字由来于人们对天地、宇宙的理解有关。东汉许慎《说文解字·一上·三部》云：“三，天地人之道也。从三数。凡三之属皆从三。”清代段玉裁注数名：“天地人之道也。陈焕曰：数者，易数也。三兼阴阳之数言。一下曰道立于一。二下曰地之数。王下曰三者，天地人也。老子曰：一生二,二生三，三生万物。此释三之义。下释三之形。故以于文二字别言之。于文一偶二为三。成数也。”可见数“三”的含义具有明显的形象思维，“三”字具有自然万物的象征意义，包含了“天地人”及“道”的含义。且“三”为奇，为阳。《易·系辞上》云：“天一地二，天三地四……阳由一而至九。一为阳之初生。三为阳之正位。二为阴之初生，四为阴之正位。”可见数“三”在古人观念里与“天”“阳”是联系在一起的。“三足乌”出现最早最高频的时段也是阴阳思想最盛行的汉代。作为阳精汇聚而成的灵物，金乌被认为是三足也就理所当然了。

常见的三足金乌形象主要有三种，一是是背日式金乌，背日式金乌的腹部像是怀揣着一个圆形的日轮，首、尾、翼在圆形之外，除腹部以外，与正常鸟形相似像是背负太阳在天空飞翔。第二种是载日式金乌，但载日乌是人首鸟身，且腹部日轮中另刻一展翅高飞的金乌。这件金配饰应当属于第三种日套式金乌，三足金乌端于一轮日内，三足清晰可辨。我们可以看到这只三足金乌，三足点地，双翼张开，尖尖的喙向前探出，一副昂首欲飞之态，十分引人注目，仿佛对某个地点充满向往，下一秒即将飞往该处。而该地应该是昆仑山。因为在中国的神话体系里面，三足乌是附从于西王母的从属神祇。在昆仑世界中，西王母是昆仑山的山神，她掌有不死之药，有三青鸟为之衔食，有玉兔为之捣药。这里的三青鸟，传统基本认为就是三足乌。司马相如《大人赋》云：“吾乃今目睹西王母，然白首，戴胜而穴居，亦幸有三足乌为之使。”张守节《史记正义》云：“三足乌青鸟也，主为西王母取食在昆墟之北。”昆仑仙境是人民向往和神游的地方。登昆仑、食玉英可以长生不死，如屈原

《离骚》中所说:“登昆仑兮食玉英，与天地兮同寿，与日月兮齐光。”西王母是不死之神，具有令人再生或长生之神力。西王母掌管的“不死之药”乃上起官府下至平民，无人不想求得之物。通过服食不死之药，包括丹药、灵芝、甘露等，可以成为与天地日月齐寿的仙人。

通过上述分析，我们可以理解为何墓葬当中会出现这一配饰了。三足金乌同太阳，象征着日出日落的生命经过,《易》曰:“日月丽乎天。”在浩瀚的宇宙中，谁也没有光芒四射的太阳与人类的关系密切。它给人以光明、温暖，给大地以生机、活力。这和死亡的概念是截然相反的。死亡是未知的，令人恐惧的。人们对它的相关想象通常都是阴冷黑暗。而太阳，正好与这一概念起到克制的作用，它能驱散死亡的黑暗。三足金乌带着太阳，落下后又能重新升起，其跟随的主神西王母又拥有不死之药。墓主人将这一配饰一起带入墓中，一定有希望死后能延续生时的生活之意。

该宋墓中一同出土的金首饰也质量颇佳。中国素有“衣冠古国”之称，最早的首饰可以追溯到五万年前至六万年前旧石器时代中期。《辞源》中“首饰”的定义为：头上的装饰品，本兼男女言之。后则专指妇女头饰、臂钏、指环之类，通称首饰。金银首饰的研究一向是金银器研究中的薄弱环节，也是工艺美术研究乃至文物研究的薄弱环节。而金银首饰研究实在不应该被冷落。在各种金银器当中，金银首饰是非常重要的一部分。它不仅是财富和艺术的合一，也因为它具有的展示性而成为生活时尚不可忽略的一个风向标。当代工艺品的流行题材差不多都出现于金银首饰，虽方寸之地，却几乎是时代纹样之聚珍。与其他门类相比，金银器皿和金银首饰的制作工艺算不得复杂，因此这里便格外显示出设计的重要。中国传统重玉，玉很早即被赋予了很多优秀的品质，并且与金石书画一样，均入收藏。金银则不然，——如若玉之品格属之于“雅”，那么金银该算作“俗”。金银器首先是财富，艺术品的意义尚在其次，而通过销镕的方法又可以使之反复改变形态以从时尚，因此人们并不存心使它传之久远。今天所能见到的金银首饰，在清代之前的物品，多出自窖藏或墓葬，很少为传世品。从这一角度来看，金银首饰又比玉器多了一个优点，那就是在不追求传世的前提下，制作出的金银首饰必然是最符合当下审美的，需要紧密贴合时下流行的。特定的社会制度、生产方式、

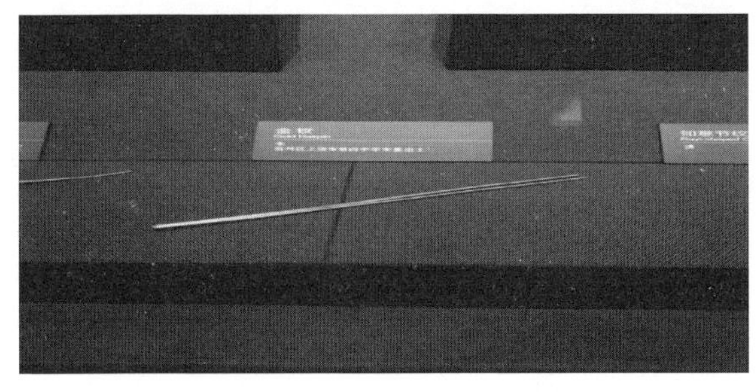

金钗

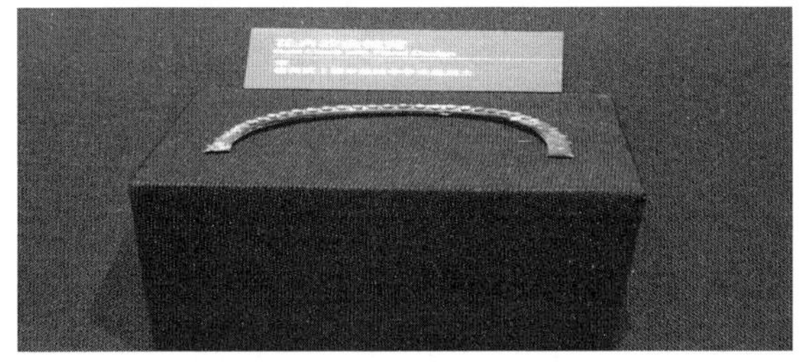

花卉纹金梳背（一）

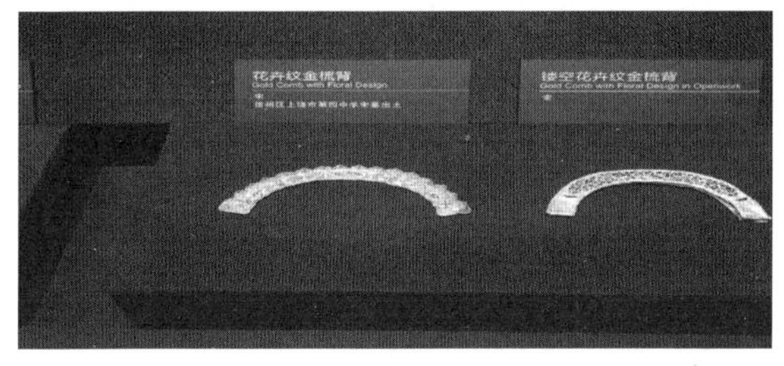

花卉纹金梳背（二）

道德观念、民族精神和风尚习俗直接或间接地影响着人们的妆饰风格和首饰的发展变化。因此，对于首饰的研究，会在一定程度上反映当时社会的政治变革、经济变化和风俗变迁。首饰是人类文化发展水平的一种标志性存在，是特定时代、特定民族精神风貌的展示，在人类文明发展中占有极其重要的地位。

宋代经济空前发达，商品经济的发展使得传统手工业也获得了快速的发展。城市中设有专门的金银店铺。《梦粱录》记载，当时的首都杭州，“自五间楼北，至官巷南街，两行多是金银盐钞引交易，铺前列金银器皿及现钱，谓之‘看垛钱’……”首饰可以到店铺内直接购买，也可以请专门的金银匠到家中打造，还可以在钟意的店内进行私人订制。制作首饰的工匠在利益的催进下不断地提高自己的制作水平，发明创新，首饰的种类、花样层出不穷。首饰的材质多样，弹韧的金银是最好的选择，金银是稀缺的矿产资源，原本只为皇室贵族阶层享用的金银器，随着宋代庶民阶层的日益富足而大规模流入民间，全面走向世俗化、商业化，使用金银器成为一种社会风尚。金银制作能用适度的变化来满足挽发、拢发等功能的需要，又容易精雕细琢、色彩斑斓。因此小小的金银首饰上可以雕琢塑造出极为丰富的内容，除了传统的麒麟凤凰、花果飞禽等，竟然可以设计出庭院小景、池塘莲花，甚至融入诗情画意、人物故事等复杂的主题。那些相互呼应的情景或对话场景，自然需要巧妙的构思和高超的技艺方能完成，令人不由惊叹艺匠的卓越创造和艺术品位。

发钗是古代妇女佩戴，主要流行于战国之后，其古代定义见《释名释首饰》:“钗，叉也，象叉之形，因名之也。”发钗的发展贯穿整个封建社会，是古代妇女常用的发饰。我国早期的发钗和发笄（发簪）有着密切的关系。最早的发钗是由发笄发展而来。从佩戴群体方面来说，由于发笄具有两种不同的功能，因此，我国古代发笄的佩戴群体范围极广。而发钗自出现至今，其仅为妇女所佩戴的一种首饰。因此发钗与发笄的区别首先在于佩戴的性别差异：发笄男女皆可佩戴，发簪仅限于女子。还有一个区别在于形制上，笄股为单股，钗股为双股。这支金钗为样式最为传统的折股钗，圆头，双股，钗身细圆，钗尖略粗，上刻蟠龙纹，色泽夺目。制成两股，用来固定发髻或起到装饰效果。折股钗主要用作挽发，时称“关头”。使用的时候常常要使它形成一个弧度，而一支在侧，一支在前，挽住头顶的高髻；又或者前面一枚梳子把头发拢紧，侧面一只折股钗挽髻。

梳背的发现本身就以南方偏多。从元代无名氏散曲对南北佳丽的描述“一个带玉钗，一个插犀梳”;“一个败落帕兜映遮尘笠，一个乌云髻斜簪压鬓梳”可见，插梳是南方女子妆束的典型特征，其实这一风尚从宋代就已经开始了。宋代梳篦区别于其他朝代最大的特点在于它在造型上的突破与创新，宋代梳篦一改前朝的马蹄形造型，慢慢演变成更大型、更宽扁的半月形。马蹄形梳篦在唐朝依然广受士庶妇女和贵族阶级的喜爱，马蹄形本身就是发梳的一次升级，升级成为更具装饰性的梳篦的一次演变。它不再是仅仅用来做梳头用具那么简单，而是在用来固定女子发髻的同时，起到修饰头面的重要性。随着历史的演变过程中，梳篦又从简单的装饰性上升到了代表阶级等级的一种潜意识符号。在宋代梳篦更是把它具有装饰性的这一特点发挥到了极致，与唐代不同，宋代梳篦更加宽大而普遍，又在宋代这样有着精美绝伦的工艺的时代背景下，能工巧匠对于梳背的刻画更是极尽所能，把宋代梳篦的美发挥得淋漓尽致。该花卉纹金梳背为虹桥式包背，复于两端各修出一个包角，分别包合于虹桥两边，与原梳的梳背扣紧。上面采用了高浮雕刻法浮刻花朵。形成多层立体式画面的效果，与唐代捶揲工艺下制作的浅浮雕金银器相比，高浮雕金银器皿更具有立体感与层次感。花卉纹饰清新素雅，和墓葬反映出来的墓主人等级大致相符，是位普通的贵族女性墓葬。

还有一个花卉纹金梳背，但非高浮雕刻法，而是最常见的浅浮雕技法。整体也更薄，同为虹桥式包背，两端有包角。

墓中还发现了一些金花，有六瓣形、三角形等，样式与金梳背和金配饰的花卉纹都比较相似，应当是用于装饰镶嵌或贴片。

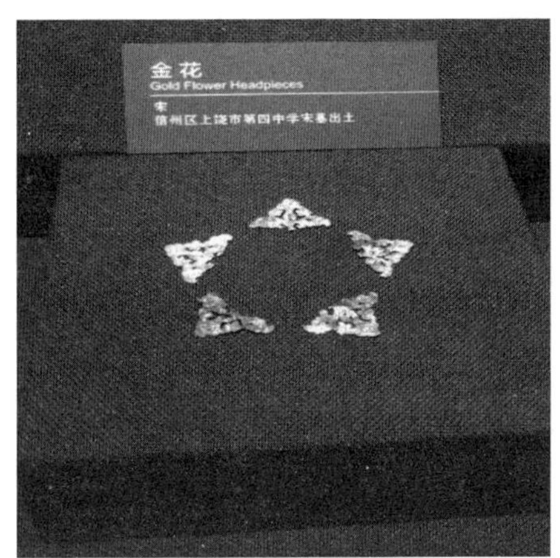

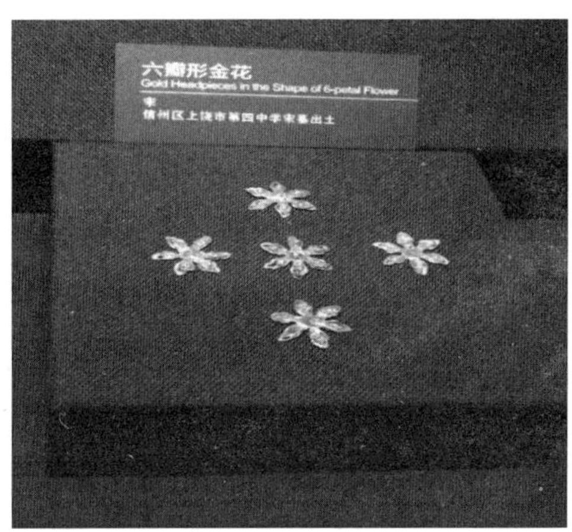

金花

除去金器，墓中也有一定数量的银器，如瓜棱银粉盒。

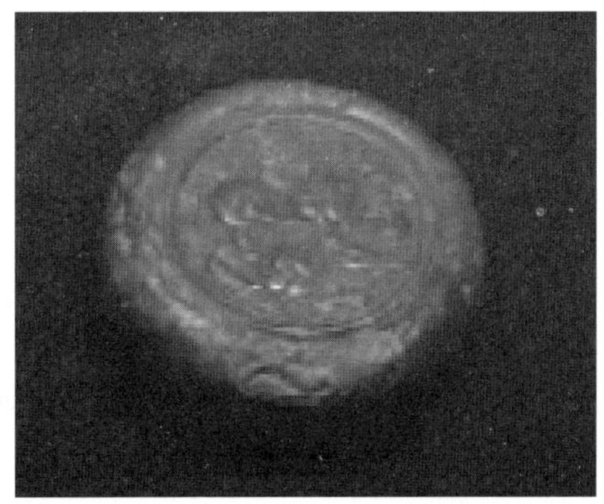

瓜棱银粉盒

《碎金·服饰篇》“梳洗”一项把胭脂、韶粉、面油之类与犀梳、掉篦、环子、花钿等列在一起。妆具之齐整者，为妆盒一件，内置粉盒、胭脂盒、油缸、水盂、妆盘，刷、抿、梳篦，铜镜，已为女子每一天里不可缺少的生活内容备下一套完善的设施。粉盒少见金器，多为银或银鎏金者。从目前的考古资料来看，几乎在现今出土的宋墓中都发现了银盒，可见当时使用广泛，并且命妇使用比例约为 50%，占一半之多，使用的器具，外观大体精致，细腻，附着有花纹，图案等精巧工艺，富豪使用比例为 34%，平民使用比例为 16%。所以出现使用对象仍以官吏为主，富豪次之，当然平民也在使用。人们生活中使用的贵金属，银器是最普遍、也是最多的。花卉瓜果是宋代金银器皿造型的过程中重要的象生对象。瓜棱形简单易造，又胜过单纯圆形的单调感，更富有变化。从使用功能上考虑，瓜棱形的粉盒易握拿，显眼，便于使用。粉盒盖上又刻有花卉纹，小巧素雅，格外娟秀。

宋代文化昌明，文人士大夫地位较高，文人普遍使用金银器，他们的审美观念也会对整个社会产生一定影响。当时经济繁荣，工商业发达，为更多社会阶层接触、使用金银器创造了条件。与前代相比，宋代金银器在社会生活中更加重要，它所担任的角色更多，使用者也更加广泛，甚至使用方式都更加丰富多彩。宋代金银器物的呈现出来的特征都是在宋代文化下影响出现的，发达的市民文化为其提供了世俗的丰富的装饰题材，上饶第四中学宋墓出土的这批金银器是宋代丧葬习俗、工艺美术、经济贸易等诸多方面的重要文化遗产，不仅反映出当时人们的生活态度和审美情趣，也折射出人们的生死观，为后人了解宋代物质文化提供了有力依据。

（作者简介：陈尚格，景德镇陶瓷大学）

信州镜与上饶铜业

成山阁

铜镜就是古代用铜做的镜子，又称青铜镜。它既是我国古代梳妆用的日常生活用品，也是精美的工艺品。周新国的《武陵藏珍》记载：远古时期，人们以水照面，铜器发明以后，以铜盆盛水鉴形照影。《尚书》《国语》《庄子》等先秦著作中，都曾提到过古人“鉴于水”。《说文·金部》释“鉴”为“盆”，因此可以说盛水的盆（鉴），就是最早的镜子。随着合金技术的出现，开始了使用铜和锡或银铅等制作铜镜的历史。中国早在数千年前就发明了铜镜，现存最早的铜镜，是出土于齐家文化墓葬中的铜镜，距今已有 4000 余年。齐家文化为我国石器时代考古文化的一个类型，位于今天我国甘肃、青海一带，因为这面铜镜被考古学界确定为中国古代铜镜的起源。从此，铜镜的历史，就成了古人日常生活的历史。

从齐家文化至商周时期铜镜的造型皆为圆形，形制较小，直径一般在5.8—7.8厘米之间，最大不超过12.5厘米，镜面呈平板式，显得粗糙。另外以弓形钮居多，钮呈圆状且较长，也有环形钮、长方形钮、橄榄形钮和双钮等，以圆形钮座居多，其余均无钮座，钮上亦无纹。镜面边缘平直，直到西周后期边缘渐凸起，微上卷，是战国镜立墙式素卷边的雏形。背面无纹者居多，即使有图案纹饰也是很简单的几何式线状，多以放射式斜状纹出现，直到西周中后期才出现有重环纹和鸟兽纹。这一时期的铜镜含铜量很高，高达91.2%，含锡量极少，所以锈迹斑斑。商代铜镜的纹饰以几何纹饰为主，也有少数扇形平行线纹、叶脉纹、凸弦纹和辐线纹等。从齐家文化至西周晚期所出土铜

齐家文化墓葬出土铜镜

妇好墓出土铜镜

秦公一号大墓出土铜镜

镜数量很少，不过30枚左右，此时期由于自然条件和产力有限，铸镜技术和工艺发展也极为缓慢。

春秋战国时期是我国古代铸镜技术发展的第一个繁荣期，不仅制造数量大，种类繁多，分布较广，而且镜型新颖，纹饰繁缛，制作也较为精细。以南方楚（湖北）镜最为精巧、体轻、纹饰丰富清晰，北方则三晋、燕、齐铸镜较精良，关中一带镜体厚重。这时期铜镜最大特点是镜型轻薄灵巧，方圆皆有，直至战国中晚期少数镜类才逐渐加大、加厚。

汉四乳四虺纹镜

秦汉时期，青铜器逐渐式微，但在大一统的局面下却聚集了前朝诸国最为先进的青铜铸造工艺，此时青铜礼器衰落，实用器皿增加，工艺回归生活成为必然。在青铜器残存的背景下，汉人工匠重新赋予了它们新的生命，铜镜以它的独特属性经历了继战国之后的又一高

唐海兽葡萄纹铜镜

峰。这一时期的镜型不仅新颖，而且直径加大，镜体加厚，重量增加，镜类繁多，数量较大，是铜镜发展的繁荣期之一，并出现了大型穿衣铜镜，山东淄博市博物馆就藏有一件长方形、背面五钮的穿衣镜。汉镜由战国的平板式变为凸凹形，即外缘厚、内部薄的特点，镜缘由外向内呈斜坡状。图案组织形式大体可分为对称式、放射式、旋转式和阶段式，即对称式与非对称式两种，图案都以镜钮为视觉中心展开并形成多样的构图格局。图案风格则分为两大类：一类是依九宫格作平面图，依格排列纹样；另一类是以九宫格作立体图案，布置成顶、高、宽三面并存的立体构图。这是汉代图案的特点，也是中国图案的特点。

进入三国两晋南北朝时期，铜镜进入了中衰期，用铜量明显减少，品种也不多样，质量也相对下降，少有创新铜镜，大多沿用东汉中晚期的镜类。

隋唐时期是古代铜镜发展史上的第三个鼎盛时期，也是三个鼎盛期中最杰出的，不仅铜质细，铸造精致，镜型繁多，纹饰复杂，华丽朴实。唐镜主要产地为扬州和太原两地，改变了汉镜的纹饰与铭文并茂的局面由规整、拘谨、紧密，逐渐变为活泼、奔放的鸾鸟、凤、禽、孔雀和体态俊美的飞仙。与此同时以自由写实的动物、植物及人物故事图案为主，边缘常饰蜂、蝶、花、鸟、流云等。

盛唐时期，社会经济空前繁荣，文化艺术迅猛发展，铜镜工艺也进入高级阶段，中晚唐时期铜镜从造型、纹饰、铜质上远不如盛唐时期，铜镜的艺术逐渐衰落。唐朝以后，铜镜更是再也没有回到自己的黄金时代。铜镜衰落的原因很多，唐灭亡后，进入了五代十国、宋、辽、金元时期，北宋和辽、西夏的并立，金和南宋的对峙，元朝的大统一，中国历史呈现出十分复杂的局面。战争连绵，经济受到破坏，铜比较缺乏，铜禁甚严，主要用来铸造钱币。另一方面，由于瓷器、漆器的广泛应用，人们的注意力转向这些方面，作为日常生活用品的铜镜，既没有别的物品可以取代，也不再是工艺的重点。重实用而不尚花纹，工艺水平衰退是必然的了。明清时期西方玻璃镜的传入，更是彻底宣告铜镜时代的终结。处在这一历史时期之间的宋代，应当算是中国铜镜的最后一抹余晖。

宋代铜镜这种看似的衰落其实是社会变化的反映，与唐宋都城由封闭走向开放的变化一样，由过去的等级社会逐渐走向世俗化、平民化的市民社会。人们生产和使用铜镜的观念也在发生重大的转变，逐步商品化、世俗化。唐代大量代表身份和地位的金背银背镜、螺钿镜等特殊工艺铜镜完全消失不见，铜镜的豪华与否不再成为身份和地位的象征，铜镜的制作工艺、装饰题材、表现手法也不再是人们的关注重点。铜镜的使用功能成为首要需求，艺术功能下降，成为一种世俗化、平民化实用器物。

南宋湖州铸鉴局铜镜

“湖州铸鉴局”铭六曲葵花镜

宋代铜镜有官营和民营两种铸镜方式。其官方铸造机构主要有文思院、后苑造作所、铸钱监、官营铸镜作坊以及铸鉴局。文思院置于太平兴国三年（978），设在宫禁之外，《东京梦华录》把它归为外诸司。分上下两界，下界主要负责绫、锦、漆、铜、铁等日常生活用品，铜镜即由下界铸造。后苑造作所则设在宫禁之中，是专为皇室服务的手工业机构。《宋会要辑稿》提到过它的铸造范畴：“（后苑造作所）始领作七十四，曰：生色作、缕金作、烧朱作、腰带作、鈒作、打造作、面花作、结条作、玉作、真珠作、响铁作、油衣作、染作、戎具作、扇子作、鞍作、冷坠作、伞作、剑鞘作、打线作。后增置金线作、里剑作、冠子作、角衬作、浮动作、沥水作、照子作等。”这个照子作就是专为宫中皇室打造铜镜的作坊。监铸镜在宋代是比较普遍的现象，虽未见史籍记载，但目前已经发现多枚带有“铸钱监（院）”铭文的铜镜，主要有升州钱监、东京铸钱监、丰国监、赣州铸钱院等。官营作坊铸镜主要见于建州镜和潭州镜。“铸鉴局”是比较特殊的铸镜机构，其名称目前仅见于出土的官铸湖州镜的铭文中，史籍中未见有对这一机构的记载，亦不知其隶属于何部门管辖。

信州镜

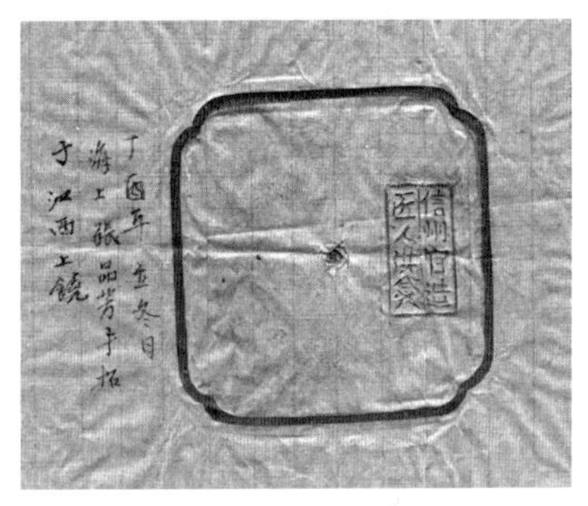

信州镜拓片

浙江省博物馆藏有一面八出棱边镜，镜钮右侧铭文为：“湖州铸鉴局”，左侧为：“炼铜”。

除却官营，两宋时期的私营铸镜业亦十分发达，一是因为两宋时期的居民生活水平和购买力提高，铜镜作为日常生活用品，本身也日益朝着平民化趋向和商品化趋势发展；二是在一边是严格的铜禁政策，两宋时期，经济飞速发展，然而繁荣发展的商品经济却面临着“钱荒”的现实问题，政府不断采取禁铜的措施，加强钱币及铸造原料的管理，铜禁的诏令屡次下达，并对隐匿、私铸铜器者施以严厉的惩罚；一边是“熔钱铸器”带来丰厚礼润的氛围影响下，铜镜作为不受限制的合法器物之一，其铸造和销售成为发家致富之路。正如地方铸镜机构多设置在铜资源较为丰富、原料获取方便、交通便捷、市场繁荣的地区，私营铸镜业兴盛的地方也同样设置在有上述优势的地区。如湖州、饶州，都是赫赫有名的宋代铜镜铸造地，官营私营同样发达。

信州是唐乾元元年（758）由饶州分离出来而设立的行政地区。宋开宝八年（975），属江南路。天禧四年（1020），分江南路为东、西二路，属江南东路管辖。建炎四年（1130），改江南东路和江南西路为江南路和江西路，隶属江西路。绍兴元年（1131）复置江南东、西二路，仍隶江南东路。从地理沿袭上我们可以清楚地看出，信州和饶州关系非常密切，二者距离相近，地形地势以及自然资源都有共通性，因此在宋代，信州的铸镜业同样也比较兴盛。

信州镜目前存世较少，上饶市博物馆藏有一枚，款式简单，为亚字形铜镜，上有铭文：“信州官造，匠人洪念八。”官营也会印上制作工匠的名字，这类行为被称为物勒工名。在春秋战国时期，官营手工业就强调“物勒工名，以考其诚。工有不当，必行其罪，以穷其情。”官府手工业的劳动过程是在政府的严密监管下进行的，工匠需在产品上刻上自己的名字，以便于考核、检查，如有不合格，便要受到官府惩罚。宋代的官营铸镜业依然沿袭了这一制度，无论是何种机构所铸铜镜，几乎都有“物勒工名”制度的体现。这面信州镜上的铭文说明当时在信州这个地方，有一个官营铸镜机构在生产铜镜。

亚字形开光花卉纹铜镜

从现有的考古发现来看，亚字形铜镜最早出现是在盛唐时期，是唐末至五代流行的镜种，宋代继承了中晚唐时期的亚字形铜镜的制作工艺，并有很大的发展。也有一些学者称呼这类镜子为倭角方形镜。

宋八卦纹亚字形镜

上饶市广丰区，在宋代同属信州，也出土了一面亚字形宋代铜镜。平顶小圆钮，钮外圆弦纹旁连珠纹钮座，浅浮雕纹饰。座外纹区有一个八方形线框，将整个纹区分成内区和外区。八方形线框内外角上有小圆珠，前后珠间三线连接，内与外珠间三线连接，内与外珠间双细线，内外边线中间加一条单直线。内区双瓣叶四花作十字形布置，花顶上加饰小朵花，侧边添卷草。叶间三处亦加饰小花，一处铭一“王”字，它们相

唐四方委角蜂花镜

对的八方形线框内边有连珠文围成的半圆形枚。外区边缘为亚字形，缘内一周连珠纹。

上饶市博物馆内还藏有一枚宋代亚字形镜，为八卦纹。宋代八卦纹镜很是流行，目前面世的八卦镜中有四成都是宋镜。但亚字形八卦纹镜就比较少见。这三面亚字形镜都是倭角直边方形镜，整个镜体呈正方形，四委角内凹弧度较大。唐代的亚字形镜也比较多，但唐镜的形制多为倭角弧边，即镜体四边略呈外弧状，四倭角内凹弧度较平滑。这是区分唐宋亚字形镜的一个重要特征。这面唐镜为文宗大和三年杏园韦河墓出土，就具有很鲜明的唐代风格，镜体四边为外弧状。

信州盛产铜矿，乾道元年（1165）提点坑冶铸钱司李大正言，“自昔坑冶铜课最盛之处，曰韶州岑水场，曰潭州永兴场，曰信州铅山场，号三大场。”三大场的铅山场所在地正是信州。在不断的发展中，信州铅山县铜场还采用了招募制生产，招募百姓采伐铜矿，付给报酬，“出铜无算，常十余万人采凿”，可见其规模非同一般，效果显著。曾因铜产供大于求，致有司议减铜价。

其实自古以来上饶的铜矿资源就备受重视。据有关文献记载，早在西汉，上饶的铅山永平、德兴新营等地就出现了炼铜。明《铅书》记载：“旧云：晋太始间（265—274），高将军逐白鹿得宝丰场铜坑（永平天排山一带），寻迹苗脉，循至积翠岩，及今铅山杨梅山、北坞、蒙坞源坑等是也，产铅及铜，置两场，而铁、银、青矾、朱皆采之供云。”唐代中期，铅山永平场的炼铜工人因使用胆水炼铜法炼铜，提高了铜的产量，朝廷就在鄱阳县马蹄山设置了专门负责铸钱的机构永平监。铅山永平场炼出的铜运到朝廷设在鄱阳的永平监铸钱。据《宋会要辑稿·食货·坑冶上》“各路坑冶置场务所”所记，宋初，全国产铜州军共十三个，其中属于江西的有饶、信、南安三州军。又据同书《食货》三三记载，宋神宗元丰元年（1078），铜矿租额超过一万斤的铜场有十州军，到哲宗时只有七州军，到南宋乾道初年（1165），只剩下信、饶、韶三州了。时人称“饶信之铜，积数千万”。上饶铜业难能可贵就在于此，不仅能大量提供铜矿，还能保持长时间的稳定产量。上饶铜产量较稳定，没有大起大落，与他们率先实行技术更新有很大关系。

北宋时期，铅山永平场有炼铜工人10万之众。《宋会要辑稿》记载：“铅山场端拱二年（989）置。”《建炎以来系年要录》记载：“绍圣三年（1096）又置信州铅山场，岁额38万斤。常募集十余万人，昼夜采凿。”宋太宗时期成书的《太平寰宇记》卷一〇七中记载：“（信州铅山县）有胆泉，出观音石，可浸铁为铜。”北宋科学家在《梦溪笔谈》（卷二十五）记载：“信州铅山有苦泉（胆泉，硫酸铜水），流以为涧。挹其水熬之，则成胆矾。烹胆矾则成铜；熬胆矾铁釜，久之亦化为铜。水能为铜，物之变化，固不可测。按《黄帝素问》有‘天五行，地五行，土之所在天为湿，土能生金石，湿亦能生金石，’此其验也。”据北大教授、中国科普研究所副所长郭正谊在《水法炼铜史料溯源》一文中考证，他认为这条记载不是沈括亲眼所见，而是沈括的读书笔记，原文录自中唐时期成书的《丹房镜源》。后者原文为：“石胆出蒲州余乡县，如鸡卵大为上，击之纵横解，皆成叠文，色青，见风久则绿，其中亦青也。今信州铅山县有苦泉，流以为涧，艳其水熬之则成胆矾，（烹胆矾）即成铜，煮胆矾铁釜，久之亦化为铜矣。”这就说明，至少在中唐时铅山就已获知了铁经过与胆矾接触后可以置换出铜的技术，但是沈括引录这段记载时（北宋初期），北宋朝廷尚未推行胆铜法生产。而这恰恰说明，当时只有信州一地开始用胆矾（天然的含水硫酸铜）生产铜（胆水浸铜），出的铜运到朝廷设在鄱阳的永平监铸钱。胆水炼铜法是铜业冶炼的一个重要进步，北宋末年政府大规模推广这种方法，大观年间，胆铜产量约占铜总产量的15%。南宋时，胆水炼铜的地位更加重要，如乾道年间，胆铜产量竟然占到当时南宋铜产量的81%，可想而知胆水炼铜对南宋经济而言的意义了。至南宋后期，其它诸铜场相继衰落，铅山场的地位更加突出。史载：“岁运江淮湖广之铁，泛彭蠡，逆番水，道香溪而东。岁计所用铜，取诸铅之泉者几半”。铅山场的胆铜更引人注目了。与此同时，矿冶的生产组织形式也有所进步。据《宋会要·食货》三四之二四载，南宋末年的铅山铜场，其采炼的劳动分工有采矿、雄磨、淘洗、上炉坪炼等几道工序。可见上饶铜业不光是资源丰富，相应的技术水平也十分高超，领先全国。

德兴兴利场也是宋代江西的一个重要的铜基地，它的设立有赖于张潜的《浸铜要略》。张潜是德兴人，出身农民，其以毕生经验撰写的《浸铜要略》开世界湿法冶金先河，这一技术的问世，改变了火法冶炼耗工量大、消耗原料多、生产成本高等缺陷，最大限度地提高了产铜数量。兴利场的产量虽然不如铅山场，但蕴藏丰富，采掘期长，岁额约五万余斤。

元朝继承宋朝的统治政策，同时表现出明显的个性，与冶金业相关的方面，也带有这个特征。其对金、银、铜、铁等矿产极为重视，严格征收矿产税，或在官府控制之下，或在贵族大臣的封地掌握之中。按《元史·食货志》所记矿产地点，江西没有铜矿。但事实不是这样，德兴、铅山的胆水浸铜生产依旧在进行。《元史》的食货志，资料取材于《经世大典》，该书修成于至顺二年（1331），此后的三十多年史事该书没有，《食货志》便也没有。《元史》其他部分内容有记载到至顺二年后的内容，这里面就有提及元顺帝时期德兴、铅山的铜矿重新组织开采，继续使用胆水浸铁炼铜。

到了明代，经济和文化继续发展繁荣。农业经济作物普遍增多，手工制造业欣欣向荣，商品贸易异常活跃，国内市场空前扩大。社会生活各个领域对金属制品的需求巨大，进一步刺激了冶金业发展。明初，全国只有德兴、铅山设置铜厂，但官府对德兴、铅山铜场的管理很差，工匠的负担异常苛重，致使产量很低，二场合计只有5000余斤，而且难达到足额。明宣宗为了解决这一情况，颁布新令，免除工匠杂役，税粮于附近输纳。又设官员专管铜课。从这里可以认识到，明朝政府对江西铜矿非常重视。换句话说，上饶胆铜在明代居举足轻重的地位。

清代的铜矿采冶，在广度和深度上都达到了一个高峰。在清早期，清廷对政府性的、大规模的铜矿采冶（也包括其他矿产）是禁止的，怕的是矿徒聚集生乱，危害刚刚入主中原的清政权。一直到康熙十四年，清廷制定和颁布《开采铜铅例》，才正式宣告了清代铜业开发的开始。不过，终康熙之世，清廷对铜矿采冶的基本态度始终在维护社会秩序与地方政府、百姓的利益之间进行平衡，禁止大规模的采冶，但默许民间寡少、分散，为生存计的采冶。这一时期的上饶铜业遭受了极大的破坏，矿场基本未开。反而是边疆的云南因为距离中央政府较远得到了开发。到了乾隆年间，采铜之禁全面开放，不仅放开了矿禁，为鼓励采冶，还接受了都察院左副都御史仲永檀对不同地区不同矿种因时制宜地进行收买和抽课。上饶铜业在乾隆朝恢复发展，可惜之后由于连年战争，乾隆朝耗时几十年完善的铜政遭受巨大打击，几乎毁灭殆尽。

进入近代，清廷在西方的冲击下引入机器大工厂，在江西开设官矿局，请西方专家指导主持。但将满三年，又因辛亥革命的爆发而告停。

新中国成立后，重视工业发展，上饶的铜业地位得到高度重视。到1990年，上饶已探明的铜储量有 1050 多万吨，占全省总储量 70% 以上，占全国总储量的三分之一以上。上饶铜文化，已经成为中国铜文化最夺目的一个篇章。

（作者：成山阁，上饶市文献学会会员）

信州区博物馆藏八思巴文大元通宝及相关问题研究

张　昊

信州区博物馆藏八思巴文大元通宝

信州区博物馆藏一枚铜质方孔圆钱，直径4厘米，正文为八思巴文“大元通宝”，光背。此钱字迹清晰，铸造精细，为馆藏三级文物，这枚八思巴文大元通宝铸造于元至大时期。元朝由蒙古族建立，是中国历史上首次由少数民族建立的大一统王朝。定都大都（今北京），传五世十一帝，从1206年成吉思汗建立蒙古政权始为162年，从忽必烈定国号元开始，历时98年。

元朝至元年间（1279—1294），曾铸有两种至元通宝传世，一种是汉文小平钱，另一种是八思巴文“至元通宝。”元武宗至大三年（1310），也铸有两种铜币，一种是至大通宝汉文小平钱，另一种是八思巴文“大元通宝”当十钱。除这两种主要的八思巴文通宝以外，在元成宗元贞（1295—1296）、大德（1297—1307）间，元惠宗至正年间（1341—1370），亦曾铸过八思巴文“元贞通宝”“大德通志”铜钱，以及在汉文钱背注八思巴文地支纪年、折如当几的。此外，就是在“至元通行宝钞”上，也印有八思巴文。因此可以说，在元代主要钱币的印铸上，都留下了八思巴文的影响，有必要对八思巴及八思巴文作一番综合的考察。

一、八思巴其人与影响

八思巴，本名罗古洛哲坚赞（bLo-gros-rgyalmtshan-hPhags-pa，意为“圣者慧幢”），八思巴是尊称。吐蕃萨斯迦（今西藏萨迦）人，元朝第一位帝师，北京城的选址者、设计者、规划者，公元1235年生于今西藏日喀则地区的萨迦。其父桑察·索南坚赞是后藏萨迦派佛教的大师，伯父萨迦班智达是藏传佛教萨迦派第四世祖。

淳祐四年（1244），年仅10岁的八思巴来凉州（今武威市）学习汉文化与蒙古文化，同时学习汉地的天文、历法、建筑、风水、地理、儒学等，这为他以后成为大元帝师，走入蒙古帝国的政治舞台中心奠定了雄厚基础。蒙哥汗三年（1253），忽必烈从受佛戒。

中统元年（1260），世祖即位，尊为国师，即大元帝师，使统天下佛教徒。至元元年，使领总制院事，统辖藏区事务。六年，制成蒙古新字，加号大宝法王。十三年还至萨斯迦，为西藏佛教萨迦派第五代师祖。

至元十七年（1280），圆寂于萨迦，享年45岁。追谥为“皇天之下，一人之上，开教宣文辅治、大圣至德、普觉真智、佑国如意、大宝法王、西天佛子，大元帝师”之无上称号。嫡传弟子有桑格、阿尼哥。

八思巴从其幼年起就十分聪明。史载，他在“读写、学法、听经、修习等方面都是一看就懂”，所以众人说：“他一定是位圣人。”八思巴10岁时，蒙古大汗窝阔台第二子阔端召萨迦班智达赴凉州（今甘肃武威）会晤，八思巴作为法主的随从一同前往。数

八思巴像

年后，八思巴又动身前往内地，与当时尚未即帝位的忽必烈相见，为两人以后关系的发展奠定了基础。南宋宝祐三年（1255），八思巴二十一岁受比丘戒律后，于元中统元年（1260）到了元大都（今北京），为忽必烈及皇后、皇太子传授了萨迦派三续大灌顶，并受封为帝师。以后，忽必烈又授权他管理全国佛教和西藏地方政务。正是由于元朝与萨迦派的这种关系，元代西藏地方才纳入中央王朝的统治之下。

二、八思巴文与使用

ka	[k]	ta	[t]	tsa	[ts]	ra	[r]	e	[ɛ]
kha	[k']	tha	[t']	tsha	[ts']	la	[l]	o	[o]
ga	[g]	da	[d]	dza	[dz]	sha	[ɕ]	qa	[q]
nga	[ŋ]	na	[n]	wa	[v]	sa	[s]	xa	[x]
ca	[tɕ]	pa	[p]	zha	[ʑ]	ha	[h]	fa	[f]
cha	[tɕ']	pha	[p']	za	[z]	'a	[Ø]	gga	[ʔ]
ja	[dʑ]	ba	[b]	-a	[Ø]	i	[i]	ee	[e]
nya	[ŋ]	ma	[m]	ya	[j]	u	[u]	w	[w]
								y	[j]

八思巴文字母

在八思巴受封为帝师之后，忽必烈命他“制蒙古新字”。在此之前，蒙古人没有自己的文字，而使用“畏吾字”——就是用回鹘文字母来拼写蒙古语的发音。随着蒙古统一全国，元朝统治者感到需要在政治、经济和文化上加强统治，这就需要有一种文字来作为工具，八思巴文就是在这种背景下诞生的。忽必烈至元六年（1269）二月，八思巴完成了忽必烈交给他的任务，“字成上之”，“诏以新制蒙古字颁行天”。

八思巴文共41个字母，其中元音字母（符号）7个，余皆为辅音。这些字母实际上脱胎于藏文字母，大多数与藏文字母相同或相似，少数新造的字母也以相应的藏文字母为基础。从书写形式看，八思巴文字母与藏文字母所谓的“有头字”（正楷）相同，行式与古代汉文书写的竖式一样。总起来说，八思巴文实际上与藏文一样是一种拼音文字，所以在当时，它不仅被用来拼写蒙古语，也被用来拼写其他语言，如汉语、维吾尔语、梵语等。

八思巴文铜牌

八思巴文书迹

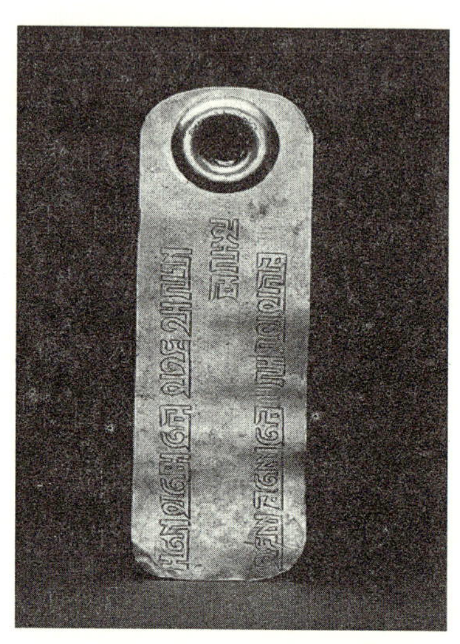

八思巴文金牌

八思巴文字颁布之后，元朝不遗余力地推广使用，规定“颁降玺书”“宣命札付”“省部台院奏目和文册”“官府交移”，一律使用这种新创文字。现在能够见到的，有八思巴文元代官厅文件、碑刻、印章、钱币、牌符等文物，以及八思巴文的《蒙古字韵》《百家姓》等文献，其中，又以印铸有八思巴文的钱币流传较为广泛。以下，就现在所能见到的实物进行考述：

1. 中统元宝交钞

有伍百文，现藏于上海市博物馆。其形制，最上是钞名，第二段是金额和两旁的字料和字号。字料和字号之上各有两行字，一行汉文，一行八思巴文。右边为汉文“中统元宝”和八思巴文“诸路通行”；左边是汉文“诸路通行”和八思巴文“中统元宝”。第三段有“中书省奏准印造中统元宝交钞”等文字，及中统年月日、库子和攒司的签押处等二钞票用的是灰黑色的桑皮纸，系铜版印制。至元六年二月才颁布新字，故中统元宝钞上的八思巴文，恐系因至元十三年改用铜版时添上去的。

2. 至元通行宝钞

至元二十四年（1287），元朝改革币制，发行至元通行宝钞。至元宝钞的尺寸，随票面金额不同而有大小，金额大的尺寸也大，文字图案却大体相同。例如贰贯钞，29厘米长、19.5厘米宽。顶上自右至左横写“至元通行宝钞”六字。以下是长方形花纹图案，图中上部中央横列“贰贯”二字，两边各有一行八思巴文，右边是“至元宝钞”，左边是“诸路通行”。八思巴文下右边是字料，左边是字号，下部分列十行字，有“尚书省奏准印造至元宝钞”等文字，及攒司的官衔和印章，最后是“至元年月日”等。

3. 至元通宝

至元二十二年（1285），卢世荣当政时，曾建议铸至元钱。传世的有两种至元通宝，一种是汉文小平钱，另一种是八思巴文“至元通宝”。这种钱大小如折二，有人估计它只在宫廷中使用或在蒙古贵族中流通，实际上是低估了其流通的范围，因为这种钱币在一般市县博物馆中均有收藏，说明它当年使用的范围较广。

4. 元贞通宝

元成宗元贞年间（1295 —1296），铸有汉文和八思巴文两种钱，汉文钱有元贞通宝和元贞元宝，八思巴文钱是“元贞通宝”，大样，在折二与折五之间。

5. 大德通宝

元成宗大德年间（1297—1307）铸，有汉文和八思巴文两种，汉文钱有大小两等，像是小平和折雪；八思巴文钱只有大样的，文字多不清晰，制作粗劣。

6. 大元通宝

元武宗至大三年（1310）曾铸造两种钱，一种是汉文至大通宝小平钱，另一种是八思巴文“大元通宝”当十钱。当时，山东、河东、辽阳、江淮、川汉（或作四川）设泉货监铸钱，所以数量比较多，现在出土的不少。

7. 至正通宝

至正年间曾铸造多种至正通宝，大体可以分为地支纪年钱、纪值钱、权钞钱三类。其中，前两类钱除正面有汉文“至正通宝”外，钱背有八思巴文地支纪年或数字：有八思巴文地支纪年的钱有五种，即汉文寅、卯、辰、巳、午五字的译写、这五种钱各有三等，共十五品。钱背有八思巴文纪值的有四种。一种是折二钱背面穿上有八思巴文“二”字，穿下有汉文“二”字；折三钱穿上有八思巴文“三”字，穿下有汉文“三”字。后两种是当五钱和当十钱，当五钱在背面穿上有八思巴文“五”字，穿下有汉文“五”字，当十钱有八思巴文“十”字。另有一种更大的当十钱，背面穿上除了八思巴文“十”字外，穿下有“壹两重”三字。

8. 文献

《萨迦格言》亦名《善说宝藏》，是藏传佛教萨迦派的文学名著，元代被译为蒙古文，用八思巴文雕版刊印，经折装。20世纪初德国考古队在新疆吐鲁番发现其部分残页。同时期出土的还有蒙古文《入菩提行经注疏》，刻于元皇庆间，残存12页，现藏于德国柏林。蒙古文《大藏经》是14世纪初西藏喇嘛乔依奥受尔与藏、蒙、维等学者共同翻译，刊印于元至大年间（1308—1311）。《蒙古韵字》是用八思巴文写的汉语韵书，元刻本一直流传到清代，现在大英博物馆仅存抄本。《百家姓》也有蒙古文译本，有单译本也有蒙汉对照本。现从《事林广记》《孝经》《图像孝经》《通鉴节要》《贞观政要》《图像烈女传》《皇图大训》《申鉴》《难经》《本草》等。如今传世的有汉、蒙文的双语刻本《孝经》残本，每面7行，框高24厘米，宽17厘米，四周双栏，白口，双鱼尾。

9. 碑刻

八思巴文的文献数量很多，仅碑刻就有几十通。但这些碑刻多为皇帝颁发的圣旨或皇太后或诸王颁布的令旨，篇幅短小，言语刻板，内容多又重复。其中年代最早的属《龙门建极宫碑》。

《龙门建极宫碑》碑阳圣旨拓片

《龙门建极宫碑》原位于陕西韩城龙门口神禹庙，因该庙在元代的正式名称为“建极宫”，故现在定名为《建极宫碑》。此碑两面分刻。碑阳为元世祖忽必烈至元十二年（1275）圣旨，八思巴文拼写汉语。二截刻。上截八思巴字楷体圣旨14行，下截汉字正书释文16行。内容是关于光宅宫真人董若冲在荣河、临汾起盖后土、尧庙禁约骚扰等事。碑阴为安西王忙哥剌鼠年（至元十三年，1276年）令旨，八思巴文蒙语二截刻，上截八思巴文楷体蒙古语令旨23行，下截右起汉字正书白话译文23行。为忽必烈之子——安西王忙哥剌禁止闲杂人等骚扰光宅宫真人董若冲管领的后土、尧、禹庙诸事。由于是迄今发现最早的八思巴文碑刻，故该碑在八思巴文研究领域有重要地位。1907年，法国著名东方学家沙畹在韩城发现此碑，此后不知何时佚失，仅存拓片。

10. 官印

管军千户印

元代建都后，对中央及地方行政机构、体系进行了一系列改革，设立中书省、枢密院、御史台掌管中央机构，地方设行省，军队设宿卫军队、镇戍军，地方政府、军队归中央机构直接管理。在元代，朝廷颁发的官印一般都由中书礼部负责，下还设有符宝局、铸印局、监印官、知印官等机构和人员，专门负责有关印章的制作、保管和使用，并对印章的制作、保管、使用均作出明确的规定。《续文献通考》记载：

> 一品衙门，用三台金印；二品、三品用二台银印二其余大小衙门印，虽大小不同，皆用铜。其印文皆用八思巴文。

元代官印与前面历代最大不同是：元代官印有两种文字同时使用，一种是篆书，一种是八思巴文。篆书一般用于文官印较多，如“杭州路僧录司之印”；八思巴文用于武将较多，如“管军千户印”。

八思巴文的创制推广在一定程度上推进了蒙古社会的文明进程。但伴随着蒙元帝国的消亡，八思巴文被排除在通行文字之外，成为一种极少有人认识的“死文字”。但我们今天仍能在各种八思巴文钱币及其它元代文物上见到它。至于八思巴其人，也应得到历史公正的评价，因为他的一生毕竟为加强西藏与中原地区的联系，促进汉藏文化的交流，发挥过相当重要的作用。

（作者简介：张昊，上饶美术馆）

宋赵仲湮墓出土水晶器鉴赏

——兼谈信州水晶的历史地位

陈尚格

水晶是稀有矿物，宝石的一种，石英结晶体，在矿物学上属于石英族，指无色透明的二氧化硅结晶，属贵重矿石。时下与冰彩玉髓，碧玺等并列纳入彩色宝石范畴，产量较少。由于水晶中常含有少量的铁、镁、钛、锗等矿物质而呈不同的色彩，从而有白晶、紫晶、黄晶、粉晶、墨晶等品种。水晶属三方晶系，常是呈六方菱面体的晶柱，表面常可见横纹，柱顶为六菱尖状。断口贝壳状，显油脂光泽。其单个晶体大小不等，小的肉眼难见，大的足达数吨。水晶在地球上的存在普遍超过1亿年的时间，是地球上宇宙能量最大的天然物体。水晶与玉石有所不同，玉石重在纹饰雕琢，而水晶的价值多体现在它本身匀净无瑕的质地，水晶雕琢繁杂则必生凹凸之地而生折光，影响美观。

水晶在中国有着悠久的历史和灿烂的文化。“水晶”一词出现较晚，在唐朝的诗文里，它被借指为晶莹透明的物体。《全唐诗》卷七八五载《白雪歌》：“鸟啄冰潭玉镜开，风敲檐溜水晶折。”明徐渭《宴游西郊诗》：“菡萏含冰脑，樱桃滴水晶。”而清代的文人则更喜欢用水晶借喻皎洁的月光。清洪升《长生殿·偷曲》：“凉蟾正当高阁升，帘卷薰风映水晶。”清陈维崧《菩萨蛮·题青溪遗事画册》词：“犹记捉迷藏，水晶庭院凉。”《资治通鉴·后晋高祖天福二年》里也曾提过水晶：“闽主作紫微宫，饰以水晶。”在更早的文献里，人们对水晶有不同的称谓。“水玉”是水晶最古老的名字，意谓似水之玉，水玉一词最早频繁出于先秦古籍《山海经》：“又东三百里，日堂庭之山……多水玉”；

“丹山出焉，东南流注于洛水，其中多水玉。”西汉刘向《七略别录》中亦有言：“墨泽而有光者，名黑石英。”黑石英即指珍贵的墨晶或茶晶。我国最早的一部百科词典、东汉末年成书的《广雅》所指的“白附”和北宋《太平御览》所转载古籍中的“黎难”，也是水晶的代名词。《行营杂录》记载宋代人在欣赏一件水晶杯子，但大家都不知道这么晶莹和透明的杯子是用什么材料做成的，这时一位最大最有名望的官员“中书舍人”刘贡父说：“你们怎么这都不知道，这是千年的老冰啊！”宋代诗人杨万里也写道：“西湖野僧夸藏冰，半年化作真水精。”可见直到宋代，人们还将水晶误认为是多年的老冰块，是冰的化石，被称为“千年冰”。

我国是开发利用水晶最古老的国度，早在距今50万年前的旧石器时代，当时居住在今北京周口店的北京猿人从两公里外的老岗岩坡地上找到水晶并打制成工具，尽管它的形式、工艺、功能与同类旧石器并无区别。但却由此打开了水晶历史的篇章，开创了人类使用水晶玉器的历史先河。在田野考古中，水晶制品时有发现。距今5000年前的安徽含山凌家滩先民们，用水晶制作装饰品。新石器时代的河南新郑县沙窝李村遗址，也出土了加工成熟的水晶细石器。广东珠海宝镜湾遗址出土的新石器晚期的水晶块，直径达6.7厘米，通体磨光，制作已经非常精美。山东考古研究所编著的《临淄齐墓》一书载，近年来在齐都临淄共科学发掘了十九座战国齐墓，尽管这些墓葬无一幸免地全部被严重盗掘，但仍然出土水晶器多达1435件。新中国成立以来，历代水晶器在江西各地时有出土，较为重要的有新干大洋洲商墓出土水晶套环一对，鄱阳县团林公社东湖生产队北宋墓出土水晶项链，樟树市临江镇奶牛山南宋墓出土水晶葫芦，吉

商代水晶套环

水县醒桥李家山南宋墓出土水晶饰，南丰县琴城镇宋墓出土水晶璧，上饶茶山寺南宋赵仲湮墓出土水晶璧、水晶球、水晶项链、水晶狮、水晶饰品各1件，南城县洪门公社长塘村明益庄王朱厚烨墓出土水晶串珠，九江县清道光李鸿滨墓出土水晶朝珠、水晶眼镜等。

1989年新干大洋洲出土玉器745件，水晶制品仅有一套，足见其珍贵，它是江西省境内出土最早的水晶器，也是全国各地出土的唯一一件商时期的水晶器。

该套环一组两只，琢成圆环，截面近菱形。二大一小，叠放嵌合，颇为奇特。商代水晶料材珍稀，晶莹剔透，存世罕见。水晶的摩氏硬度为7，而和田玉等软玉硬度在莫氏5.5—6度，水晶远比玉料要硬，特别是这个器物还是圆环，雕成圆环的难度非常之大，而琢成两只形状同一、大小相合的套环更是难上加难。在商时期生产力相对落后的情况下，能加工出如此精美的水晶器，的确让人难以想象。两宋时期的水晶制品，较为少见，考古出土品就更是少见，江西各地出土5批9件，这在全国是首屈一指的，尤其是信州区上饶市一中校园内原茶山寺赵仲湮墓，出土文物21件，玉带一套8件、银碗2件、铜器2件，水晶璧、水晶球、水晶项链、水晶狮、水晶饰品、料石狮、料石璧、墓志各1件。据出土墓志可知，赵仲湮系南宋高宗赵构的叔祖，因而出土物较为丰富、较为精致，为我们正确认识两宋时期水晶制作艺术提供了极为珍贵的实物资料。

大宋皇叔祖故明州觀察使諱仲湮
字公禮享年六十八歲于建炎四年
十一月二十四日薨于信州上饒歸
恭氏之宅是年十二月四日權殯于
此妻碩人焦氏女三恭人六恭人孫
女康族姬長男新婦焦氏共志侄男
士覜書侄男士珽立

赵仲湮墓出土墓志

1956年9月间，上饶市（今信州区）茶山寺在基建过程中，发现宋墓一座。其墓志上这般记载："大宋皇叔祖，故明州观察使，讳仲湮，字公礼，享年六十八岁。于

茶晶狮形佩

建炎四年十一月二十四日薨于信州上饶县恭氏之宅。是年十二月四日权葬于此。妻硕人焦氏女，二恭人，六恭人孙，女康族姬，长男新妇焦氏共志。侄男士靓书，侄男士瑶立。”从墓志铭我们可以看出，赵仲湮的身份属于宋朝皇室，享年在古代应属高寿，且有后嗣，所以陪葬品自然是墓主人所能享用的最高等级，是其平日就偏爱的器物。

这批水晶器全部为配饰，既有礼仪祭祀用品也有日常使用物。最突出之作当属这枚茶晶狮形佩。

茶晶狮形佩长4.5厘米，高2.2厘米。为水晶中的茶晶，呈淡褐色，较为稀见。圆雕雌狮子，伏卧式，头向左侧，平视前方，尾甩于左后腿边。阔嘴，宽鼻，张口露齿，长耳前披。卧而不萎，神威昂然。弓背有峰，肌肉丰满，腰身滚圆，周身阴刻线细而不乱，转折之处研磨平滑，表现出宋代高超的琢制技巧。腹背有孔贯穿，供佩挂之用。此狮刀法精炼，磨工讲究，阴线流畅，虚实相间，形象生动，小巧玲珑，是两宋时期水晶回雕制品中的上乘之作。

狮是大型猫科动物，是现代猫科动物中进化得最为成功的种类，起源于约12.4万年前的非洲东部和南部，大约2.1万年前，狮子才开始走出非洲，最远抵达亚洲的印度等地。在狮子传入中国之前，中国文献中已经提到这种猛兽，在先秦文献中称作“狻猊”。《穆天子传》记载：“名兽使足走千里，狻猊野马走五百里。”郭璞注：“狻猊，师子，亦食虎豹。”《穆天子传》出自战国汲冢墓，说明至迟战国时代中原人民已经知道这种猛兽。狮子这一名称出现在我国的记载，最早见《汉书·西域传》：“乌弋地署热莽平，其草木、畜产、五谷、果菜、食饮、宫室、市列、钱货、兵器、金珠之属皆与罽宾同，而有桃拔、师子、犀牛。”《后汉书·班超传》：“初，月氏尝助汉击车师有功，是岁贡奉珍宝、符拔、师子，因求汉公主。”由此可见汉武帝通西域之时，中国和西域诸国建交，狮子此时通过商旅交换或使节被献来我国。

值得一提的是，其实狮形艺术传入中国，比之狮子传入中国要早。汉代以前的狮形艺术品已经在中国境内有多处发现，新疆考古工作者在伊犁河流域的塞人墓地以及天山东部的塞人墓地相继发现带有狮子图案的先秦文物。1983年在伊犁河支流巩乃斯河畔发现的青铜器，有一枚高足承兽方盘，盘上的对兽表现的是狮子形象。类似的方盘在中亚七河流域的塞人墓地也有发现。1976年发掘的新疆阿拉沟战国墓地发现一件带有对狮的同类器物，与之同出的还有一件狮形金牌饰件，长20厘米，其年代距今2345—2040年。金牌狮体作昂首跳跃状，张口卷尾，振鬣奋足，造型极为生动。不过这些都是少部分的特例，且位置也属于丝绸之路的西域，和当时的中原有一定距离，并不能代表中原地区就有狮形艺术流行了。而狮子这一概念真正在中国广泛传播，是在佛教的影响下。

狮子在佛教中象征智慧、勇猛、果敢，所谓的狮子吼即表示出这几层意思。释迦牟尼是“人中狮子”,《传灯录》:“释加佛诞生时，一手指天，一手指地，作狮子吼云：天上天下，惟我独尊。”《大智度论》日:“佛入于狮子游戏三味，大地发生六种震动，能使一切地狱恶道众生皆得解脱而升天界。”佛祖所坐之床或地皆称狮子座。《维摩经·佛国品》载:“演法无畏，犹如狮子吼。”《敦煌文集·维摩经押座文》:“请饭上方香积中，化座灯王狮子吼。”

到了宋代，狮子已经成为民众非常熟悉的一个形象。唐代成为宫廷乐舞

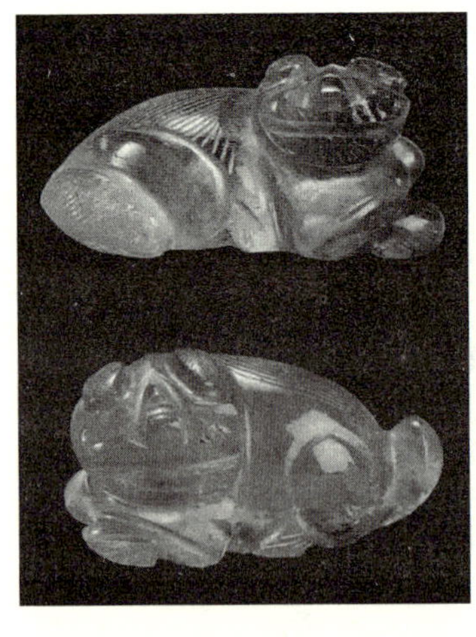

海宁市智标塔地宫出土狮形佩一对

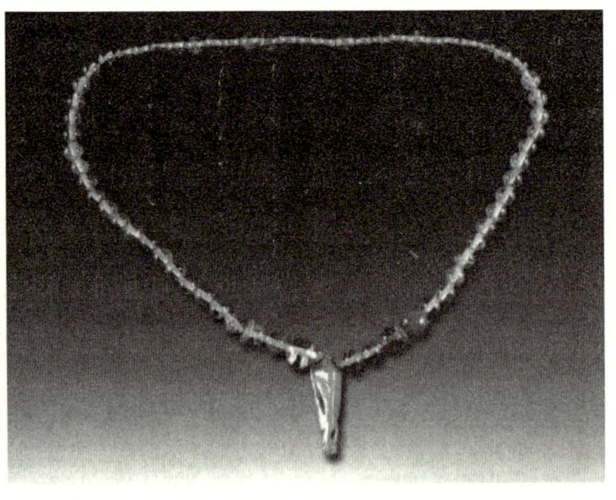

水晶项链

的狮子舞，到了宋代已然流入民间，成为百姓娱乐生活的一部分。宋代的《东京梦华录》记载，有的佛寺在节日开狮子会，僧人坐在狮子上做法事、讲经以招来游人。

水晶又称“水精”，称为水精是指其精美，“精”与“晶”同音。至于水晶被古人称为“菩萨石”“放光石”，则是因为水晶在光照下的强烈反射现象，能够闪射神奇的灵光，佛教人士认为是“佛光”，是佛的“五彩祥云”，充满灵性，可普度众生，能对人们进行庇佑，故水晶也是佛家的七宝之一。因此这个茶晶狮形佩，带有鲜明的佛教特色，是祈福驱邪保平安的物件。

其他地方的宋代遗址也有出土类似的器物，如浙江省海宁市智标塔地宫，就出土了一对造型一样的水晶狮子，只不过这对狮子是用的白水晶雕刻。可见宋代比较流行这种狮形佩。

宋代水晶艺术生肖作品增加，同样带有动物元素的还有这条水晶项链。项链圆珠直径1厘米，挂坠一条鱼形佩，鱼长4.6厘米。珠子匀称，共64颗，其中有2颗稍大，一为玛瑙珠，有三通穿，一为水晶珠，有四通穿。项链是最早出现的首饰至迟在距今约6000至4000年的新石器时代晚期，中国古代先民就已经将打磨好的（玉）石、兽牙和贝壳等组件串在一起戴在脖子上作为颈部装饰物。到两周时期，人们崇尚美玉，贵族们在颈部佩戴由玉璜与珠（管）等串制而成的组玉佩，贵族的身份越高，组玉佩就越长越复杂。从春秋晚期开始，组玉佩改为系于腰间。汉唐时期，玉不再在颈饰中扮演必不可少的角色，粉墨登场的是一些经海上和陆上丝绸之路来到中国的舶来品与一些造型独特的组件。水晶项链就是这样出现的。河南巩义新华小区东汉墓的女主人脖子上挂着的颈饰，由19个组件串成，其中就有3个为老虎形水晶，5个是胜形水晶，其余11个为琥珀珠。同是在江西的鄱阳县团林公社东湖生产队北宋墓也出土了一条水晶项链。

这条项链的吊坠是水晶牌，已残，一面光素平整，另一面阴线刻弧形羽状纹。水晶珠共66颗，较匀称，其中大珠一颗。

圆形水晶饰的直径为3.2厘米，厚1.2厘米。无色透明。扁平圆形，中有一横穿，孔口有少许碰裂。水晶在一个很长的历史时期内作为玉材的一种，制成环、管、珠等用作佩饰表示系佩人的身份地位。这个圆形水晶饰应当也

北宋水晶项链

圆形水晶饰

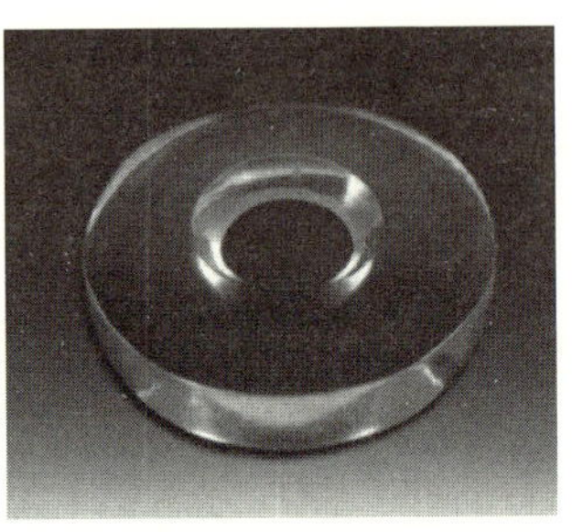

水晶璧

是某件器物上面的一部分。

水晶璧直径5.9厘米，孔径1.9厘米，厚0.8厘米。晶莹光洁，扁平圆形，中间一圆孔，双面旋削而成，留有切割痕。全器光素无纹。玉璧是中国传统文化中极为重要的丧葬和礼仪用玉，它在中国古器物发展史上是非常独特的一个类别，造型非常地稳定。大概从夏代开始，其基本特征就固定下来了，秦汉时期，玉璧文化的发展逐渐进入鼎盛时期。两汉时期出土的玉璧，以其数量之多、种类之丰富、工艺之纯、使用范围之广成为玉璧文化史上的巅峰，这个时期因此也被称为玉璧的鼎盛期或经典时期。战汉时期各类玉璧各地均有出土，其中包括各地馆藏，唯有水晶璧最少，也最珍贵。其一，受材料限制，高品质纯净天然水晶产出极少，其二，水晶硬度高于和田玉，制做工艺要求比雕琢和田玉更高。谷纹是战汉玉器雕琢工艺的颠峰之一，但在水晶上面琢磨谷纹难度更大。在仔细观察高古玉的雕工的时候，可见各种砣痕，如果在透明的水晶璧表面可以明显地看见砣具工痕，无疑是一件不成功的作品。汉之后，玉璧便渐渐衰落下来，在出土的墓葬中也越发少见。到了宋代，仿古玉器兴起，仿战国、两汉的玉璧随之出现。在这样的背景下，赵仲湮墓出现了水晶璧也就不足为奇了。这一方面表现了赵仲湮的皇室成员身份，能拥有少见的水晶璧，另一方面也说明了当时水晶雕琢工艺的高超。这种水平的进步必然离不开丰富的原材料带来的锻炼机会。

水晶球直径2.5厘米。圆球形，造型工整，琢磨精工，无色透明，光洁夺目。水晶球是用天然水晶柱加工而成的一种透明的球型物品。其加工制造过程不易。一个球的诞生须耗掉比它重量重多出4—6倍的材料，而且在磨圆时，风险很大，往往容易迸裂而前功尽弃。西方文化将水晶球视为占卜用具，已

水晶球

南朝水晶球

齐国水晶猪

知存在于英国公元前2000年的凯尔特人史前部落，由叫作德鲁伊的宗教人员统治，而德鲁伊就是已知最早期使用水晶球进行占卜的人。有趣的是，德鲁伊宗教类似于英国早期的巨石阵宗教，因此他们可能就是第一批将水晶用作占卜的人。后来，在中世纪的欧洲中部，巫术师、罗马人、算命者和占卜者也使用其他类型的水晶“看见”过去，如今或者未来。会有这样的用途可能是因为水晶透明的特性，他们认为可以从中窥见未来或作出警示。正是因为这个原因，早期的水晶球原本是使用绿柱石制成的，而一旦发现了更为透明的无色水晶后，苏格兰高地的居民就立刻抛弃绿柱石，转而选择使用无色水晶来制作水晶球。中国文化则少见水晶球，这一造型应当还是受到佛教的影响。佛教七宝中有一摩尼宝珠，有一种说法就认为这个摩尼宝珠就是白水晶球，对于清除负性能量更是拥有其强大功效。白水晶球是所有光色的综合体代表平衡、圆满。经过佛法加持之后，可以用于祈福、许愿，保佑平安效果最佳，也可用作护身使用。佛教盛行的南朝，也出土过一个水晶球。所以赵仲湮墓出土的这枚水晶球，应该也是因为佛教信仰的缘故。

杭州博物馆藏战国水晶杯

江西地区最早发现的水晶器是新干大洋洲商代遗址出土的水晶套环，由于古人将水晶视为玉的一种，所以我们从玉器的角度来分析水晶。新干大洋洲商代遗址出土玉器共1027件，占出土文物的55%。其材质有新疆和田玉、陕西蓝田洛翡玉、辽宁岫玉、河南密玉及南阳独山玉、浙江青田玉；绿松石则产自湖北郧县竹山等地。其来源为中原地区、湖北、浙江、辽宁和江西等地。且这些玉器无论是在造型上还是在纹饰上都表现出与中原殷商文化很大的类似性，但同时也表现出古赣人杰出的智慧和独特的审美情趣，显示出强烈的双重性，这也是中原殷商文化与古赣文化交融的表现。因此我们很难判断这组水晶套环的原材料是否来自于江西本地。早于商代出土的水晶器，主要出土地都是北方，只有广东珠海宝镜湾遗址发现了一件璜形的水晶制品。但宝镜湾遗址第一期文化遗存有制作玉、石器而遗留的石芯、粗坯及材料，说明在遗址中发现的石环、玉器和水晶器等，均在当地制作。说明南方当时已经发现有水晶并以此为原材料进行加工。战国时期，盛产水晶的江苏省东海县的水晶矿脉被齐国正式有规模的挖掘，制作了大量的水晶制品，水晶已成为当时齐国最为时尚和流行的玉器材料，以至有的学者将这段时间称为齐国的“水晶时代”。

而相对更南的浙江省杭州市半山区石塘镇战国1号墓就曾出土1件水晶杯，杯高15.4厘米，口径7.8厘米、底径5.4厘米。敞口平唇，杯壁斜直呈喇叭状，底圆，圈足外撇，酷似今天我们使用的玻璃杯。杯身通体平素简洁，透明无纹饰，整器略带淡琥珀色，器表经抛光处理，器中部和底部有海绵体状自然结晶。是目前所知我国最早用水晶制作的容器。由于造型过于现代化，甚至一度被人怀疑是现代制品，可见当时的水晶制作工艺已经达到了一定的高度。

到了西汉时期，材料来源扩大，用水晶、玛瑙制作容器，原料和加工技术似无问题，但正式考古发掘品所见不多。再往后，由于丝绸之路的开通，水晶器多为西方传入，国产水晶器式微，江西更是在这段水晶历史上毫无痕迹。

到了宋代，情况则完全不同。经过三次人口的大幅南迁，宋代终于完成了经济重心由北至南的转移，南方长江中下游流域的各省经济文化迅速发展，手工业也得到了长足的进步。江西的水晶出土物几乎全部集中在这一阶段，《宋史·地理志》载："信州贡水晶器。"《读史方舆纪要》亦载："广信府上饶县灵山。府西北六十里。一名灵鹫山，山上有龙池。中产异木奇草及水晶等珍。志云：宋时有水晶场，设灵山之白云尖下。岁贡水晶器凡十事。"以其品质之优而闻名于世，多琢成文房器具，为历代文人所钟爱。米芾《砚史》中云："信州水晶砚，于它研墨汁倾入用。"当然，信州水晶最鲜明的代表还属赵仲湮墓出土水晶器。这位当朝天子的皇叔祖，家人为他所选择下葬的陪葬品，竟然用了如此多的水晶器，当中固然有一部分是出于其佛教信仰，但更重要的是信州本地的水晶地位突出，制作水晶器的水平高超，能让他制造作为信仰载体的水晶器，而不必大费周章从外地谋取。

《格古要论》中记载："南水晶白，北水晶黑，信州水晶浊，"这里面的信州，就是今天的上饶。《格古要论》是中国现存最早的文物鉴定专著，明代曹昭撰。在这本著作中，信州区的水晶竟然能够从南北中单独提出来说，从这里我们可以看出，到了明代，信州水晶已经是非常具有代表性的地方产物。人们在探究水晶的特性、研究水晶制作艺术时，信州水晶已经能够作为一个大的分类而专门研究，这是十分了不起的水平，信州水晶的历史地位，也就可见一斑了。

（作者简介：陈尚格，景德镇陶瓷大学）

【文物研究】

由现存信州本《紫阳遗墨》略论朱熹书学观

王德荣

朱熹南宋间多活跃于上饶地区进行讲学著述，上饶之地门生遍布，有名气的有陈文蔚、余大雅、程端蒙、饶鲁、柴元裕、赵汝靓、赵崇宪等，影响甚大。朱熹讲道著述之余亦留心翰墨，颇有书名，“虽片缣寸楮人争珍秘”，上饶地区多有其书迹刻石留存，其中信州本《紫阳遗墨》是清道光年间上饶知县曹人杰依据朱熹遗墨集字编成《训士箴》七章并铭于石，以期“与天下万世共宝之”。《紫阳遗墨》书法字字雄浑苍劲，敦厚朴拙，且碑石跋文未见收录，因此具有极高的书法价值和文献价值。

一、《紫阳遗墨》刻石缘由考

据清上饶县教谕余倬在《紫阳遗墨》碑文跋中记载：

□□□国文公为宋代大儒，不藉文艺以垂不朽，即以文艺论，昔人谓诗学敌陈后山，上规老杜，读之者多矣，而书法笔力通神，寓浑□□□之气。于苏、黄、米、蔡外另树一帜，散见人间者，逭逭争相临□，珍同拱璧。金筑曹惺予先生以名进士作宰，性好古，尤重名贤，□藏得二百馀字。公效仿周兴祠集右军字之例，编成四言文，为训士箴，命善手泐石。柳诚悬云：“心正则笔正”，文公平日主敬穷理，□功流□楮墨间，然则先生文之语重心长，非以排比联属、因难见巧示人，将使熟读深思，领悟当年临池字外出力根本，盛□□，徒求之于姿态波磔之末，其劝学之旨微矣。予阅明伦堂“忠、孝、廉、节”擘窠四大字，碑阴裁为温陵郡临本。文公知漳郡时，书尊经阁内，又有文公攷定六经图石刻，皆因此地为名贤流寓所至。追慕□德风□，取成迹而德布之，而先生集腋成裘，串珠作履，用心与力之勤如此，以嘉惠儒林，其异乎俗吏之为之，概可知已。[1]

由余倬跋文中可知,《紫阳遗墨》刻石缘由有三：

一是朱熹虽以诗文理学称著，即以书法而论，其笔力通神，于苏、黄、米、蔡之外独树一帜，为后世学者所追慕。《紫阳遗墨》既有训士作用，亦可借助碑刻将朱熹大字榜书传留后世。

二是朱熹书学思想秉承“心正则笔正”理念，与儒家思想相符合，刻立《紫阳遗墨》碑石，不但可以传承朱熹正统书学理念，也可借此达到劝学的目的。

三是褒扬清道光年间上饶知县曹人杰编集《紫阳遗墨》文字之功，曹氏之举可以嘉惠儒林，异乎俗吏。

另据曹人杰在该碑跋记中所言：“杰幼于友人处得勾书飞白数十字珍藏箧中，每以少见为恨。后宰都尉村于副举刘香亭处又得百余字，莅南屏为文公讲学地，谨编成四言训示箴七章”一语可知，曹氏立此碑目的也是借助碑文内容教化士人，更因其幼时少见朱熹笔墨而有憾，立此碑乃可籍石将文公遗墨留存万世。按：曹人杰，字惺子。贵州贵阳人，清嘉庆十六年（1811）辛未科进士。官江西上饶知县，云南左参政。工书法、擅小楷，行草尤精，丰姿秀润。亦善绘事，写意花鸟有陈淳、恽寿平逸趣。诗古文词皆通，入手即佳。余事作印。

该碑原立于上饶县学明伦堂，后移至信江书院。新中国成立前多有散轶，20世纪60年代有关部门曾收集原碑集中于上饶东门广场，不想“文革”期间再遭厄运，以致于碑石文字残缺不全，今残碑存于信州区博物馆。《紫阳遗墨》道光初拓现藏于上饶市信州区潘旭辉先生处。

《紫阳遗墨》全篇共计集朱熹书法224字，行楷书，其字径均在15厘米左右，曹人杰盛赞其“书法结体严正，剔尽锋芒，的是大儒气象。其腕下有神力，为颜柳所不及。”[2] 细观是碑，字大如椽，笔力遒劲，灵动处可见晋唐气象。曹氏赞其“为颜柳所不及”，虽有过誉之嫌，然通过此碑不但可以窥探朱熹在书法上以“求古求正、宗法魏晋、不为法缚、崇尚自然”的书学思想，也可探明朱熹行楷书取法源流。

二、《紫阳遗墨》与《千字文》比较

朱熹大字作品存世极少，今所见墨迹本大字《书易系辞》是存世仅见的大字真迹。每行仅书写二字，内容为《易经·系辞》的节句。该帖笔力雄健，气挟风雷，浓墨重笔，字势险峭，为朱熹榜书典型代表。除此之外，常见流传的还有《千字文》石刻拓本，南宋嘉泰二年（1202）刊于建阳考亭，原石早已毁于大火，现仅存拓本。上饶现存《紫阳遗墨》残石及拓片均未公开发表，通过与《千字文》对比研究，可以发掘其固有的艺术价值，对理解认识朱熹大字榜书及书学思想具有很重要的价值。罗振玉在《后丁戊稿》中跋朱熹《论语集注》中云“紫阳文公，书法尤闳肆博大，其擘窠大书，浩逸之气直可方驾鹤鸣，即寻常箸书草稿，纵横浩大，扩之有寻常之势”[3] 今上饶所见《紫阳遗墨》为朱熹行楷书，书法字势飞动，气势磅礴，与现存另外一件朱熹大字作品《千字文》相仿佛，雄强之处或有过之。如《紫阳遗墨》中“玄黄”二字亦见于《千字文》。《紫阳遗墨》中“玄”字横画入笔顿挫有力，线条中段厚实，呈上扬姿态，收放有度而不乏灵动之趣。《千字文》中“玄”字下笔较轻，笔势略显飘忽而无力；《紫阳遗墨》中“黄”字横画入笔处明显顿笔调锋后涩行，收笔处回锋带起下笔。转折处也可见顿挫内擫之势，笔笔交待清楚，与《千字文》中“黄”字相比较，笔力雄厚，笔路清晰。

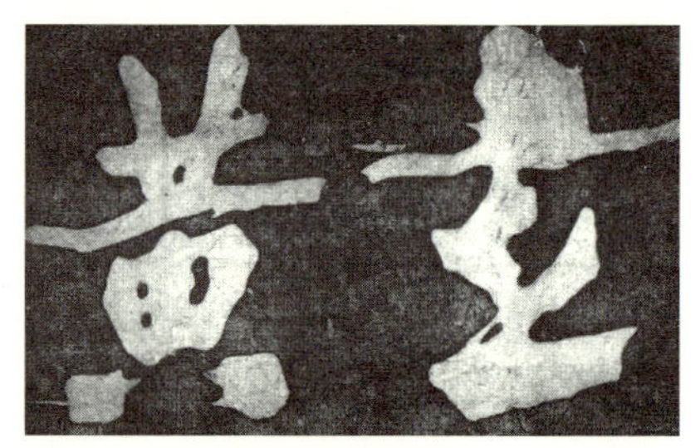

《千字文》

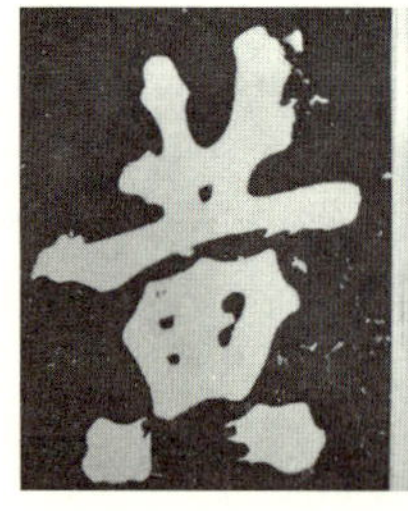

《紫阳遗墨》

又如《紫阳遗墨》中“志”字以飞白法为之，特别是心字底，笔力遒劲，回锋反书最后一点，既敦实又寓回环跳

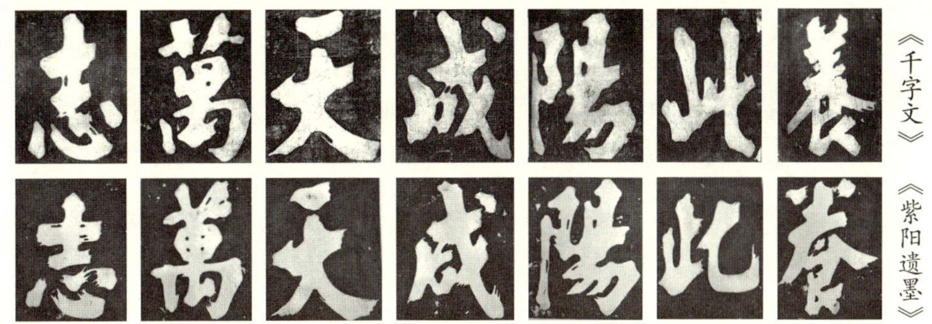

《千字文》

《紫阳遗墨》

掷之趣，与“士”字头的平正形成鲜明对比，活泼又不失厚重。《千字文》中“志”字结字明显取法智永，用笔略显稚嫩，老辣之气较《紫阳遗墨》之“志”相去远甚。又如《千字文》中万字结体用笔全从智永《千字文》中而来，草字头分两部分处理，结字呈左低右高之势，规模二王而不敢越雷池一步。《紫阳遗墨》中“万”字则寓巧于拙，苍劲厚重，尽显老辣雄浑之气。

一般认为《千字文》是庆元五年朱熹70岁时所书，此时朱熹书法人书俱老，字字珠玑。然而经过对比，笔者认为《紫阳遗墨》中的所集文字极具虎卧凤阙、龙跃天门之势，笔力苍雄，线条厚重，较之《千字文》有以下三个特点：

笔势更加端正朴拙，
笔力更加老辣雄浑，
笔路更加清晰到位。

 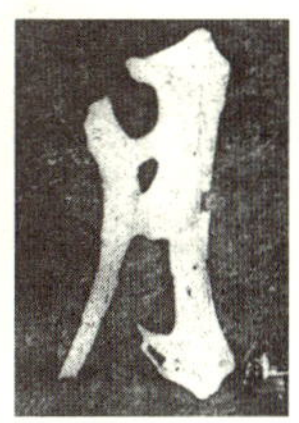

《千字文》

 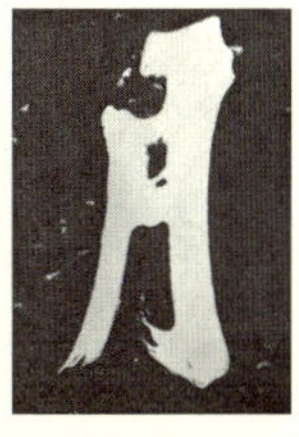

《紫阳遗墨》

当然，前文已经提到《紫阳遗墨》是依据清道光间曹人杰所藏朱熹遗墨经善手勾勒上石的，因此《紫阳遗墨》中有不少文字在结体与笔法上与《千字文》一致。如《紫阳遗墨》中“霜”“月”字明显集自《千字文》，以刻工水平来说，特别是笔画细节的交待上，《紫阳遗墨》水平明显高于《千字文》。然《紫阳遗墨》拓本为海内孤本，又为乌金拓，视觉效果与拓工水平略逊于《千字文》。

三、《紫阳遗墨》中折射朱熹书学观

朱熹，字元晦，又字仲晦，别号晦庵，60 岁以后自称晦翁。祖籍徽州婺源（今属江西婺源县），宋高宗建炎四年（1130）出生于福建南剑（今福建南坪）龙溪县，卒于宋宁宗庆元六年（1200），葬建阳塘石里之大林谷。朱熹是一位践守儒家“精思、明辨、博学、慎行”思想的典型代表，其著述等身又极重讲学，曾在江西上饶铅山鹅湖书院开设讲堂。朱熹不仅是理学大师，书法上也具有极高造诣，与陆游、范成大、张即之并称为南宋书坛四大家。他在书法理论上有不少独特的见解，主张学书从汉魏入手，追摹古人。通过前文对《紫阳遗墨》书法艺术的分析，加之参考朱熹其它书学言论，我们可以清晰地梳理出朱熹的书学观。

1. 求古求正，宗法秦汉晋唐笔意

朱熹出生于儒学世家，其父朱松雅好金石，又喜收藏，家中藏有不少先贤书迹，他自幼便受乃父影响而痴好金石图录，其在《家藏石刻序》中记载：

> 予少好古金石文字，家贫，不能有其书，独时时取欧阳子所集录，观其序跋辩证之词以为乐。遇适意时，恍然若手摩挲其金石而目了其文字也。急又怅然自恨身贫贱，居处屏远，弗能尽致所欲得，如公之为者，或寝食不怡竟日。来南泉，又得东武金石录观之，大略如欧阳子书，然诠序益条理，考证益精博，予心亦益好之。于是始去其橐，得故先君子时所藏与熹后所增益者凡数十种。虽不多，要皆奇古可玩。悉加标饰，因其刻石大小，施横轴悬之壁间，坐对循行卧起恒不去目前，不待披筐箧，卷舒把玩而后为适也。盖汉魏以前刻石制度简朴，或出奇诡，皆有可观，存之足以佐嗜古之癖，良非小助。其近世刻石，本制小者或为横卷若书秩，亦以意所便也。盖欧阳子书一千卷，赵氏书多倍之，而予欲以此数十种者追而与之并，则诚若不可冀。然安知积之久，则不若是其富也耶？姑首是书以俟。[4]

从《家藏石刻序》中可知，朱熹痴古成癖，曾将家藏汉魏以前金石刻本

装成横轴悬之壁间心摹手追。自小受家庭熏陶和长期从事金石搜集，使朱熹的书法审美思想呈现出“崇古”的倾向，从朱熹墨迹及上饶现存《紫阳遗墨》中，我们可以看出，朱熹书法较多地保留了浓厚的“汉魏遗韵”。朱熹本人也在上文提到的另一件作品《千字文》题跋中记道：

> 笔阵图云：“书法玄微，由艺入道。”又云：初学书不得从小。此皆确论也。又闻古人学书，多从千文入手。惜前贤千文绝无大书。余窃取仓颉史籀秦汉晋唐诸前贤笔意为此，悬之壁间，俾诸子玩之，亦未始无小补云。

据朱熹自己所言，《千字文》中所用“仓颉史籀秦汉晋唐诸前贤笔意”，可谓超迈时人，独树一帜。前文已经分析，《紫阳遗墨》与《千字文》书法类似，同为擘窠大字作品，通过《紫阳遗墨》更能验证朱熹“求古求正”的书学观。

朱熹所处的南宋时期，书坛依然笼罩在北宋以来“苏、黄、米、蔡”所倡导的“尚意书风”之下，南宋书家知名者如吴琚、张即之、赵孟坚等人，或效仿北宋书家虽小有个人面目却摆脱不了“宋四家”牢笼；或倡导复古力求矫正北宋书法“肆意”之风然却畏首畏尾不敢越雷池半步。然而朱熹却于时风之外独辟蹊径，上溯魏晋，旁参唐人，在学书的道路上始终秉持“求古求正”的习书观。

他在《跋朱喻二公法帖》时曾言辞激烈记道：

> 书学莫盛于唐，然人各以其所长自见，而汉魏之楷法遂废。入本朝来，名胜相传，亦不过以唐人为法。至于黄、米，而欹倾侧媚、狂怪怒张之势极矣。近岁朱鸿胪、喻工部出，乃能超然远览，追迹元常于千载之上，斯已奇矣。

据朱熹自己在《晦庵题跋·题曹操帖》中记载：

> 余少时曾学此表。时刘共父方学颜真卿书《鹿脯帖》，余以字画古今诮之，共父谓予：“我所学者，唐之忠臣；公所学者，汉之篡臣贼耳。”时予默然，亡以应。此谓“天道祸淫，不终厥命”者，益有感于共父之言云。[5]

从记载中可见，朱熹少时曾单纯地从“字画古今”来定位“取法乎上”的习书观，然而当“古”与“正”相冲突时，其宁愿选择后者，由此亦可知作为一个儒家道义的捍卫者，朱熹的习书观带有强烈的正统意识。按，题跋中所言刘共父乃是刘子羽长子刘珙。刘子羽与胡宪（字原仲）、刘勉之（字致中）三人世称武夷三先生，皆是朱松密友，朱松临死前曾嘱咐朱熹听从武夷三先生教诲。也许青少年时期与刘珙的这场辩论深深触动了朱熹，自此之后他学书力推晋唐人笔意，从《紫阳遗墨》中也可明显看出受颜真卿《东方朔画赞》、王羲之《黄庭经》影响。可以说，“求古”与“求正”的习书观交织于朱熹一生的习书过程中，近似偏执的“卫道士”习书观也深深影响着他的书法实践。

2. 崇尚自然，于有法处求无法

自魏晋以降，论书者常以书品人，以人论书，二者未尝须臾分离，朱熹同样认为书法与人的性情密切相关，他站在“理学家”的立场，主张作书者要胸中广有道义，以人心见书心，以书心见道心。但是朱熹更加看重“法度”，他认为“法”与“道”是一以贯之的，书法之“法”必须与“理法”相通，在符合理法的前提下才能达到臻于自然之妙有的艺术趣味。

众所周知，朱熹作为理学集大成者，一生致力于将哲学与孔孟儒学的基本道德观念统一起来，从天理的角度论证儒家伦理道德的合理性与权威性，试图把“仁义礼智”规定为人在社会中自觉遵循的伦理法则，而欲达到这种自觉的高度唯有依靠读书，“读书以观圣贤之意；因圣贤之意，以观自然之理”。朱熹的这一哲学观对其书法批评观也有深刻的影响，在他的书论中体现出浓厚的“轻书重道”思想，要求书法要表现书写者雍容和豫、和平中正的内在气质与涵养，而非一味强调个性与表现性情，这种评书观点突出表现在对北宋书家的品评态度上。

> 字被苏、黄写坏了，近见蔡君谟一帖，字字有法度，如端人正士，方是字。[6]
>
> 书学莫盛于唐，然人各以其所长自见，而汉魏之楷法遂废。入本朝来，名胜相传，亦不过以唐人为法，至于黄、米而欹倾侧媚，狂怪怒张之势极矣。[7]

山谷不甚理会得字，故所论皆虚。米老理会得故所论皆实。嘉祐前，前辈如此厚重，胡安定于义理不分明，然是甚气象？[8]

“字被苏、黄写坏了”一语可谓尖锐之至，究其本源乃是朱熹认为苏、黄的字不合“古人法度”。在朱熹看来苏、黄书法狂怪变异，了无平和中正之气，汉魏楷法荡然无存。特别是对于黄庭坚楷书极不满意，“但自家既是写的如此好，何不教他方正？须要得恁欹斜则甚？又他也非不知端楷为是，但自如此写；亦非不知做人诚实端慤为是，但自要恁地放纵。”而对于不甚以书名家的韩琦则推崇备至，他在跋韩琦《与欧阳文忠公帖》中盛赞道：“今观此卷，因省平日得见韩公书迹，虽与亲戚卑幼，亦皆端严谨重，略与此同，未尝一笔作草势。盖其胸中安静详密，雍容和豫，故无顷刻忙时，亦无纤芥忙意，与荆公之躁扰急迫正相反也。书札细事，而与人之德性其相关有如此者。”按，朱熹此语中所言荆公乃指北宋王安石，《宣和书谱》中评王安石书法“率多淡墨疾书，未尝经意”，故与朱熹所倡“平和中正”之气相去远甚，亦不合“古人法度”。

旧藏碧虚子《相鹤经》石本，意颇爱之，今观湍石喻公所书，法度谨严而意象萧散，知彼为法缚矣。[9]

此本马庄甫所摹刻也，玩其笔意，从容衍裕而气象超然，不与法缚，不求法脱，真所谓一一从自己胸襟流出者。[10]

“一一从自己胸襟流出”一语可谓是朱熹“于有法处求无法”的最佳注脚。朱熹认为为法所缚者意象萧散，“不与法缚，不求法脱”者则气象超然。《紫阳遗墨》虽系曹氏集字，然而字字朴拙厚重，笔力雄健，结字笔意较多取法《东方朔画赞》及《黄庭经》，又与之拉开距离。更让人称奇的是很多字用飞白法，气象万千，不可捉摸，令人可以想见朱熹在书写时豪迈挥洒的场景与字法处理上的别具匠心。

在朱熹生活的南宋时期，书法艺术依然笼罩在北宋以来的“尚意书风”之下，此一时期书坛作者受苏黄米影响，过分注重个人情感宣泄而忽视对魏晋楷法的研习，书法艺术江河日下，早已不复旧日繁荣景象。朱熹作为儒学精神领袖，力挽狂澜于既倒，欲借助“理学”重新架构新的书学评价标准，这一论书思想对后世影响甚大，后继者如赵孟坚、姜夔、项穆、冯班等人明显是沿着朱熹的理学论书思想继续发展，逐渐形成了以“理学”为核心的书论体系。笔者认为对待朱熹论书思想应作全面的评价与取舍，一方面朱熹强调“求古求正、崇尚晋唐”的书学思想在一定程度上改变了南宋书坛日益狂肆的书风，也为元代书法复古思潮的产生积累了必要的理论基础。另一方面朱熹论书过于强调“端楷”、主张遵循古法、反对个人臆造，并不符合书法作为一门独特的造型艺术而具备的发展规律，后世“台阁体”与“馆阁体”的出现与朱熹论书思潮不无干系。以上饶现存《紫阳遗墨》来看，好事者曹人杰等人借助朱熹遗字而集成《训士箴》一篇，一方面是想借助碑石将朱熹遗墨流传后世，另一方面也是效仿周兴祠作《千字文》例，使《训士箴》作为读书人立于世间之标准，这一做法无疑是受到了朱熹书学思想的影响。上饶现存《紫阳遗墨》历时千年而不散佚，足以说明朱熹书法在这一地区深远的影响。

参考文献：

[1]《紫阳遗墨》碑文跋记拓片，拓片现藏信州区博物馆 .

[2]《紫阳遗墨》碑文跋记拓片，拓片现藏信州区博物馆 .

[3] 罗振玉撰述，萧文立编 . 雪堂类稿丁 · 书画跋卷 [M]. 沈阳：辽宁教育出版社，2003：27.

[4] 郭齐、尹波点校 . 朱熹集（七）[M]. 成都：四川教育出版社，1996：3918.

[5]《晦庵集》卷八十二《跋 · 题曹操帖》.

[6] 崔尔平选编 . 历代书法论文选续编 [M]. 上海：上海书画出版社，1993：232.

[7]《跋朱喻二公法帖》，《晦庵先生朱文公文集》，卷八十二 .

[8] 崔尔平选编 . 历代书法论文选续编 [M]. 上海：上海书画出版社，1993：233.

[9] 郭齐、尹波点校 . 朱熹集（七）[M]. 成都：四川教育出版社，1996：4219.

[10] 郭齐、尹波点校 . 朱熹集（七）[M]. 成都：四川教育出版社，1996：4322.

（作者简介：王德荣，上饶师范学院纪检书记，教授）

复古与尚意书风对峙下北宋文人的书写状态

——以彭素夫妇墓志为例的考察

潘旭辉

弁　言

宋代是中国书法史上的巅峰时期之一，出现了尚意的书风，以苏黄米蔡为代表的文人书法占据了宋代书法的主流，但在宋代也出现了一股复古的书法思潮，以徐铉、徐锴、司马光、王洙为代表。他们提倡对秦汉笔法的复古，使北宋中期的篆隶得到了一定程度上的“中兴”。宋人法书经过千年的流传，今天所能见到的宋人墨迹已属凤毛麟角，很多见于文献记载的书家无墨迹传世，这使今人很难窥探宋人书法的全貌，近年大量宋代碑志的出土，书法风格多样，书家众多，书体涵盖了篆隶楷行草诸体，尤以楷书和行书为多，这就给研究宋人的书法提供了新的材料。清代乾嘉以来，金石学兴起，研究墓志石刻的学者众多，但往往着眼于唐以前的碑志，宋代碑志鲜有论及，清代叶昌炽就曾认为“宋人长于简札，而不宜于碑版。”[1] 对宋人书法的研究也往往局限于传世墨迹和法帖方面。本文以上饶市博物馆藏宋彭素夫妇墓志为研究对象，对墓志所涉的书写者苏辙、范子奇、马玧、赵挺之的书法进行考察，来探求北宋中期文人的书法状态。

彭素夫妇墓志撰文、书写者生平及关系的考索

《宋饶州长史彭公墓志铭》(图一，下文简称《彭志》)[2]，彭汝砺撰

文，苏辙书，马琉题额。志为青石质，圆首，周饰卷叶纹，志首额处饰云气双鹤纹，镌刻精美。碑纵161厘米，横77厘米，厚7厘米，志文二十行，满行三十三字，计四百六十五字。志主彭素（1017—1079），字子真，鄱阳人。曾官饶州长史，彭汝砺为其侄。

彭汝砺（1047—1095），字器资，鄱阳人。治平二年（1065）状元。累官至吏部侍郎，进权吏部尚书。元祐八年（1093），汝砺因被诬与反对王安石变法的刘挚有系，被贬，以宝文阁直学士知成都府，未及任，降为待制，知江州，到任数月，卒。著有《易义》《诗义》《鄱阳集》等。[3]

马琉，生卒年不详，合肥人，宋名臣马亮孙。《宋史》无传，仅见《续资治通鉴长编》、庞文英《文昌杂录》、曾巩《王陟臣马琉户部员外郎

图一 《宋饶州长史彭公墓志铭》拓本 上饶市博物馆藏

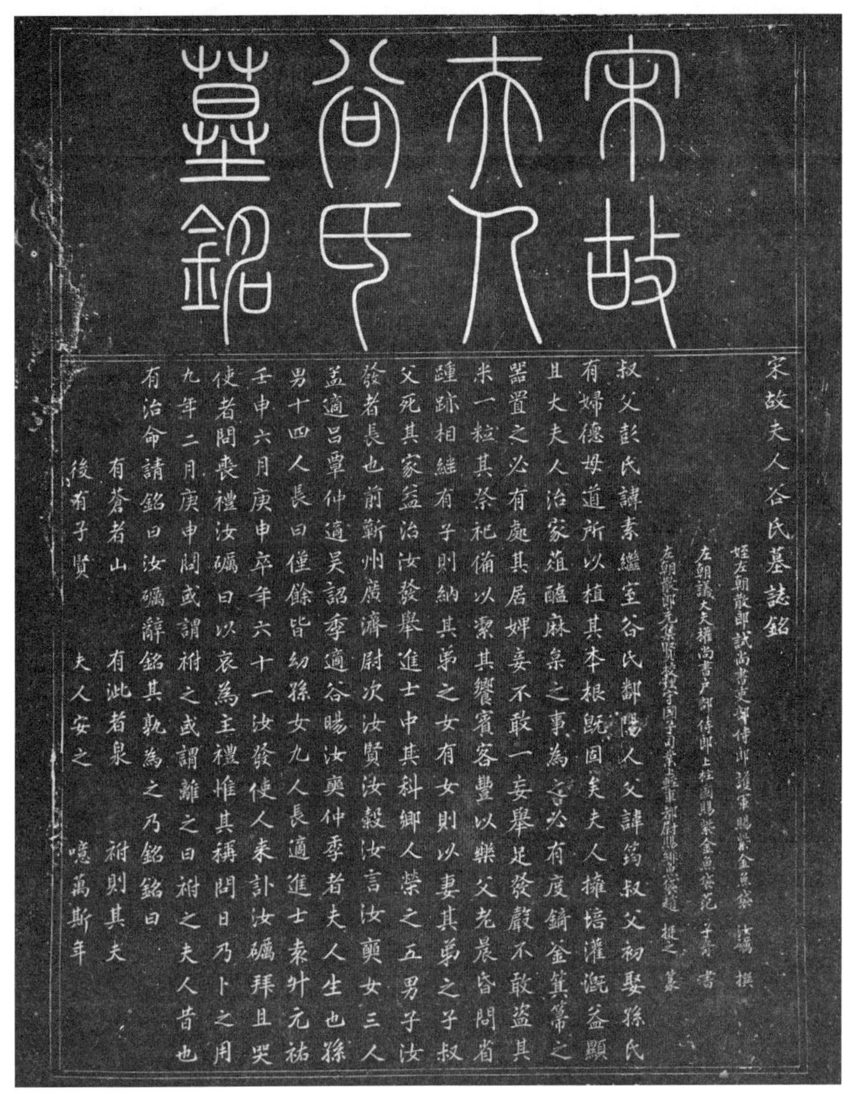

宋故夫人谷氏墓銘

宋故夫人谷氏墓誌銘
姪左朝散郎試尚書吏部侍郎護軍賜紫金魚袋汝礪撰
左朝議大夫權尚書戶部侍郎上柱國賜紫金魚袋范子奇書
左朝散郎充集賢校理守國子司業上輕車都尉賜緋魚袋趙挺之篆
叔父彭氏諱素繼室谷氏鄱陽人父諱筠叔父初娶孫氏
有婦德母道所以植其本根既固矣夫人擁培灌溉益顯
且大夫人治家葅醢麻枲之事為之必有度錡釜箕箒之
器置之必有處其居婢妾不敢一妄舉足發觳不敢盜其
米一粒其祭祀備以潔其饗賓客豐以樂父老晨昏問省
踵跡相繼有子則納其弟之女有女則以妻其弟之子叔
父死其家益治汝發舉進士中其科鄉人榮之五男子汝
發者長也前蘄州廣濟尉次汝賢汝毅汝言汝奭女三人
並適呂覃仲適吳詔季適谷暘汝奭仲季者夫人生也孫
男十四人長曰僅餘皆幼孫女九人長適進士袁升元祐
壬申六月庚申卒年六十一汝發使人來訃汝礪拜且哭
使者問喪禮汝礪曰以哀為主禮惟其稱問日乃卜之用
九年二月庚申問或謂祔之或謂離之曰祔之夫人昔也
有治命請銘曰汝礪辭銘其孰為之乃銘銘曰
有蒼者山　有泚者泉　祔則其夫
後有子賢　夫人安之　噫萬斯年

图二　《宋故夫人谷氏墓志铭》拓本　上饶市博物馆藏

制右曹》、苏辙《章楶吏部马琉户部韩宗古司封吴安宪部都官黄景职方郎官》《宝庆四明志》有零星记载，可知其生平大略：治平元年（1064），官江阴主簿；熙宁间由王安石荐，任校书郎、河西县令编修中书条例，迁著作郎；熙宁八年（1075），官太子中允、检正孔目房公事；元丰初为户部员外郎，七年（1084），知明州军州事，八年（1085）为都官郎中。[4]

苏辙（1039—1112），字子由，晚号颍滨遗老，眉山人。“唐宋八大家”

之一。嘉祐二年（1057）进士。神宗时，因反对王安石变法，出为河南留守推官。哲宗立，入朝历官右司谏、御史中丞、尚书右丞、门下侍郎等职，因上书谏事而被落职知汝州，此后连贬数处。宰相蔡京掌权时，再降朝请大夫，遂以太中大夫致仕，筑室于许州。卒，追复端明殿学士、宣奉大夫。高宗时累赠太师、魏国公，宋孝宗时追谥“文定”。辙与父洵、兄轼齐名，合称“三苏”。著有《栾城集》《龙川志略》等。[5]

《宋故夫人谷氏墓志铭》(图二，下文简称《谷志》)[6]，彭汝砺撰文，范子奇书，赵挺之篆额。志为青石质，四周阴刻双栏，纵106厘米，横83.5厘米，厚3.5厘米，志文二十行，满行二十二字，计四百一十四字。

赵挺之（1040—1107），字正夫，密州诸城人。熙宁三年（1070）进士。累官至尚书右仆射。既相，与蔡京争权，屡陈蔡京奸恶。大观元年（1107），蔡京再相，赵挺之罢相，授佑神观使。未几，卒，年六十八，赠司徒，谥“清宪”。赵挺之季子为赵明诚，明诚妻即李清照。[7]

范子奇（1035—1097），字中济，洛阳人。雍之孙，宗杰子。荫补入仕，累官至权尚书户部侍郎，未几，出知庆州。入为吏部侍郎，以宝文阁待制致仕。[8]黄庭坚《山谷题跋》有：“王才叔兄弟皆喜作大字，魁梧臃肿，乃以笔力豪壮为主。范中济、中潜书，盖其季孟也。”[9]范子奇墨迹见于著录有：卞永誉《式古堂书画汇考》中宜兴尹氏藏《褚模禊帖》卷末有“熙宁丁巳岁河南范子奇题”[10]，已佚；宋岳珂《宝真斋书法赞》卷一七著录《宋名人真迹》有《元祐八家诗帖》一卷，八家为：王钦臣、范中济、王觌、杜纯、彭汝砺、苏轼、钱勰、范纯礼，[11]不传。目前范书《谷志》即为其书法传世的孤本，弥足珍贵。

关于彭汝砺的交游，由于其诗文集佚失，今所存《鄱阳集》为后人辑本，仅存十二卷诗集，诗集所涉人物已非全豹，集中与彭素夫妇墓志所涉人物有苏辙一首《考试阁下次子由韵》，范子奇一首《送范侍郎帅庆州得以字》，以赵挺之最多，有《昨日饯赵教授行，会饮秀楚堂，晚徙樱桃花下，夜月上正夫设烛于花下光明焜耀昔所未见，正夫因约赋诗》等十七首。彭汝砺是在北宋中期复杂的党争中成长起来的士大夫，在当时的政治环境中难免要卷入这场纷争。自王安石熙宁变法始，北宋士大夫因不同政见大体上分为“新党”

和“旧党”，但彭汝砺在立朝为官的过程中，始终中正不倚，就事论事。他反对王安石的青苗法，也为“车盖亭诗案”中的新党蔡确上书辩护，以至于左谏议大夫梁焘将彭汝砺列入王安石之党，“初，梁焘之论蔡确也，密具确及王安石之亲党姓名以进……安石亲党：蔡确、章惇、吕惠卿、张璪、安焘、蒲宗孟、王安礼、曾布、曾肇、彭汝砺、陆佃、谢景温、黄履、吕嘉问、沈括、舒亶、叶祖洽、赵挺之、张商英等三十人。”[12] 彭汝砺也与旧党成员始终保持着深厚的友谊，如与二苏多有诗文往来与唱和，彭汝砺与苏辙在朝廷内部举行的选拔官员举行的考试中同时入选，“元祐三年九月，御史中丞孙觉、户部侍郎苏辙、中书舍人彭汝砺、秘书省正字张绩，考试应贤良方正直言极谏科举人……”[13] 苏辙作了《试制举人呈同舍诸公二首》[14] 给彭汝砺，彭汝砺则作《考试阁下次子由韵》[15] 回赠苏辙。即使在元丰三年（1080），苏辙因“乌台诗案”受牵贬谪筠州盐酒税时，彭汝砺仍请苏辙为其叔父彭素书写墓志铭；他既没有因为旧党的知遇也没有因为与新党的友善而成为新旧党中的一员。关于二志书写者与撰文者的关系如下图：

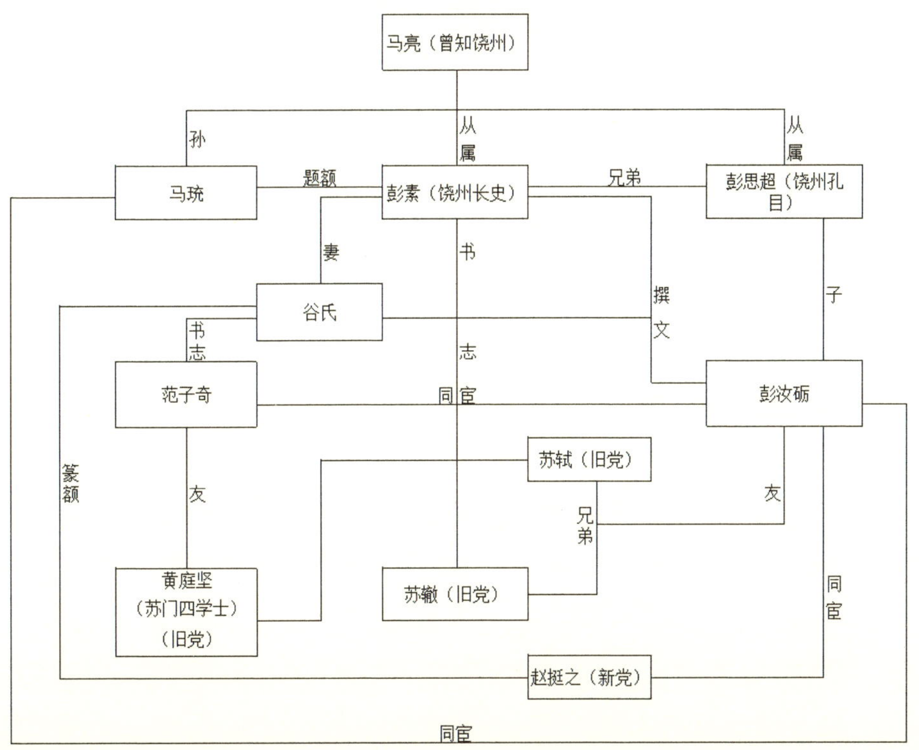

北宋的篆隶书写是中兴还是式微——以彭素夫妇墓志的题额展开探讨

北宋篆隶书风的复古思潮与徐铉、徐锴、司马光、王洙等的大力提倡是分不开的。黄庭坚《山谷题跋》云:“温公正书不甚善,而隶法极端劲,似其为人。”[16] 明董史《皇宋书录》引《中兴小历》曰:“上(高宗)谓宰执曰:司马光隶字真似汉人。”[17] 朱长文在《续书断》中称王洙“晚喜隶书,尤得古法,当时学者翕然宗尚,而隶法复兴。”[18]《宣和书谱》卷二《隶书叙论》:“其后汉有蔡邕,魏有钟繇,得其(按:指程邈)遗法,笔意飞动,点画间一一成形。断碑墨本几满天下,历千余年精神如在。学者仰之如景星凤凰,争先见之为快,是岂可多得欤?”,“隶学之妙,唯蔡邕一人而已。”[19] 从此看出宋人是热衷于篆隶复古的。宋隶是以推崇蔡邕为对象的复古,宋人对于“隶”与“八分”的认知一定程度上束缚了书家的创作思维,以熹平石经为复古的范本,结体方正整饬,波磔长度在字宽范围内,不如唐隶宽博,宋人认为此乃“隶”的古法。熹平石经雄浑古朴,用笔精工,波磔不显,其标准化是以舍弃部分艺术个性为代价。宋人认为波磔妍美的“八分”书不古不严,“至唐则八分书始盛,其典刑盖类隶而变方,广作波势,不古不严,岂在唐始有之耶。”[20] 宋隶后来进一步楷化,将隶书字型的横扁改为方正,有着非常强烈的装饰意趣,长画中必拱如柴担。王钦臣《王氏谈录》记录了乃父王洙善隶书的情况:“公言用笔须圆劲,结体须作方正,然后以奇古为工。”[21] 王洙所书的《范文正公神道碑》,是当时思潮下“得汉世旧法”“奇古”的古隶,“当时学者翕然宗尚”的程度从存世有大量体势方正且波磔不显的隶书碑志中可以得到印证。宋人反复强调笔法的“旧”与“古”,但北宋人黄伯思也清醒地看到对于所谓古法局限性,直斥其“纤丽”“学便可至”,批评“今世人作一波画,尚未知厝笔处,徒规规强效古人,纵成但若印刻字耳。”[22] 可以看做黄氏对于局限视野内复古的态度。所以清人钱泳的评论也极为恰当“唐人用楷法作隶书,非如汉人用篆法作隶书也。五代、宋、元而下,全以真行为宗,隶书之学,亦渐泯没,虽有欧、赵、洪氏诸家著录以发扬之,而学者殊少。至元之郝经、吾衍、赵子昂、虞伯生辈,亦未尝不讲论隶书,然郝经有

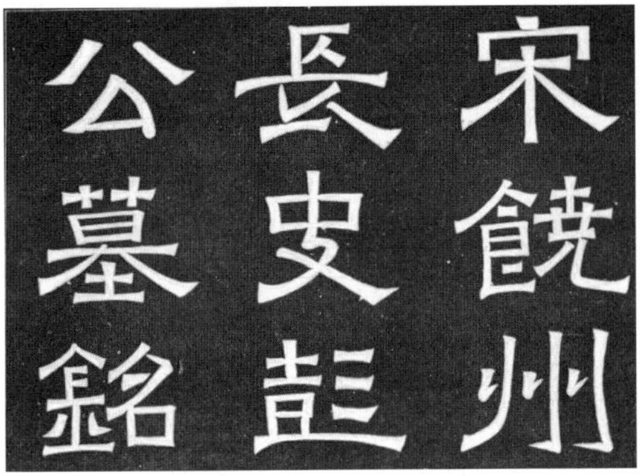

图三 《彭志》题额拓本 上饶市博物馆藏

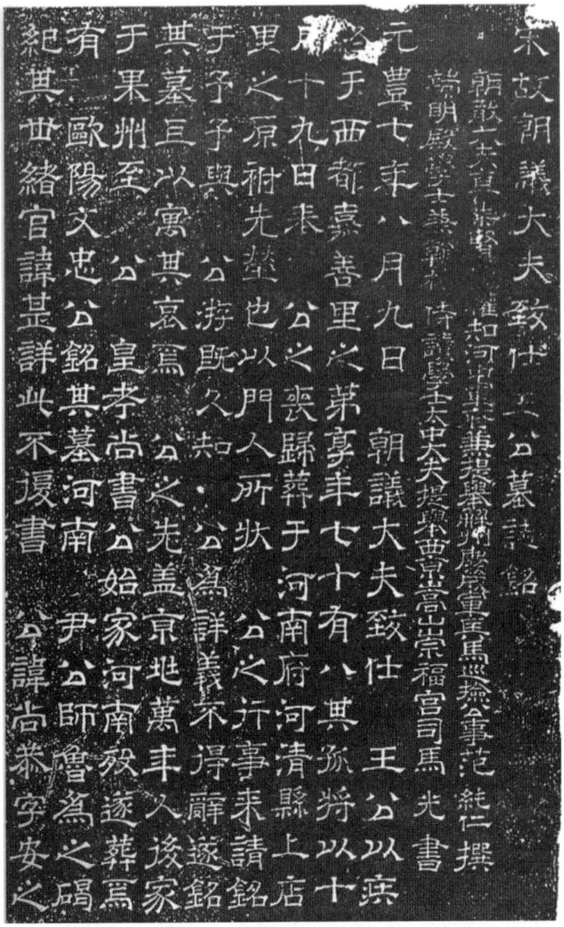

图四 《王尚恭墓志》拓本（局部） 河南博物院藏

云：‘汉之隶法，蔡中郎已不可得见矣，存者惟钟太傅。’又吾衍云：‘挑拨平硬如折刀头。’又云：‘方劲古拙，斩钉截铁，方称能事。’则论者皆钟法耳，非汉隶也。”[23]

马巯所书的《彭志》题额（图三）是在司马光及王洙影响下的典型的宋隶，其用笔、点画、结体明显受到了司马光的影响，亦有明显的楷化倾向，但其与司马光之隶书相较不同点在于：司马光比较忠实地继承了蔡邕的笔法，虽有楷化的倾向，但不是十分明显，用笔较为灵动，笔画粗细的变化十分明显，是体现了其忠实的“复古”思想，如河南博物院藏《王尚恭墓志》（图四）[24]就是司马光隶书的代表作。马巯所书《彭志》题额，结体竖长，点画波折不甚明显，锋芒毕现，几乎不见蝉头燕尾，用笔方折，起笔处多为方笔，转折处方折凌厉，如“铭”字的

“点”笔已然是楷书的笔法，与司马光相比还是显得较为板滞，缺乏灵动之感，是所谓“肥俗疾钝，剑戟交倚”的隶书。马巯非隶书名家，但从此题额可以得知这股以宗蔡邕隶书的“复古”思潮是得到文人士大夫阶层认可与接受的。

篆书发展到宋代，显然不是书坛的主流书体，而是作为装饰性的书体存在，主要用于题额，但宋人善篆书者颇多，俨然成为当时所必须掌握的一种书写技能。明代的周复俊在《全蜀艺文志》中就曾经提及“宋人能篆者颇多于唐”[25]，这与宋初徐铉对篆书的大力提倡分不开的，徐铉的篆书胎息唐人李阳冰，“至于篆籀，气质高古，几与阳冰并驱争先。”[26]《书史会要》卷六引张征云：“昔人作篆如李丞相、李少监、徐骑省，皆写篆非画篆。是故用工至易，如神行乎中。至陈晞、章友直、文勋辈，荣豪泄墨，如圬如画，是故笔痴而无神。”[27]宋代虽然金石学已经兴起，已经有学者开始深入研究金文等商周文字，如吕大临《考古图》、王黼《宣和博古图》、薛尚功《历代钟鼎

图五　《嘉祐石经》拓本
河南博物院藏

图六　苏唐卿《祖无则三言诗刻》拓本（局部）　连云港市博物馆藏

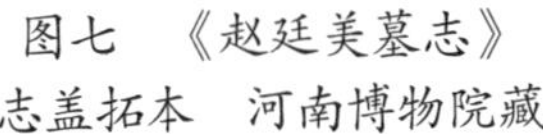

图七 《赵廷美墓志》志盖拓本 河南博物院藏

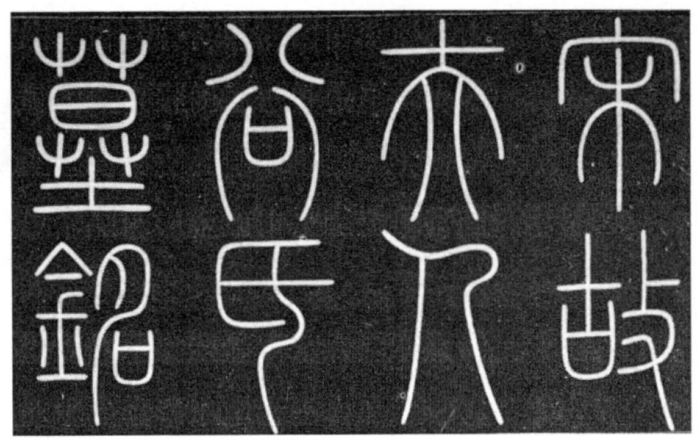

图八 《谷志》篆额拓本 上饶市博物馆藏

彝器款识法帖》都是研究金文的集大成者。从现在的观点来看，这些研究的成果并未引起像清代晚期那样通过对金文等三代文字的研究、学习而运用于书法创作上，而是以徐铉为宗上溯李阳冰进而李斯，如郭宗恕、释梦英等皆以此法为宗，闻名当世。此类作品有《嘉祐石经》（图五）[28]、苏唐卿《祖无则三言诗刻》（图六）[29]、《赵廷美墓志篆盖》（图七）[30]等，所以“玉箸篆”是宋人篆书的标志性书体，其用笔法多以烧毫、束毫为之。《谷志》篆额（图八）为赵挺之所书，挺之工书法，岳珂《宝真斋法书赞》卷二十一有赵挺之《近郡帖》《应之兄学士挽辞帖》[31]，今不存；石刻有元符二年正书《宝文阁待制韩宗道墓志》。[32]此额“宋故夫人谷氏墓铭”八字，笔画均匀，线条凝重，结体整饬，用笔浑厚，起笔与收笔皆圆整，曲笔则圆转遒劲，是典型的“玉箸篆”，为目前赵挺之传世篆书的孤本。所以《谷志》的篆额并不像秦篆那样上紧下松的结构，而是上下较均衡，左右极对称，用笔浑圆，笔笔中锋，法度森严，行笔则较为缓慢，平正严密的章法给人以庄严肃穆之感，题于墓志即有装饰感也可以表现崇敬凝重的心绪而寄托哀思。

在北宋中期复杂的政治环境下，士大夫阶层有很多是集政治家、文学家、艺术家于一身的人物。他们不仅在政治上提出自己的观点，在文学艺术领域也有很大的影响。在书法领域的徐铉、司马光、王洙等提出的向秦汉复古的篆隶书风，在当时产生了极大的影响，但由于宋人对篆隶认识视野上的局限性，在取法上未能从三代金文、石鼓猎碣、诏版等丰富的金石文字上汲取营养，而是趋向于程式化“二李篆”与“中郎隶”，以至于形成家家玉箸，字字中郎的局面，未能使篆隶在宋代形成一个新的高潮，与宋人在行书上的成就相比面貌则显得较为单一，使用的范围大多为碑版文字，偶见于书画题跋。这就使这次篆隶的中兴具有很大的局限性。通过对《彭志》《谷志》题额的考察即可以得出这一结论，但也不能用简单的“中兴”与“式微”来评价这一时期的复古思潮。宋人篆隶书风的影响绵延了元明清数百年，直到乾嘉学派的兴起，清人在宋人金石学研究成果上，通过大量新发现的金石文字，以二李、蔡邕为对象的复古思潮才得到彻底改变，呈现出面貌纷呈、风格多样的篆隶书风。

宋人书法“尚意”的产生与苏轼书风笼罩下苏辙书法的继承与个性

宋代尚意书风的形成并非否定唐人的尚法，也非完全回归魏晋，应是对魏晋尚韵的延续，所谓的“韵”与“意”其实就是“抒情式的创作”。清人冯班《钝吟书要》谓：“唐人尚法，用心意极精。宋人解散唐法，尚新意而本领在其间。”[33] 宋人的“尚新意”就是在继承晋唐传统上审美取向的发展，抒发意趣与情趣的书法创作为什么会取代复古的思潮而成为宋代书风的主流？这与宋代的政治、经济、文化、宗教都有着密切的关联：（一）北宋初年相对稳定的社会环境，宋代“与士大夫共治天下”偃武修文的国策，雕版印刷术的普及与完善，科举取士名额的增加，门阀制度被打破，使更多的寒门子弟可以通过科举而进入士大夫阶层。这些人当中有很大一部分是诗人、词人、画家。他们重视自身的修养，强调人品的重要性，要求字外修养、胸襟高远、见多识广，使宋人具备诗词、文章、书画、音律等广泛的修养。这些综合艺术的修养又必然使书法融会更多艺术的境界，并提出“雅俗说”，认为“士大夫处世可以百为，唯不可俗，俗便不可医。”[34] 给书写也注入更多的抒情意趣。（二）宋代刻帖兴盛可以使更多的人通过法帖学习魏晋的尺牍书法，而不需要再从汉唐的碑刻中去学习，如太宗朝《淳化秘阁法帖》、哲宗朝《淳化秘阁续帖》、徽宗朝《大观太清楼帖》及翻刻阁帖的《潭帖》《绛帖》《临江戏鱼堂帖》等，这使得更多人更易得到学习书法的优秀范本。（三）书画品评标准

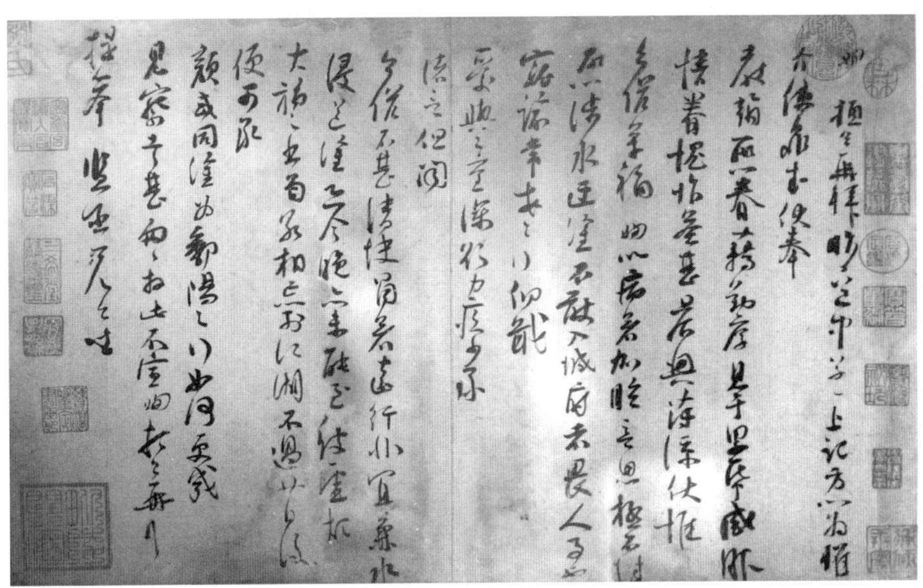

图九　苏洵《致提取监丞帖》台北故宫博物院藏

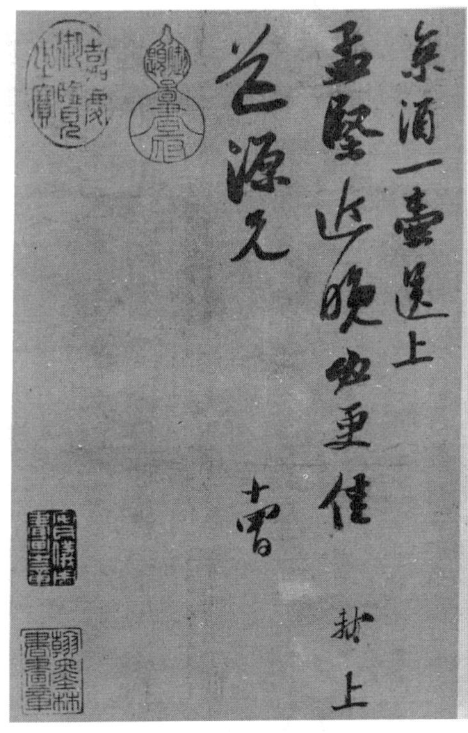

图十　苏轼《京酒帖》
台北故宫博物院藏

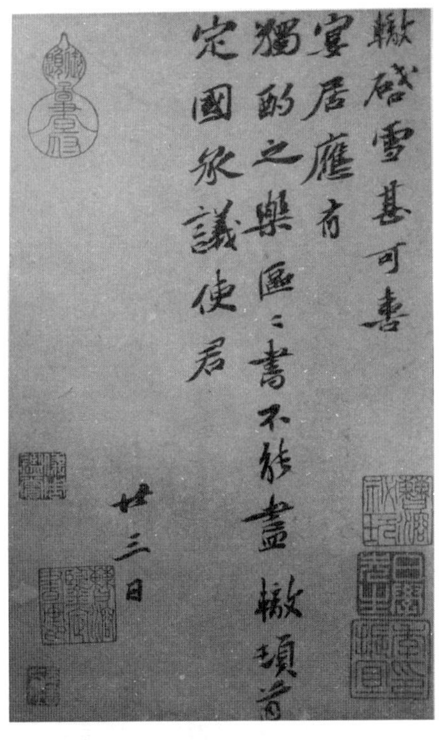

图十一　苏辙《宴居帖》
台北故宫博物院藏

的变化，唐张怀瓘将书法分为神、妙、能三品，朱景玄又于三品之外而立逸品，以“不拘常法”为“逸”。宋人黄休复又将“逸”置于“神、妙、能”之上，认为逸品“笔简形具，得之自然，莫可楷模，出于意表。”[35]（四）宋人的劄子不光是传递信息的简札，而是作为书法作品供人鉴赏、临摹，所以传世的宋人书法简札书占有极大的比例，信劄的书体大都为行草书，而行草则易于抒发个性，流露书写者当时的情感，因此行草书与尚意书风自然取得契合。（五）书法创作材料的改进，宋代手工业进一步发展，在笔墨纸砚的改进与创新上都取得了很高的成就，如轧花笺的制作达到了极高的艺术水准，这无疑会激发书法家对创作所赋予的抒情意念。

三苏作为宋人“尚意”书风的代表，以苏轼的成就最高，苏辙虽师事父兄，但大小苏的性格迥异，苏轼外向张扬，苏辙沉稳淡泊，苏洵在其《名二子说》中曾道：“轼乎！吾惧汝之不外饰也。辙者，善处乎祸福之间也。辙乎！吾知免矣！”[36]苏轼《子由幼达》：“子由之达，盖自幼而然。方先君与吾独好书画，每有所获，真以为乐。惟子由观之漠然，不甚经意。”[37]苏辙一直自认为其在各方面的成就都远不如乃兄，如《题东坡遗墨卷后》：“少年喜为文，兄弟俱有名。世人不妄言，知我不如兄。”[38]试举苏洵《致提取监丞帖》（图九）[39]、苏轼《京酒帖》（图十）[40]、苏辙《宴居帖》（图十一）[41]相较，可以看出其无论是风格及用笔都有父兄的影子，苏洵书法从颜真卿、杨凝式而出，大小苏都幼承家学，从父习书，但苏轼书法“点画雄劲，浓耸棱侧。”[42]苏辙则“工整有序，清新健拔。”我们通过苏轼的行楷《赤壁赋》《司马温公碑》与苏辙书《彭志》的选字比较（图十二、十三）也可看出符合这一特征，虽二者体势相同，但从笔法上苏轼则多以出锋起笔，用笔变化较为丰富。苏辙多以裹锋起笔，用笔则较清正稳健。苏轼留下了很多关于书法的诗文、题跋，如著名的《次韵子由论书》。苏辙似对书法“不甚经意”，实则“辙性沉静简洁，为文汪洋淡泊，似其为人，不愿人知之，而秀杰之气终不可以掩，其高处与兄轼相迫。”[43]《宋史》对他的评价是十分中肯的。

因苏辙书法以面貌观之极类乃兄苏轼，所以在苏轼书风的笼罩下历代对苏辙的书法亦鲜有评价。作为苏门四学士之一的黄庭坚谓子由书“瘦劲可喜，反复观之，当是提笔甚急而腕著纸，故少雍容耳。”[44]清王士禛的《池北偶

图十二　苏轼《赤壁赋》与苏辙《彭志》的字形对比

苏轼《司马温公碑》	用	元	月	皇	人	友	而	以	不	縣
苏辙《彭志》	用	元	月	皇	人	友	而	以	不	縣
苏轼《司马温公碑》	葬	酉	言	年	于	二	不	孫	之	書
苏辙《彭志》	葬	酉	言	年	于	二	不	孫	之	書

图十三　苏轼《司马温公碑》与苏辙《彭志》的字形对比

谈》中《记观杜氏书画》:“偶过杜子静编修斋，出书画同观，记其尤者于左:郭河阳摹王宰《平泉图》，署‘臣郭忠恕奉旨摹’，有御府图书，后有东坡《李氏园诗》，子由书。书法类长公，署绍圣二年十月二日”[45]，对苏辙的书法评价只“类长公”三字。苏辙的书风形成主要来自于父兄的影响，他虽然没有留下关于对书法的理论著作或诗文，但其书风的定型是与仕宦生涯、哲学思想密切相关的。苏辙为官四十余年，历经五朝，大起大落，在元祐更化中起到了积极作用，但他在因“乌台诗案”屡遭贬谪后与苏轼不同之处在于苏轼则因贬谪黄州取得了文学与书法上的颠峰；而苏辙专注于经学，且在这一时期形成了融佛道入儒的哲学思想，思想更趋于平淡，注重“养气”，提出内则养浩然之气，外则荡涤胸次；于书法上的体现则为用笔萧散简远，追求笔画之外的意趣。所以纵观苏辙所流传下来的碑志与墨迹，书风整体趋向一致，没有跌宕起伏的变化。“唐宋八大家”的称谓虽然是明人茅坤的总结，但苏辙在宋代其文其书已经享有很高的地位，如《宝真斋法书赞》卷十二《苏文定衙前至京湖口三帖》。此帖之后，岳珂有跋，云：“右元祐黄门侍郎、颖滨先生、苏文定公辙，字子由，衙前至京湖口三帖真迹一卷。先生道睨今古，文追父□，立朝之节，具在国史，四海之士，共知景嚮。是帖之得，盖先君手藏，犀轴象签，与文忠对，于是可以知德之不孤矣。”又有赞曰：“周禾同颖，赵玉连璧。层见间出，又其伟特。有美颖滨，味道自得。既相师于父子，亦齐驱于翰墨。吾评其人，概犹可识。盖严重端肃者，老泉之教。而淳劲迈往者，长公之德。谓余不信，视此手泽。”[46] 苏辙虽然没有像苏轼那样在各方面取得很高的成就，但通过上述的分析，可以客观地评价苏辙的书法，虽然未能尽脱乃兄的藩篱，但于宋人中亦是一时作手。

宋人楷书中“意”的体现——以苏辙《彭志》的书写为例探讨从“法”到“意”的流变

宋人楷书在中国书法史上地位不高，因宋去唐不远，在唐人端庄谨严书风的笼罩下，后世对宋楷则颇有微词，但宋人确有着自身的审美情趣，姜夔便认为真书必以平正为善是“世俗之论”。宋人楷书虽不及唐人的法度森严，但其自有一番潇洒灵动之气，是尚意书风于楷法上的体现。张怀瓘《文字论》中曾言：“文则数言乃成其意，书则一字已见其心，可谓得简易之道。欲知其妙，初观莫测，久视弥臻。”[47] 苏辙书《彭志》（图十四）即是这一类楷书的典型代表。《彭志》书于元丰庚申（1080），时年苏辙42岁，苏轼因“乌台诗案”贬黄州团练副使，苏辙“上书乞纳在身宦赎兄罪”，“坐兄轼以诗得罪，谪监筠州（今江西高安）盐酒税，五年不得调。”[48] 这一年在二苏的政治上是他们人生的低谷，但由于远离政治的倾轧，可以寄情于诗文书画，苏轼旷世名作《浪淘沙·赤壁怀古》《赤壁赋》《黄州寒食诗》都是在贬谪黄州时创作。苏辙则在筠州谪所参禅悟道，试图借助佛道，养身修性，平息郁愤，排遣无

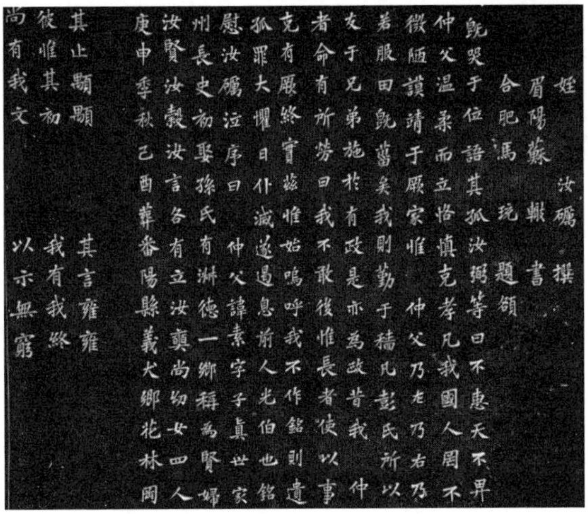

图十四 《彭志》拓本（局部）上饶市博物馆藏

图十五 《王拱辰墓志》拓本（局部）河南博物院藏

聊。他在《筠州圣寿法堂记》所述："余既少而多病，壮而多难，行年四十有二，而视听衰耗，志气消竭。夫多病则与学道者宜，多难则与学禅者宜。既与其徒出入相从，于是吐故纳新，引挽屈伸，而病以少安。照了诸妄，还复本性，而忧以自去，洒然不知网罟之在前与桎梏之在身，孰知夫险远之不为予安，而流徙之不为予幸也哉！"[49] 从此我们可以看出苏辙在书写《彭志》时的心绪，细读此志，虽刻工稍逊，但是还是可以看出书法含蓄凝重，端庄遒逸，结体潇洒稳重、方圆并用，笔画瘦硬流畅、提按得宜，行笔沉着稳健、舒转娴熟，整体章法清丽恬淡，体势如"绵裹铁"，气韵连贯，藏巧于拙，字势多欹侧而向左倾斜，略带行书之意，替代了唐人的森严，与其于熙宁八年（1075）所书《超然台赋》的略显锋芒的书风相比较有着很大的不同，标志着苏辙书法已趋向于成熟和风格的定型，与《彭志》书风相类的还有苏辙书于元丰八年（1085）的楷书《王拱辰墓志》（图十五）[50]，都是宋人以“意”入楷不可多得的优秀作品。

宋人楷书在继承唐人的基础上有所发展与创新，虽不及唐楷在中国书法史上的地位，但因为宋人审美及思潮的改变，加之碑志合流的现象产生，宋代的丰碑大碣明显要少于唐代，且书志由朱笔直接书于石上而变为书于卷上摹刻于石。这样的书写方式则不像书丹那样庄严，更易于抒发自身的性情，所以“法”的意志渐渐减弱，而“意”的思维渐渐加强。苏轼、苏辙、黄庭坚、蔡襄、蔡京都在楷书上取得了一定成就，直至宋徽宗“瘦金体”、张即之“刷字”楷书的出现，即是宋人“尚意”书风在楷书上的体现。

结　语

北宋中期同时存在的复古与尚意的书法思潮，这两种思潮在彭素夫妇墓志中都得到体现。本文通过对彭素夫妇墓志书法个案考察，剖析了两种思潮在宋代的人文环境下的并存状态，阐述了两者对中国书法史产生的巨大影响，最终尚意之风成为宋人书法思潮主流的成因。彭素夫妇墓志为宋代墓志中不可多得的珍贵文物，使我们历千年之后还能见到苏辙、赵挺之、范子奇、马琉的书法原貌。苏辙传世的书法作品极为罕见，《彭志》的发现对研究苏辙书法提供了极为珍贵的实物资料，通过比较研究清晰地阐述了苏辙书法的师承、风格与历史地位及宋楷由“法”入“意”的流变。

注释：

[1] 叶昌炽 . 语石：卷一 [M]. 清宣统己酉刊本 .

[2] 宋饶州长史彭公墓志铭 · 上饶市博物馆藏 .

[3] 陈荣华，陈柏泉，何友良 . 江西历代人物辞典 [M]. 南昌：江西人民出版社，1990：46.

[4][13]（宋）李焘 . 续资治通鉴长编 [M]. 台北：中华书局，1979：5501，

10059.

[5] 苏辙传参考《宋史·本传》,《中国文学家大辞典》.

[6] 宋故夫人谷氏墓志铭·上饶市博物馆藏.

[7] 赵挺之传参考《石林燕语》,《宋宰辅编年录》,《东都事略》,《宋史·本传》诸籍。

[8] 杨倩苗.宋代人物辞典[M].保定:河北大学出版社,2015:154.

[9] 吴光田.黄庭坚书论全辑注[M].石家庄:河北教育出版社,2008:101.

[10] 陈浩.兰亭文化研究[G]//《兰亭序》综合·版本研究:第3册.杭州:浙江人民美术出版社,2011:202.

[11] 方爱龙.南宋书法史[M].上海:上海古籍出版社,2008:273.

[12](清)毕沅.续资治通鉴:卷八一[M].上海:上海古籍出版社,1987:2028.

[14](宋)苏辙.栾城集:卷十五[M].上海:上海古籍出版社,1990:374.

[15](宋)彭汝砺.鄱阳集:卷四[M].文渊阁四库全书本.

[16](宋)黄庭坚,郑永晓.黄庭坚全集[M].辑校编年下.南昌:江西人民出版社,2008:1616.

[17](明)董史.皇宋书录:卷中[M].知不足斋从书本.

[18][33][34] 华东师范大学古籍整理研究室.历代书法论文选[M].上海:上海书画出版社,1993:350,557,355.

[19][20] 曹利华.书法美学资料选注[M].西安:陕西人民出版社,2001:271.

[21] 朱易安,傅璇琮.全宋笔记:第一编·十[M].郑州:大象出版社,2003:159.

[22](宋)黄伯思.东观余论:上卷[M].北京:人民美术出版社,1991:35.

[23](清)钱泳,孟裴.书学·隶书[G]//履园丛话:卷十一.上海:上海古籍出版社,2012:193.

[24][28][30][50] 谭淑琴.琬琰流芳——河南博物院藏碑志集萃[M].郑州:中州古籍出版社,2015:219,211,238,226,227.

[25] 周倜．中国历代书法鉴赏大辞典 [M]. 北京：北京燕山出版社，1990：2060.

[26]（宋）佚名，王群栗．宣和书谱：卷二 [M]. 杭州：浙江人民美术出版社，2012：19.

[27]（明）陶宗仪．书史会要：卷六 [M]. 杭州：浙江人民美术出版社，2012：176.

[29] 启功．书法丛刊 [J]. 北京：文物出版社，1997（4）：55-56.

[31]（宋）岳珂．宝真斋法书赞：卷二十一 [M]. 清武英殿聚珍本．

[32]（民国）佚名．国立北平图书馆藏碑目 [M]. 国立北平图书馆，133.

[35] 楚默．中国画论史 [M]. 上海：百家出版社，2002，340.

[36]（宋）苏洵．嘉祐集：卷十五 [M]. 四部丛刊本．

[37]（宋）苏轼．苏轼文集：卷七十二 [M]. 台北：中华书局，1986：2296.

[38][49]（宋）苏辙．苏辙集 [M]. 台北：中华书局，1990：1180，401.

[39] 冯明珠．故宫法书新编（二十一）· 宋人墨迹集册（三）[M]. 台北“国立”故宫博物院，2014：54.

[40] 刘正成．宋辽金 · 苏轼一 [G]// 中国书法全集：三三 .1991：131.

[41] 刘正成．宋辽金 · 苏轼二 [G]// 中国书法全集：三四 .1991：402.

[42]（明）项穆．书法雅言 [M]. 杭州：浙江人民美术出版社，2012：164.

[43][48]（元）脱脱．宋史：卷三三九 [M]. 台北：中华书局，1977：10827.

[44] 吴光田．黄庭坚书论全辑注 [M]. 石家庄：河北教育出版社，2008：109.

[45]（清）王士禛著，文益人．池北偶谈 [M]. 济南：齐鲁书社，2007：237.

[46] 孔凡礼．苏辙年谱 [M]. 北京：学苑出版社，2001：284-285.

[47] 陶明君．中国书论辞典 [M]. 长沙：湖南美术出版社，2001：92.

（作者简介：潘旭辉，上饶市文献学会会长，信州区政协委员）

异彩纷呈
——上饶市博物馆藏宋代地券碑志书法研究

陈之耀

在两宋的300多年里，江西的文化无疑是最辉煌灿烂的。在禅道文化、理学文化、书院文化、陶瓷文化等领域都各自构成了相对独立而完美的体系。其间名家大师如过江之鲫，创作了无数的佳作流传千古。晏殊、欧阳修、王安石、黄庭坚、曾巩、杨万里、张潜、朱熹、辛弃疾、姜夔、洪迈、文天祥……这些伟人分别在经学、文学、历史地理学、诗学、词学、矿冶学等都分别达到了那个时代的高度，他们不但是江西的翘楚，更是中国的骄傲。从地域上看，宋代的吉州、抚州、饶州又是江西文化最发达的地区，这里真可谓是物华天宝，人杰地灵之所。近年来，从此三地出土了大量的宋代墓志与地券，这批志、券的出土对研究当时的历史地理、行政制度、社会经济、宗教信仰、丧葬礼仪等，具有很高的文化价值。从书法艺术的角度来看，这些散落在民间的带有世俗色彩的书法遗迹，对探究宋代民间书法的艺术特色与当代的书法创作的启迪同样具有深远的意义。

这批出土的志、券数量可观，约有近四百余块。从纪年看，前后跨度将近三百年，其中墓志较少，买地券为多。“买地券又称冥契、幽契、圹记、冥券、墓券、幽券、石契等，就是为死者在阴间领有的土地凭据，类似生人的土地使用证。地券由两汉土地私有买卖的契约衍化而来，后历代均有出土。”[1]地券上主要记载了墓主人生前的居住地、年龄、身份、生卒时间、立券时间以及缔约方权利与义务生效的时间、墓葬的方位等，与传统的风水观念，道教文化有着密切的关系。由于买地券是与冥界鬼神订阅契约，民间书手认为写买地券是与鬼神打交道，非但没有功德，还可能遭报应，是一种危险的事，所以书写者“多出自民间的术士之手，文字水平不高，虽有底文可

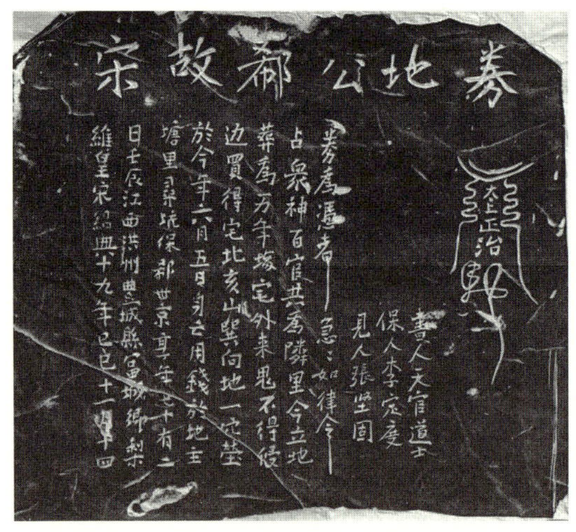

图一　宋故郗公地券[3]

图二　有宋李公地券[4]

图三　道符[5]

据，但一经写出，常常词不达意。”[2]所以文辞随意性较大，表述往往不规范，除文字之外通常还画有道教符箓。由于江西的道教非常兴盛，很多道士与道师对“山、医、命、卜、相”都有过修炼，所以他们对风水堪舆、占卜、算命甚至书法都很精通。所以笔者认为这些地券大部分的书写大都出自这些道士或道师之手（图一、图二、图三）。

历代金石学家对出土的买地券关注不多，直至“1918年罗振玉将他收集到的十九种地券汇编成《地券证存》，其重点在于古器物的存录与研究，而不在于其书法艺术。”[6]目前国内对出土的买地券的研究大多着眼于宗教、礼俗、文风、文体等，而对地券书法艺术的研究甚少。基于此，笔者将对此批志、券作一梳理，选择出几十块具有代表性的进行分析研究，探幽钩沉，以期对当代的书法创作有新的发现与思考，新的启迪与借鉴。

一、志、券的形制及书法形式特点

此批宋代志、券以石质与砖质为多，形制上有正方形、长方形、碑形和棱柱形，甚至还有不规则形。券额有些有题头、有些则无。有些大户人家，所用之石材较好，体块较大，碑额的题头会题上“宋故某某墓志铭”或“寿藏铭”字样，而很多题头就是“地券”或“圹记”两个字，有些题字两边会刻上一些如太阳、月亮、祥云等图案以作装饰。

此批志、券大都没有界格，大部分字距行距分明，平和端正。有些志、券的制作与书写在形式上很有艺术特色。如《宋故覃怀李氏妻赵夫人圹记》(图四)[7]很像当代国展中一件经过精心制作与拼贴的作品，整块碑为竖形，分作四大长方块，额头的题字用阳刻法刻出界格与秀雅的小篆，而碑文的小楷则用阴刻法，书写工稳疏朗，最后留出三行空白透气，整件作品非常典雅。由于书刻精良，撰文者与刊刻者都署了名款，这在其他志、券中，殊不多见。当时有些平民家庭因经济条件所限，买不起好石材，就草草选了一些不规整的石块做地、券，但在刻制时，还是独具匠心，如《宋故王氏夫人墓志》(图五)[8]，在一块不规整的石碑上刻了形似“吕”字形的方框，妙在上边方框的左右角刻成圆角，这样显得既庄重又美观，上方几个大大的篆书，与下方密密的小楷形成一种视觉反差，疏密得当，很有装饰性。同样形制不规整的《宋故甘氏地券》(图六)[9]则

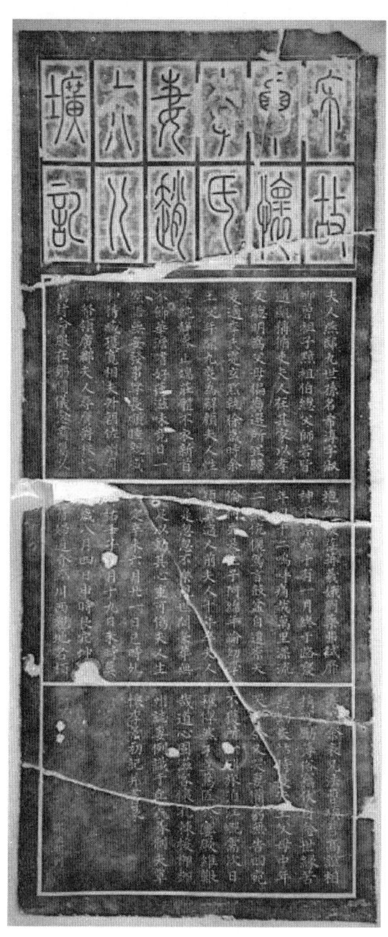

图四　宋故覃怀李氏妻赵夫人圹记

图五　宋故王氏夫人墓志

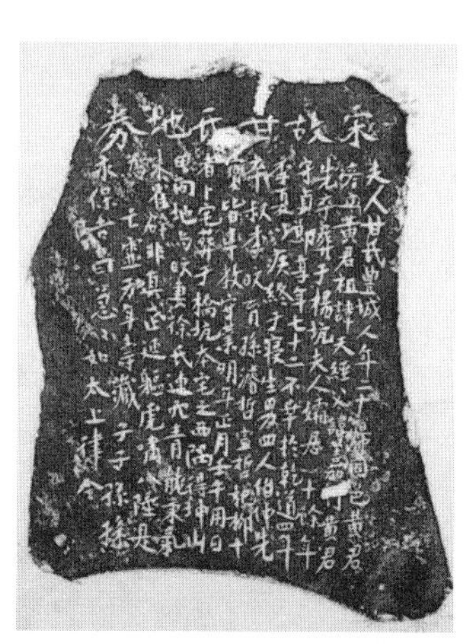

图六　宋故甘氏地券

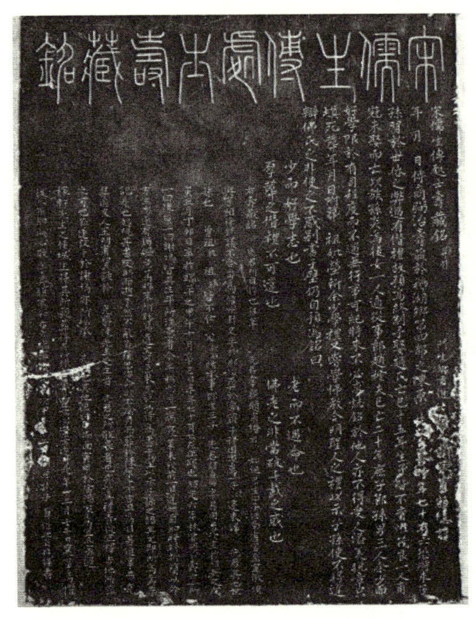

图七　宋儒生付处士寿藏铭

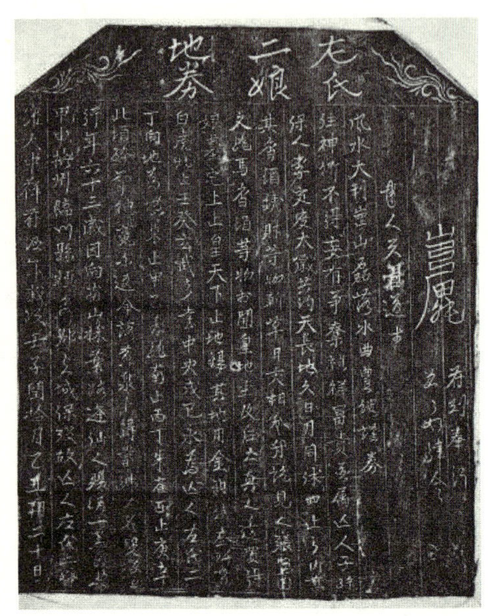

图八　左氏二娘地券

更简单，字距横无列，竖无行，直接以刀代笔，一气呵成，采用篆刻刻边款的形式，书风生辣疏野，拙朴率意，亦可见作者性格之疏放。相比较这种刻制粗劣的地券，此块《宋儒生付处士寿藏铭》（图七）[10] 乃乡贡进士所为，书刻俱佳，显得精致典雅。此铭篆额师法唐人，结字规整，用笔劲挺而婉畅，右边引文与铭占碑面的三分之一，以行楷书就，点画用笔极精，字法颜鲁公，兼有晋人意韵。尤妙在左边大面积的小楷，低于前面的行书铭文，使左上角留出大面积的空白，形成了动静、虚实相生的节奏感，再加上一碑三体，大小相间，既有变化而又统一，形式感极佳。另外如《左氏二娘地券》（图八）[11]、《地券文付李府君收》（图九）[12] 分别在形制和书写方式上都很有特色。此二券一竖一横，都刻有界格，尤如现在的信札与竹筒。第一块为行草书，书风秀丽婉约，采用单刀法刻就；第二块为小楷，书风稚拙，字距疏朗，星星点点，饶有趣味。此二券碑文皆是从左向右竖写，第二块的券额题字也是从左向右书写，一反常态。据高明先生《人神之契，宋代买地券研究》所述，“买地券主要有三种书写方式，一种是从左向右或从右向左券主要有三种书写方式，一种是单行正书双行反写，还有一种是依据地券的形状来螺旋书写。”[13] 并且认为后两种特殊的书写方式，主要是为了照顾神明特殊的阅读习惯。[14] 人们

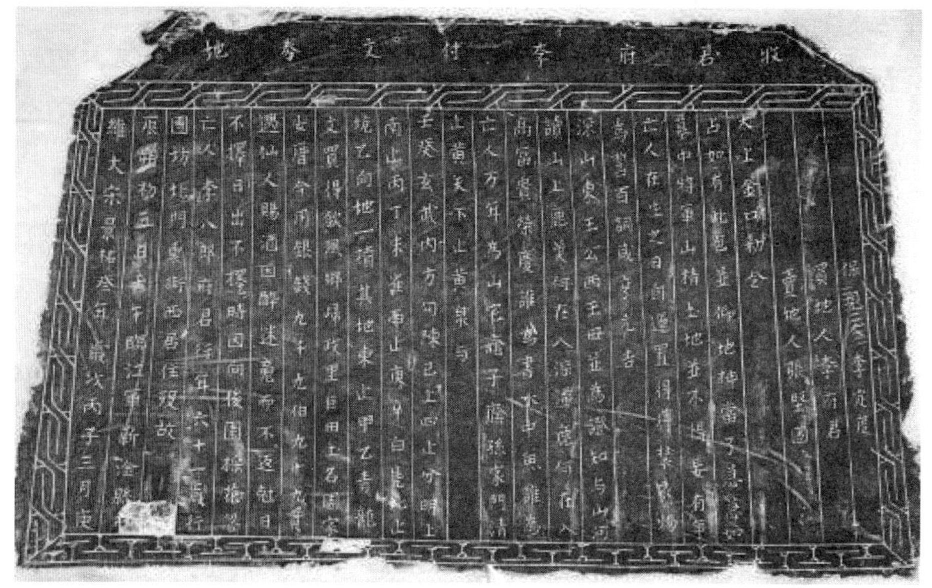

图九　地券文付李府君收

认为，神明虽然可以读汉字，但他们会按不同的顺序来读，因为“阴间诸事，均按另一种方式运行。”[15] 但后面两种书写方式在此批志、券中未有发现。笔者曾发掘明代戴氏孺人之墓，出土的《戴氏孺人墓志铭》的书写方式是单行正书，双行反写的方式，另螺旋式的书写方式也在明代出土的瓷铭上见过，此不多述。这也充分体现了当时墓葬风俗中神秘的宗教色彩。

二、志、券碑额题头的艺术特色

此批志券碑额题头字体涉及篆、隶、楷、行、草五种字体，风格各异，其中大部分延用汉唐习惯，篆书为多，刘涛《中国书法史·魏晋南北朝》：“古体的篆书仍然是人们使用的书体，范围照旧限定于特定的、庄重的场合，而且流行于上层社会。在中国古代，古体的适应国不但受到东汉以来传统习惯的规约，可能人们使用古雅的篆书还能显示身份、地位的含义，似乎也是社会等级的象征。”[16] 地卷显然沿袭了这一习惯，表现出对古老文字的留恋。宋代篆书整体衰靡，所以能在志券上题篆的民间书家，则尤为显得难得了，如《故归南阳郡孺人杨氏墓志铭》(图十)[17]，此块篆额书风显然是受唐人李阳冰玉筋篆的影响，用笔圆劲婉畅，结字规整而疏朗；而《宋故蒋氏夫人墓铭》（图十一）[18]、《宋故章水宣故墓铭》（图十二）[19]两块券额题头，第一块是岣嵝篆，第二块是悬针篆，两种古文字，任意装饰变形，显得非常另类，其源头或从唐代墓篆盖中奇特的篆书写法演化而来，给人感受到一种与冥界打交道的森森鬼气，这种“鬼气”也有一种另类的美；再如《罗七居士》地券（图十三）[20]，两个异体字，有些承袭敦煌遗书的意味，也显得有种神秘色彩。宋人的隶书成就不高，受唐人影响较多如《故袁孺人岳氏墓志》（图十四）[21]此券额题字特意强化隶书的“雁尾”特征，波磔十分夸张，意态飞动，装饰味浓，但已无隶法可言，就算好古的米芾，其隶书也属此类，这正是时代的风气使然。另外如《宋故黄君德厚圹记》（图十五）[22]，除上述特征外，其写法明显楷化，处于隶楷之间。此批

图十 《故归南阳郡孺人杨氏墓志铭》

图十一 《宋故蒋氏夫人墓铭》

图十二 《宋故章水宣故墓铭》

图十三 《罗七居士》地券

图十四 《故袁孺人岳氏墓志》

图十五 《宋故黄君德厚圹记》

图十六 《宋故夫人冯氏墓记》

图十七 《宋故皇妣孺人刘氏圹记》

图十八 《里人剑浦郡廖百礼记》

志、券的楷书题头最多，如《宋故夫人冯氏墓记》(图十六)[23]、《宋故皇妣孺人刘氏圹记》(图十七)[24]，其书风明显是受唐人颜真卿，柳公权影响；还有《里人剑浦郡廖百礼记》(图十八)[25]的券额“地券”二字，书刻精美，书风受宋人影响，虽为楷书，却有行意，风神潇洒，笔力劲健。总之宋代地券的碑额题头面目非常丰富，耐人寻味。

三、志、券文各种书体的艺术特色

1. 篆隶书风

在此批几百块志、券中，整块志券以篆书书写的碑文只发现一块，隶书的有三块。宋人的篆书主要是受唐人李阳冰、五代的徐铉、徐锴的影响，“其次宋代篆书虽然出现了郭忠恕、释梦英等名手，但民间已鲜有善篆者，从整体水平来看确实已经十分衰靡了。”[26]此块《杜伯源墓志铭》(图十九)[27]书写全为篆书，篆额大字刻成空心字，整个碑文小篆大篆相参，并带行草笔意，加上刻工粗糙，反而有些疏放、活泼的逸趣，亦有些可取之处。宋代隶书的风格面目大致上有两类：一类是以取法汉石经等程式化的隶书，体势方正，波磔不显；另一类取法唐隶为主，以波磔妍美为主要特征，如刻于庆元六年的《汀州汪公墓志铭》(图二十)[28]此碑就属于第一类风格，体势方正，气息秀雅；刻于绍熙年间的《宋故朱学谕墓铭》(图二十一)[29]则属于第二类风格，此铭结字取横势，用笔劲挺，主笔横画蚕头雁尾明显。在宋代，隶书已退出了实用书体，其整体水平不高，已无汉隶古朴醇厚、雄浑高古的气息。

图十九　杜伯源墓志铭（部分）

图二十　汀州汪公墓志铭（部分）

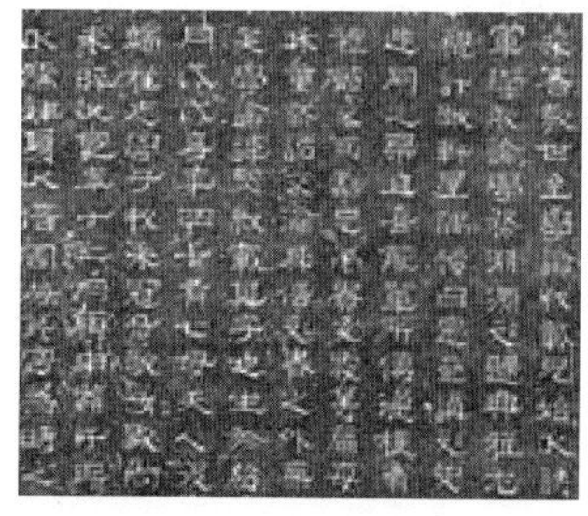

图二十一　宋故朱学谕墓铭（部分）

2. 行楷书风

此批志、券行书，楷书很多，尤以楷书为最。从风格论，一部分很好地继承了唐楷的法度，一部分直接学习宋代名家的书风（行书为多），而数量最多的是承袭了魏晋风格，因其特殊性，故放在后面重点论述。

3. 唐人遗法

宋代的书法沿袭了唐五代的余风，北宋时期，世人非常推崇颜真卿的书法，李纲曰“其字画刚劲独立、不袭前迹、挺然奇伟，有似其为人”。[30] 宋四家苏、黄、米、蔡的书风都受颜真卿的影响。从此批志、券中，发现了很多学习颜书风格的作品，如《宋故夫人冯氏墓记》（图二十二）[31]、《故袁孺人岳氏墓志》（图二十三）[32]，都是学颜书的佳品。因颜字楷书，用笔强调横平竖直，转折处多用外拓法，字形结构外紧内松，圆浑饱满，所以整篇章法字与字之间间距紧密，显得庄严挺秀。《宋故夫人冯氏墓记》的书法字取纵势，比颜字稍显欹侧；《故袁孺人岳氏墓志》有意识地把字的结构重心上移，显得上紧下松，夸张了颜字的伟岸之势，同为学颜，各有自家性情之流露。除颜字外宋人学欧阳询的书法也较多，如《张氏墓志铭》（图二十四）[33]、《宋羽化冲靖大师郑君藏真之志》（苏轼族人眉山苏焉所书）（图二十五）[34]，皆是学欧的代表，值得关注的是《宋羽化冲靖大师郑君藏真之志》还有欧阳通《道因法师碑》的笔意，横画收笔类似波挑上翘，右弯钩亦多用隶笔，结体趋横

图二十二　宋故夫人冯氏墓记（部分）

图二十三　故袁孺人岳氏墓志（部分）

图二十四　张氏墓志铭（部分）

扁，殊为少见。更为难得的是刻于大观元年的《江南道饶州德兴县主簿张公行状》(图二十六)[35] 其书师法初唐虞世南之《孔子庙堂碑》，用笔虽不及虞之遒劲，但也轻盈秀丽，俊朗圆润。另外还有两块学褚遂良的佳刻，一旦是《先府君总管淡中姜公圹记》(图二十七)[36]，另一块为刻于咸淳八年的《甘氏地券》(图二十八)[37]，前一块受褚书《伊阙佛龛碑》影响，点画横平竖直，间架方正平稳，气息安静平和；后一块《甘氏地券》则学褚之《雁塔圣教序》笔意，虽用笔不及褚之丰富，亦显得疏瘦劲炼，平正雅致。从以上几块学唐人书法的志、券看，宋代楷书虽无唐人开阔恢宏的之气象，但也有其自己的成就与特点，对我们学习唐楷有所借鉴。

4. 宋人遗韵

北宋时的黄伯思在其所著《东观余论》中说："唐中叶以后书道下衰。"欧阳修则谓"余常与君谟（蔡襄）论书，以谓书之盛莫盛于唐，书之废，其废于今。今虽指可数者无三四人。"[38] 经过几十年的努力，才由衰转盛，直至北宋晚期才孕育出苏轼、黄庭坚、米芾、蔡襄四位大书法家，后世称为"宋四家"，这几位大家对当时及后世的影响非常深远。此批志、券中未见有习苏轼、米芾、蔡襄书风者，而学习蔡京书风的有一块，学习黄庭坚书风的有五

图二十六　饶州德兴县主簿张公行状（部分）

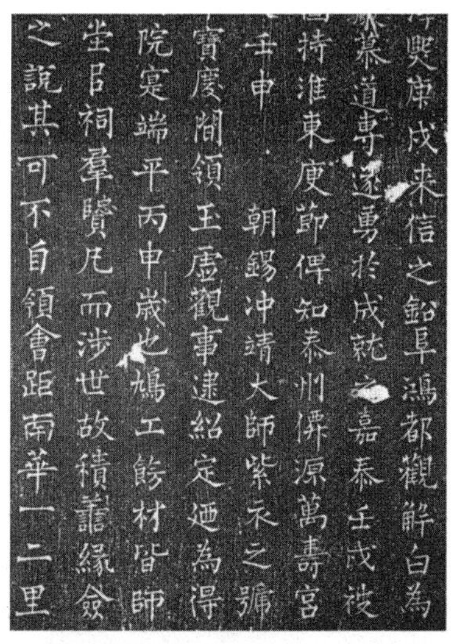

图二十五　宋羽化冲靖大师郑君藏真之志（部分）

图二十七　先府君总管淡中姜公圹记（部分）

图二十八　甘氏地券（部分）

块，可见黄庭坚在宋代江右影响之大，可见一斑。

黄庭坚（1045—1105）字鲁直，号山谷道人，涪翁，洪州分宁（今江西修水人）。北宋伟大的诗人、书法家。[39] 按师承关系，黄庭坚是苏东坡的学生，所以其行楷书有苏的影子，因其天赋高，加之一生勤奋，致力于书法艺术，故在当时即有“出蓝”之誉。北宋名家李之仪《跋山谷帖》云：“（山谷）屹屹于宇宙间，几与三苏分道扬镳矣。”[40] 宋徽宗则谓“山谷书法如抱道足学之士，坐高车驷马之上，横斜高下，无不如意。”[41] 可谓推崇至极。具体而论，其书除大草之外，行楷书主要有如下特点，一是点画跌宕放逸、纵横舒展，字形呈放射状，打破纵向的拘紧笔势；二是线条中段通过不断地提按动作表现出连绵起伏的形状，如千里阵云，其转折处则常用内擫法，显得苍劲有力。其书收放有度，一任自然，有“珠光剑气骨里藏”的韵致。此批志、券中《宋故孙伯材墓志铭》（图二十九）[42] 颇得山谷意趣，只是笔力不够遒劲，长线条的中段动作不够丰富，显得空怯。残碑《陈居士墓志铭》（图三十）[43] 书刻俱佳，结字用笔能得山谷神韵，细观此作，书者当是以上等狼毫所书，游丝引带处皆有神采，转折用方，结字取纵势，此亦与山谷稍有不同，是可

图二十九　宋故孙伯材墓志铭

图三十　陈居士墓志铭

谓善学者也，惜略显含蓄不足，锋芒多露，是其差处；另《故郑子俊卿墓志铭》（图三十一）[44]，则较平实，不类黄书之险绝，然亦有一种圆融安静之气息。还有一块刻于皇宋嘉定十四年的小碑《章夫人地券》（图三十二）[45]，其书更可玩味，字体楷、行、草相掺，结字横扁取横势，主笔极力斜出，捺脚肥厚，有苏黄意又不类苏黄，章法上字距很紧，行距拉开，类似虞世南《破邪论序》（图三十三）[46]，整篇写得轻松自在，饶有古意。

图三十一　故郑子俊卿墓志铭

图三十二　章夫人地券

图三十三　黄庭坚《王纯中墓志》与《陈居士墓志》《孙伯材墓志》字形对比

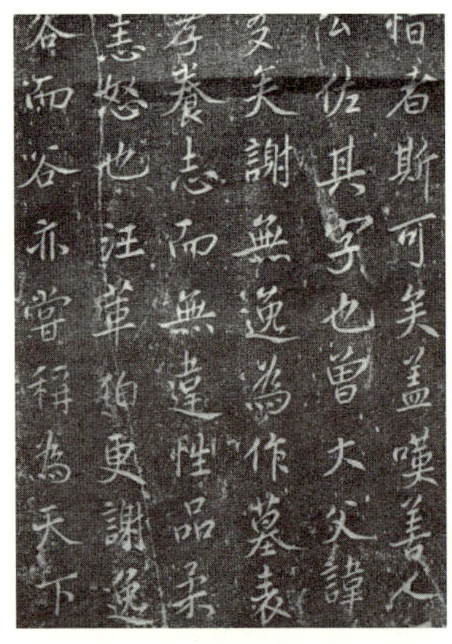
图三十四 陈居士墓志（部分）

此次还发现了一块学蔡京书法的碑志，书刻俱佳，殊为少见，此碑名曰《陈公佐墓志》（图三十四）[47]，由临川吴贺撰文，邹建中书篆。蔡京之书，在宋绍圣间天下号能书者，其名特著。元陶家仪之《书史令要》曾引用当时评论者云：“其字严而不拘，逸而不外规矩，正如冠剑大人，议于庙堂之上，行书如贵胄公子，意气赫奕，光彩射人，大字冠绝古今，鲜有俦匹。”可见在当时之影响。此铭为行楷，深得蔡书之神韵，具体而论，其用笔沉着痛快，点画灵动，转折处常用转笔搭接，偶亦用提按，字势圆润，俊朗流美，亦能体现宋代“尚意”书风的美学情趣。

5. 魏晋遗风

汉以后的魏晋南北朝是中国书法艺术空前繁荣的时期，这一时期，草书、楷书、行书都已趋成熟。所以，康有为在《广艺舟双楫》云，“书以晋人为最工，盖姿制散逸，读锋要妙、风流相扇，其俗然也，事考其时，去汉不远，中郎太傅，笔迹多传……”[48]此时，钟太傅（钟繇）的《宣示表》、王羲之的《黄庭经》等楷书相继问世，随着南北的分割，南北朝的书风已大异其趣。南朝以王羲之为代表的士大夫们的书法“风流蕴藉”，而北朝大多是民间无名氏书法家，继中原古法仍存隶意，以碑版见称，即后世所说之“魏碑”，它包括大量的“石碑”“墓志铭”“摩崖”和“造像记”，这些作品风格多样，或朴拙险峻或雄浑静穆，对后世书风产生了深远的影响。此次江西出土的宋代志、券有很大一部分都承袭了魏晋遗风。如有乡贡进士李会撰文并书丹的《吴门潘氏太君墓志》（图三十五）[49]其书习晋楷钟太傅，字体宽博，笔法质朴浑厚，雍容自然；另有以方笔为主，书风极似龙门二十品的《宋故先妣阮氏百一娘孺人墓记》（图三十六）[50]、《先君墓记》（图三十七）[51]此记笔法丰富多变，结字紧密而意态活泼，真乃上上之品。局部（图三十八）[52]有以圆笔为主，书风类似《郑文公碑》的《郭朱氏十一娘地券》（图三十九）[53]，还有书风与形式感极似北朝石刻佛经的《李氏二娘地券》（图四十）[54]、《殁故冯氏地券》（图四十一）[55] 此二券用笔如绵里裹铁，结字平正中寓奇屈之势，气息高古；更有书刻如崩浪奔雷，恣情挥远，意态酷似《石门铭》等摩崖风格的《曾氏二娘地券》（图四十二）[56]、《余氏大娘地券》（图四十三）[57] 等，康有为曾把

图三十五　吴门潘氏太君墓志

图三十六　宋故先妣阮氏百一娘孺人墓记

图三十七　先君墓记

图三十八　先君墓记（部分）

图三十九　郭朱氏十一娘地券

图四十　李氏二娘地券

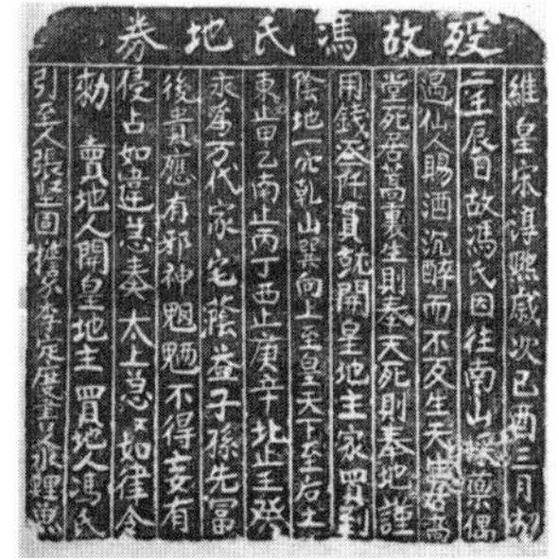

图四十一　殁故冯氏地券

图四十二　曾氏二娘地券

图四十三　余氏大娘地券

图四十四　王兴之夫妇墓志（部分）

“魏碑体”的特点概括为“笔气浑厚、意态跳宕、长短大小、各因其体，分行布白，自妙其致，寓变化于整齐之中，藏奇崛于方平之内，皆极精妙。”[58]这些宋代地券尺幅不大，却有浩荡之势，极好地继承了魏碑体的风神，简直就是魏碑大碣的微缩版。

此批志券大都刻于两宋年间，为何在江南地区还有大量的魏碑书风存在，一是与“铭石书”有关。南朝刘宋时羊欣的《采古来能书人名》：“颖川钟繇，魏太尉，同郡胡昭公交车征，二子俱学于德升，而胡书肥、钟书瘦、钟书有三体，一曰铭石之书，最妙者也。二曰章程书，传秘书，教小学者也。三曰行狎书，相闻者也。三法皆世人所善。”[59]1965年1月在南京燕子矶人台山出土了《王兴之夫妇墓志》（图四十四）[60]。据专家考证，墓主人王兴之与王羲之为伯叔兄弟，作为同时代人，王羲之《兰亭序》书风与《王兴之夫妇墓志》的书风却截然不同，此墓志刻画有界格，字体为楷隶之间，与南朝的《爨宝子碑》相似。所以证明在当时，既有象《兰亭叙》这样笔力劲爽，体势流美的行书“行狎书”，又有像《王兴之夫妇墓志》这种古朴浑厚、端庄肃穆的“铭石书”体。

这种“铭石书”其实就是专门用来写碑志的，这种书体方整、肃穆，适合书写碑碣、墓志造像。随着社会的发展，文人士大夫已很少使用，只由民间书者与工匠一直作为手艺在传承。“铭石书”存在的另一个原因是与历史上的三次大迁徙有关，第一次是东汉末年到西晋末年的“衣冠南渡”；第二次是唐代“安史之乱”时，大批北方居民南下逃避战乱；第三次是北宋末年到南宋时期，大批人口随败退的皇室，迁居偏安江南，所以北方的文化进入江南，与南方的文化相互交融，北方雄强与朴茂的书风一直延续到宋元（从出土的元代志券看书风较平和纯正，受赵孟頫影响较大），甚至明清，如《元仲子组敬圹志》（图四十五）[61]、明代《戴氏孺人墓志铭》《显考武略将军豫堂王公之墓券》（图四十六）[62]等志券书风亦属此类“铭石书”，所以说碑志书法以

图四十五　元仲子组敬圹志

图四十六　显考武略将军豫堂王公之墓券

一种特殊方式一直在延续发展。

李刚田先生在《宋代买地券书法专题导语》一文中提出了研究中国书法发展史的三种参照体系。其中之一：“就是以文人书法与俗人（世俗而非庸俗）书法，或曰庙堂书法与民间书法相互参照来研究中国书法史，也是一部在由俗变雅，再由雅化俗的过程中发展延伸的，由于这种变化，书法史也就显得更加丰富与精彩。”[63] 可以说宋代志、券书法也是中国书法优秀传统的组成部分，探究与关注宋代志券书法对当代的中国书法创作有着积极的意义。

四、宋代志券的民间书风对当代书法创作的启迪意义

宋代志、券书法可谓一志一奇，有着丰富的艺信息，经过探幽钩沉，如此丰富的宋代志、券书法对当代书法创作有以下几点启迪意义：

（1）为当代书法创作提供了丰富的资源与创作灵感。这批出土的宋人志券，前后跨度近三百年，涵盖了几代民间书法家的创作面貌，其中蕴藏了从魏晋到唐宋以来书法的吉光片羽，表现了大批民间书法家的自然天性与质朴的真趣。篆、隶、真、行、草各体兼备，每一通志、券都有其独特个性，可

谓一志一奇，相信在当下出新求变的书法创作中，书法家们一定会从中找到许多创作的灵感。

（2）为当代书法创作如何向经典作品学习提供了新的参照体系。通过梳理，此批志、券中有不少好作品也是从魏、晋、宋代大家的经典作品中脱颖而出，例如前面分析过的《吴门潘氏太君墓志》《先君墓记》《饶州德兴县主簿张公行状》《宋羽化冲靖大师郑君藏真之志》等这些作者都是善学魏、晋、唐代大家的高手，他们都能做到遗貌取神，饶有新意。还有前面提到的《宋故孙伯材墓志》等五块同学黄庭坚书风的志券，他们或取体势，或取用笔，或取结字特征等等，各具面目，亦各有所成。山谷曾论书云："《兰亭》虽真行书之宗，然不必一笔一画为准，譬如周公、孔子不能无小过，过而不害其聪明睿圣，所以为圣人。不善学者，即圣之过处而学之故蔽于一曲。"[64]

（3）为当代书法创作如何取法民间书风，是"雅化"还是"以丑为美"提供了新的思考命题。如此众多的宋代碑志、地券书法，水平自然良莠不齐，因为这些民间书刻者的文化素养不同，再加上在古代信息传播相对滞后，大部分民间书手很难接触到名家手迹，他们只能靠师徒间的代代传承（比如佛经、道经等作为字贴使用），所以有些如乡贤之类的读书人甚至隐逸之士写的志、券会让你感到惊艳，而有些志、券的书法确实很卑陋，不足为法。当代有些书法家为了创新求异，专挑最怪、最奇、最丑的地券作为字帖来学习，认为越丑才是越美的，这显然是审美出了偏差，值得我们深思。好在同样以魏碑、墓志铭、摩崖、造像记等民间书风为取法而支撑起清代碑学运动的一大批名家如金农、赵之谦，弘一法师、谢无量、徐生翁等等，他们的作品是"雅"还是"丑"？有目者共鉴之。合理取法民间书风，取其精华，去其糟粕。相信深入挖掘与探究宋代志、券书法的精华，肯定会给当代书法创作带来很多惊喜。

参考文献：

[1]、[2]、[6]、[13]、[14]、[15]、[16]、[26]、[59]、[63] 书法文献·宋代地券[M].青岛：青岛出版社，2014：94、94、4、100、100、100、18、23、

30、1.

[3]、[4]、[5]、[7]、[8]、[9]、[10]、[11]、[12]、[17]、[18]、[19]、[20]、[21]、[22]、[23]、[24]、[25]、[27]、[28]、[29]、[31]、[32]、[33]、[34]、[35]、[36]、[37]、[42]、[43]、[44]、[45]、[46]、[47]、[49]、[50]、[51]、[52]、[53]、[54]、[55]、[56]、[57]、[60]、[61]、[62]图片均来自上饶市博物馆收藏拓片，拍摄于2018年8月。

[30]、[58]谷溪．中国书法艺术[M].北京：文物出版社，1993：25、58.

[48]康有为．广艺舟双楫[M].北京：北京市中国书店，1983：28.

[38]、[64]书法[J].1984（2）：18、41.

[39]、[40]、[41]、黄君．山谷书法钩沉录[M].北京：中国人民大学出版社，2014：3、3、4.

[60]李明方、常国武主编．中国书法名作鉴赏词典[M].南京：南京大学出版社出版，1991：130.

（作者简介：陈之耀，上饶书画院院长）

新见辛弃疾交游傅君用寿藏铭及其事迹与家族世系考释

程继红 汲 军

傅君用是辛弃疾居铅山瓢泉时的交游之一，稼轩词中两见：一为《念奴娇·是谁调护》词序云："余既为傅岩叟两梅赋词，傅君用席上有请云：'家有四古梅，今百年矣，未有以品题，乞援香月堂例。'欣然许之，且用前篇体制戏赋。"[1]450二为《贺新郎·曾与东山约》词序云："题傅君用山园。"[2]39可见词人与傅君用交往匪浅。稼轩词中涉及铅山傅氏除了傅君用，还有傅岩叟和傅先之，他们二位生平事迹皆可考，独傅君用不明。邓广铭先生《念奴娇·是谁调护》笺注云："傅君用，事历未详。词中谓与岩叟为邻，疑亦岩叟族人。"[1]450 其他如徐汉明[2]40、朱德才[3]诸先生亦皆云傅君用事历不详。今幸见《宋儒生傅处士寿藏铭并引》，方揭傅君用事历谜底。

一、《寿藏铭并引》概况及录文

寿藏，亦称生圹，乃生前预筑的坟墓，故《幼学琼林》云"生圹曰寿藏"。寿藏铭，亦为墓主生前撰就。今所见《宋儒生傅处士寿藏铭》为拓片，藏江西省上饶市博物馆，原石藏地暂不可考。拓片上端横额篆书大字"宋儒生傅处士寿藏铭"，竖题"宋儒生傅处士寿藏铭并引"，书写者为傅君用门生。兹录文如下：

宋儒生傅处士寿藏铭并引　门生乡贡进士□□□□□□

年　月　日，傅商弼治寿藏于鹅湖乡第四都之陈原，

□□□□，时年七十有六，恐将来子孙习于世俗之弊，过有僭礼，故预写终制。予娶赵氏，亡已十五年，生子皆不育，惟茂良一人，甫冠，未娶而亡，以族孙炎为后。女一人，适从事郎赵櫄夫，已亡二十年。庶子节，孙男三人。余少而好学，限于有司程度而不遇，无行事可纪，将来不必求志铭于他人，亦不得受人溢美挽章，只填死葬年月日，附葬祖妣茔所。余少学礼，又尝学佛教。今明圣人之礼以示子孙，使不得违；辩佛氏之非，使之不惑。别书于壁，仍自预为铭曰：少而好学志也，老而不遇命也；厚葬之僭礼不可违也，佛老之非当破千载之惑也。

右《寿藏铭》，先君所自作也。往年，先君尝亲题《宗谱》云："始祖宏生四子，仕南唐，官至宣徽使。与宰相徐铉议不合，出为信州刺史，卒于郡治，葬于旁罗，子孙因家焉。一子诜，迁东洋。"先君其七世孙也。曾祖抗，祖缜，皆不仕。父钦时，赠承仕郎，生三子。先君讳商弼，字君用，居次。生于绍兴之戊寅五月丁卯日，卒于端平之甲午十月辛巳日，享年七十有七，在正寝也。绍定六年秋，尝预卜寿穴二所，一曰陈原，一曰谢坞，皆其生平所注意者。今年秋九月，一病寖革。未殁前一日迟明，自知将终，折简以命方生志，遂有"病躯危笃，昨来所讬写遗文可急来，忍死以待，为书于壁，以示子孙"之语，其"文"即所为《寿藏记》是也。起视其书，反卧而逝，了然不乱。节痛思治命，欲不逾月而葬于陈原，卜不吉，且为日甚迫，事弗克集。因友人王明甫质疑于克斋陈先生。先生者，先君之所敬畏者也。亦以为礼贵从宜，择吉地而葬之可也。节遂改卜于谢坞，亦所以承先君也。其地坐坤申而面寅甲，于阴阳家为宜，且密迩稼轩先生之佳城，生得其所亲，葬得其所依，陈原有灵，亦必安妥，遂于是年十二月壬午日襄事焉，惧后人不知此心，敬序其颠末如右。端平改元岁次甲午十二月□旦，孤子节泣血百拜谨书。

以上录文分铭和引两部分内容，其中铭为傅君用自撰，引为其庶子傅节所记。傅节为其父寿藏铭作引，略同于今之作序。该引在叙述傅君用家族世系之外，主要记载了傅君用生卒年、去世与卜葬经过。

二、傅君用事迹及其交游考释

从以上寿藏铭并引录文可知，傅商弼，字君用，生于南宋绍兴二十八年（1158）五月丁卯日，卒于端平元年（1234）十月辛巳日，享年七十有七。从《宋儒生傅处士寿藏铭》题目来看，傅君用的定位已经很清楚了。首先，他是一位儒生，也就是说，他是一位遵从儒家学说的读书人；其次，他是一位处士，亦即是一位未仕之士。他自述少而好学，但无科举功名；又曾学佛，但终以释氏为非。因经历简单，故自嘲“无行事可纪”，最后感叹“少而好学志也，老而不遇命也”。由于他深受儒家思想影响，唯恐“子孙习于世俗之弊，过有僭礼”，故“厚葬之僭礼不可违也，佛老之非当破千载之惑也。”可见傅君用自撰寿藏铭的旨意，其实还有一层临死之前鸣志的意思在里头。

关于傅君用的家庭成员情况，寿藏铭记载较详。其妻姓赵，15年前去世。生子多人，但只有傅茂良活到成人，可惜未娶而死，遂以族孙傅炎为后。赵氏生女1人，嫁给从事郎赵槱夫，但也去世20年了。而傅君用与庶妻还有一子，叫傅节，有子3人。

傅君用去世后，下葬过程是颇费一番周折的。在绍定六年（1233）秋，傅君用尝预卜寿穴二所，一曰陈原，一曰谢坞，这两地都是其生平所关注的地方。但在傅君用死后，傅节本想不逾月而葬于陈原之地，但却出现意外，因为再“卜不吉”。傅节缘何要急急忙忙“不逾月”而葬呢？也许他是为了遵守傅君用在寿藏铭中交代的“厚葬之僭礼不可违也”的遗训。一般而言，古代礼制，士死后要满一个月，到第二个月才下葬，称为“逾月”之制。《左传·隐公元年》：“天子七月而葬，同轨毕至；诸侯五月，同盟至；大夫三月，同位至；士逾月，外姻至。”杨伯峻注：“逾月者，历二月也。”[4] 但傅节在“痛思治命”之后，作出“欲不逾月而葬”的决定。所谓“治命”，便是一个人临死前神智清醒时的遗嘱，相对于“乱命”而言，后亦泛指生前遗言。也许，傅节一方面担心天有不测风云，还是让死者早安地下为妥；另一方面，因为傅君用有“厚葬之僭礼不可违也”的治命，可见他是主张薄葬的。薄葬，体现在时间上其实就是短丧。比如，曹魏时期推行薄葬，时间上要求不逾月。傅节担心发生变故，倘有违父命，便要承担僭礼的罪责，所以才急着要不逾月而葬。殊不知，早先预卜的陈原之地，这回再卜时却不宜了，因此才有征询陈文蔚之举。傅君用去世是在十月十八日，谢坞襄事是在十二月十九日，刚好2个月。傅节原计划不逾月，现在因故逾月，但也符合古礼设定的逾月而葬制度，前后时间掐得相当准确。

值得注意的是，傅节在引文中提到了两位交游人物，一位是克斋陈先生，一位是稼轩先生。

我们先说克斋陈先生与傅君用的关系。当时上饶、铅山两地的文人围绕陈文蔚形成一个交游圈，而这个交游圈与围绕辛弃疾形成的交游圈基本上是重叠的。傅节在卜葬遇到疑问时，曾请教过克斋陈先生。这位陈先生，即陈文蔚（1153—？），字才卿，号克斋，信州上饶人。尝举进士，师事朱熹，讲读上饶、铅山等地，以坐馆为生，居家不仕，是一位丘园派的理学家。其学以求仁致诚为本，以躬行实践为事。文章醇厚精确，不愧有道之言。著《四书集成》《尚书类编》，散佚。端平初，都省言其所作有益治道，诏补迪工郎。今有《克斋集》存世。

陈文蔚比傅君用年长5岁，有一首诗写他向傅君用觅月桂然后栽种，其《甲戌正月从君用弟觅月桂栽》诗曰：

> 花发枝头月月新，不妨分种过西邻。琴书结束归来日，要使门庭长有春。[5]

这首诗作于嘉定七年（1214），其时陈文蔚61岁，傅君用56岁，故称傅君用为弟。这月桂很可能是傅君用山园里的品种，联系陈文蔚另一首《晚步傅氏小园》诗，或许便是写傅君用的这个园子。这说明傅君用与陈文蔚原先就已经认识。陈文蔚是当时上饶文人圈中少有的高寿者，端平元年（1234）傅君用77岁去世，陈文蔚已经82岁。本年正月十五日，陈文蔚还讲学于上饶邻县永丰（今上饶市广丰县）龙山书院①。所以当傅节因友人王明甫质疑于陈文蔚时，陈文蔚给出了自己的意见，这样傅节便将父亲改葬于谢坞。

接下来说说稼轩先生与傅君用的关系。关于谢坞之地的具体位置，傅节

① 程继红:《陈文蔚年谱稿》，未刊。

在引中明确记载“密迩稼轩先生之佳城”，也就是说离稼轩墓园较近。今稼轩墓园在陈家寨西南约5里的阳源山颜家垄，照傅节的记载，则谢坞应该离颜家垄不远。傅节对于最后卜定谢坞，其实是感到很幸运的，因为他说傅君用与辛弃疾的关系是“生得其所亲，葬得其所依”。傅君用比辛弃疾小18岁。辛弃疾去世在开禧三年（1207），此时傅君用49岁。傅君用卒时，辛弃疾已经谢世27年了。傅节有此感慨，一方面说明辛弃疾与傅氏家族交往较深，另一方面也可想见辛弃疾在傅氏家族心目中的地位很高。

辛弃疾《念奴娇·是谁调护》词序提到傅君用“家有四古梅，今百年矣”，照此推算，至少在傅君用曾祖时就已经种下了，这也从一个侧面说明傅君用家族在此地定居的历史较长。而联系《贺新郎·曾与东山约》词序为“题傅君用山园”，则傅君用的这四株古梅，大概便种植在山园之中。关于这两首词的写作时间，邓广铭先生考订《贺新郎·曾与东山约》作于庆元六年（1200），而《念奴娇·是谁调护》应在此前。由此可知，辛弃疾游傅氏山园时年60岁，傅君用时年42岁。

除了这两位交游之外，傅君用既然出现在傅岩叟的宴席上，而且与之同姓，故邓广铭先生推测他们是同族关系。傅岩叟，生卒年未详。陈文蔚有记曰：

> 铅山傅岩叟，幼亲师学，肄儒业，抱负不凡。壮而欲行爱人利物之志，命与时违，抑而弗信，则曰士有穷达，道无显晦，乃以是理施之家，而达之乡。……岩叟名为栋，尝为鄂州州学讲书。[6]

傅岩叟在稼轩瓢泉词中有12见，可见二人交游之频繁。此外，傅君用还有一位交游，就是寿藏铭的书写者方某，他是傅君用的弟子。

关于傅君用的师承，则是依靠陈文蔚的记载我们才得知的，其云：

> 铅山傅商弼一日来访文蔚，蹙然而言曰：“正叔余先生，予师也。殁几三十年，嗣人湮微，不能发其先德，使有善弗彰，吾子合为论著，予将以碣诸石，使来者有考焉。”文蔚闻其言而悲曰：“正叔，予同门友也，知其平生甚悉，顾力未足以振之，幸吾子欲发其有余。既死，文蔚虽不文，其敢辞？”[7]

原来傅君用的老师是上饶余大雅。值得一提的是，在《克斋集》中傅商弼这个名字早有记载，只因为在这块《寿藏铭》出现之前，没有其它文献可以将傅商弼和稼轩词中的傅君用联系起来，让后人等了八百多年才弄清楚他们是同一个人。

余大雅（1138—1189），字正叔，世居上饶[①]。淳熙六年（1179）二月，朱子赴任南康军，道经铅山，大雅纳贽，拜谒于观音寺[②]。淳熙九年（1182），朱子离浙东提举任，归闽过上饶，大雅与韩元吉、辛弃疾等会朱子于南岩寺。淳熙十一年（1184）九月，携陈文蔚拜访朱子于五夫紫阳书堂，再到武夷精舍续学一月而返。淳熙十五年（1188）七月，朱子道经上饶归闽，大雅随朱子入闽问学，至九月而归。淳熙十六年（1189）夏，入闽访朱子。九月归，适陈文蔚入闽，两人相遇武夷溪上，十一月卒。大雅德性和粹，器量宏远。惜其往日与朱子书信，厄于灰烬，而平居问答，仅存《语录》刻于江东庾台。照黄宗羲《宋元学案》的谱系建构，傅君用应该是朱子的二传弟子了。

余大雅与陈文蔚虽然都师从朱子，但余大雅要早陈文蔚5年，而且据陈文蔚自己说，“文蔚亦因正叔拜先生于紫阳书堂”[7]，可见他拜朱子为师，还得力于大雅的介绍。依照辈分，陈文蔚算得上是傅君用的师叔了。据克斋记载，傅商弼是在嘉定八年（1215）到陈文蔚家里，请求他为老师撰写墓碣。余大雅淳熙十六年（1189）去世，享年51岁，其时距他去世已经有26年，故傅君用有“几三十年”之叹。这时傅君用也已经是62岁的老人，有感于老师子孙湮微，便想到要替老师整理著述，又觉得老师墓前尚缺一方碑记，所以从铅山到上饶陈文蔚家里登门求赐。对于傅君用的为人，清人郑之侨说：

> 宋有傅商弼，为余正叔门人，见陈克斋所撰《正叔墓碣》中，其他行事不概见，然亲贤取仁，已见《名人纪述》，未容湮没，故

① 陈文蔚:《克斋集》卷十二《余正叔墓碣》(清文渊阁《四库全书》本)。但黄宗羲误余大雅为“顺昌人”，见《宋元学案》卷六十九《沧州诸儒学案》(上)，北京：中华书局1986年版，第2300页。而束景南沿黄宗羲之误，也以其为“顺昌人”，见《朱熹年谱长编》(卷上)，上海：华东师范大学出版社2001年版，第616页。

② 黎靖德:《朱子语类》卷一百十三:“大雅谒先生于铅山观音寺，纳贽拜谒，先生问所学。”据束景南考证，此在淳熙六年。见《朱熹年谱长编》(卷上)，上海：华东师范大学出版社2001年版，第616页。

附识于此。[8]

所谓“亲贤取仁”，傅君用在老师余大雅去世之后的表现也应该担得起这四个字了。

三、铅山傅君用家族世系考释

铅山傅氏，在宋代为邑中甲姓。傅氏家族之发脉，据傅节所载，傅君用尝亲题《宗谱》云：“始祖宏生四子，仕南唐，官至宣徽使。与宰相徐铉议不合，出为信州刺史，卒于郡治，葬于旁罗，子孙因家焉。一子诜，迁东洋。”这条史料为我们提供了傅君用家族世系最为可靠的信息。关于铅山傅氏家族的来源，陈文蔚曾说：“铅山傅氏，派自金陵。辟五季乱，来信州。族寖大，二百年间，联仕版者相望，为邑甲姓。”[9]证以傅节所记，陈文蔚关于“辟五季乱，来信州”的说法并不可靠，确切的原因是始祖傅宏“出为信州刺史，卒于郡治，葬于旁罗，子孙因家焉”。这就是铅山旁罗傅氏的来历。需要指出的是，自从傅宏四子之一的傅诜“迁东洋”，铅山傅宏家族遂分旁罗傅氏和东洋傅氏两系。

东洋在铅山县城永平镇东，史载：“铅之上流有大溪，由闽桥而来，至郭东，与东洋之水合流而西。”[10]由此知，东洋为溪名。明代邑人吴晟卜筑东洋，夏言为作序。关于东洋周围环境，夏言描绘道：

> 乃迁居东洋右山水佳处，前对鹅湖诸峰，俯瞰溪水，丘陵林麓，环于其前，渠阡陌交乎其旁，茂林清泉白石之胜，无不备具。[13]

我们可以想象傅氏山园之境，大抵如此。

傅诜为东洋傅氏的发脉。据傅节记载，傅君用是傅诜的七世孙，很显然傅君用是属于东洋傅氏家族这一系的。东洋傅君用这一支，傅节已经为我们梳理得很清楚了，即：傅抗——傅缜——傅钦时——傅君用——傅节。傅钦时有三子，君用为次子。东洋傅氏此脉，似有一个传统，即“皆不仕”。如，曾祖傅抗，祖傅缜，傅君用本人，皆未官。

但傅君用的祖父傅缜却在铅山非常有名。章谦亨宰铅山时，于绍定三年

（1230）在县邑西湖旁，买屋一区，为铅山本地或与铅山关系密切的历代名贤十六人建群贤堂①，陈文蔚为记[12]，徐元杰为赞。这十六人中便有东洋傅氏家族成员傅缜，徐元杰《傅长者赞》云：

> 长者名缜，字子玉，居邑之东洋。应进士举，会舍法行，不忍去其亲，弃所业归养。尤乐于义，岁歉，率先发廪济之。饶、信饥民入境，居者给粟，行者裹粮。后遇凶年，遂为故事。青苗法行，县多系逋民，长者悉损镪代输，民尽得释。又尝一新邑校，里闬皆称长者。绍兴初，敌兵焚掠至其家，三举火不然，首领后至，曰："是傅长者家。"举火者緘其门而去。赞曰：土苴轩冕，圭璧彩衣。高谊薄云，知无不为。屹然仁门，众不敢窥。长者之称，名以实归。[13]

徐元杰关于傅缜的记载，后为历代铅山县志所传抄。前引傅节记载，傅缜有子曰傅钦时，但据陈文蔚记述，我们得知傅缜其实还有一子，叫傅钦明。其云："缜生钦明，为登仕郎，辟江淮总属。钦明生一飞，好古学，游象山陆氏门，不得寿，赍志以殁。才甫讳杰，一飞之嗣子。"[9]这样，我们又可理出东洋傅氏另一脉的线条：傅抗——傅缜——傅钦明——傅一飞——傅杰。东洋傅氏此脉，却又出仕居多，如傅钦明官至江淮总干。傅一飞亦被授官，后因客死建康而未果。傅杰在顺昌、崇仁等地任主簿，后监江陵府粮料院。

有趣的是，傅钦时与傅钦明兄弟这两支，不仅有隐仕之别，在学术趋向上也明显分为两派。一派为福建朱子学，如傅君用，从余大雅游，是朱子二传。另一派传江右陆学，如傅一飞，就是陆九渊的弟子。傅一飞，字伯济，好古学，游象山陆氏门[9]。特别值得一提的是，傅一飞是铅山傅氏家族唯一参加过朱、陆鹅湖之会的当地人士。朱、陆鹅湖之会，三方参加人士，今可考者：浙江吕方有吕祖谦、潘景愈；福建朱方有朱熹、何镐、蔡元定、连崧、范念德、詹体仁、徐宗臣；江右陆方有陆九渊、陆九龄、朱桴、朱泰卿、邹斌、傅一飞等。除此之外，尚有与吕、朱、陆三方无关联的江右地方其他人

---

① 据《西湖群贤》记载，入西湖群贤堂16人为：朱熹、吕祖谦、陆九龄、陆九渊、庞籍、刘辉、刘韐、虞太熙、赵士礽、辛弃疾、赵不逊、祝可久、贾逸祖、傅缜、韩泷、申世宁等。见：笪继良、柯仲炯纂修《铅书》三"列传五"（明万历四十六年刻本）。

士[①]。傅一飞是作为陆九渊的弟子参加鹅湖之会的。

在思想立场上，傅君用与傅一飞两家也有不同。在寿藏铭中，傅君用对其子傅节是有明确要求的，即辩佛老之非，破千载之惑，儒家倾向非常明显。但傅一飞之子傅杰，因喜佛老，而受到朱子的规劝。傅杰赴顺昌县簿任时，曾道经建阳，首谒朱子。因傅杰“喜道家修养书及释氏语，自谓有据无据，如藤倚树，平日所得于释氏者在此”，朱子曾挽以吾儒问学，写信令“小作课程，专读一书，久自得力”[9]。由此可见，傅杰有较浓的佛道思想。

辛弃疾与铅山傅氏颇多交游，其中交游最深的应该是傅岩叟，而傅岩叟也属东洋傅氏这一脉。对此，陈文蔚《游山记》有交代。其云：“嘉定己巳秋九月，傅岩叟拉予与周伯辉践傅岩之约。癸巳，岩叟、伯辉发铅山之东洋，予自水北往会于千田原归福庵。”[14]意思是说，他们各自从家里出发，其中傅岩叟发铅山东洋，陈文蔚自水北，大家到归福庵会合后再去游山。既然傅君用和傅岩叟都居住在东洋，显为东洋傅氏一系无疑，故邓广铭先生《念奴娇·是谁调护》笺注关于“词中谓与岩叟为邻，疑亦岩叟族人”的推断，就可以坐实了。

参考文献：

[1] 辛弃疾．稼轩词编年笺注[M]．邓广铭笺注．增订本．上海：上海古籍出版社，1993.

[2] 徐汉明．辛弃疾全集校注：上册[M]．武汉：华中科技大学出版社，2012.

[3] 朱德才．增订注释辛弃疾词[M]．北京：文化艺术出版社，1999：259.

[4] 杨伯峻．春秋左传注[M]．北京：中华书局，1981：16.

[5] 陈文蔚．甲戌正月从君用弟觅月桂栽[M]//陈文蔚．克斋集：卷十六．文渊阁四库全书影印本，上海：上海古籍出版社，2003.

[6] 陈文蔚．傅讲书生祠堂记[M]//陈文蔚．克斋集：卷十．文渊阁四库全书影印本，上海：上海古籍出版社，2003.

---

① 束景南：《朱熹年谱长编》（卷上），上海：华东师范大学出版社2001年版，第528—529页。

[7] 陈文蔚 . 余正叔墓碣 [M] // 陈文蔚 . 克斋集：卷十二 . 文渊阁四库全书影印本，上海：上海古籍出版社，2003.

[8] 郑之侨 .〔乾隆〕铅山县志：卷十 人物 [Z]. 刻本 .1743（清乾隆八年）.

[9] 陈文蔚 . 监江陵府粮料院傅君墓志铭 [M] // 陈文蔚 . 克斋集：卷十二 . 文渊阁四库全书影印本，上海：上海古籍出版社，2003.

[10] 补遗九 · 士行 [Z] // 笪继良，柯仲炯，纂修 . 铅书：三 . 刻本 .1618（明万历四十六年）.

[11] 序第八 · 夏言赠孟晹卜筑序 [Z] // 笪继良，柯仲炯，纂修 . 铅书：六 . 刻本 .1618（明万历四十六年）.

[12] 陈文蔚 . 铅山西湖群贤堂记 [M] // 陈文蔚 . 克斋集：卷十 . 文渊阁四库全书影印本，上海：上海古籍出版社，2003.

[13] 徐元杰 . 傅长者赞 [M] // 徐元杰 . 梅埜集：卷一一 . 文渊阁四库全书影印本，上海：上海古籍出版社，2003.

[14] 陈文蔚 . 游山记 [M] // 陈文蔚 . 克斋集：卷十 . 文渊阁四库全书影印本，上海：上海古籍出版社，2003.

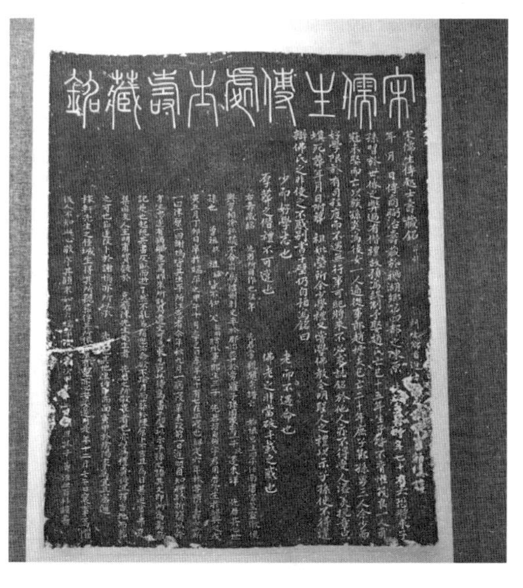

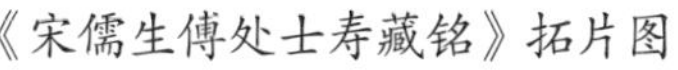

《宋儒生傅处士寿藏铭》拓片图

辛弃疾像

（作者简介：程继红，浙江海洋大学教授；汲军，上饶师范学院教授）

元信州路儒学刊本《北史》版本项详考

管正平

大德九路本《十七史》，“上承南宋国子监本之十七史，下接明南监本之二十一史，这些本合在一起实可称为正史之几个汇刻本中之正系，以成为清乾隆武英殿本二十四史之源流占极重要之地位”[1]。其中的《北史》在今上饶地区辖区内刊刻，依据不同的命名标准，分别称之为：大德本、元大德本、信州路儒学本、元大德信州路刊本、元大德丙午刊本、元大德间信州路儒学刊本、元信州路学刊本等，或者与同期刊刻的其它史书合称为：建康本十七史、大德九路刊本、大德九路本十七史、大德九路本十史等。虽然大德本《北史》刻版存在一些缺点，如于敏中评价该书时感叹：“独惜其摹印草草，较宋刊则远甚矣”[2]140，傅增湘也认为它“写刻粗率”[3]94，但其学术上的优点也为人称道，如瞿镛在《铁琴铜剑楼藏书目录》中举证后

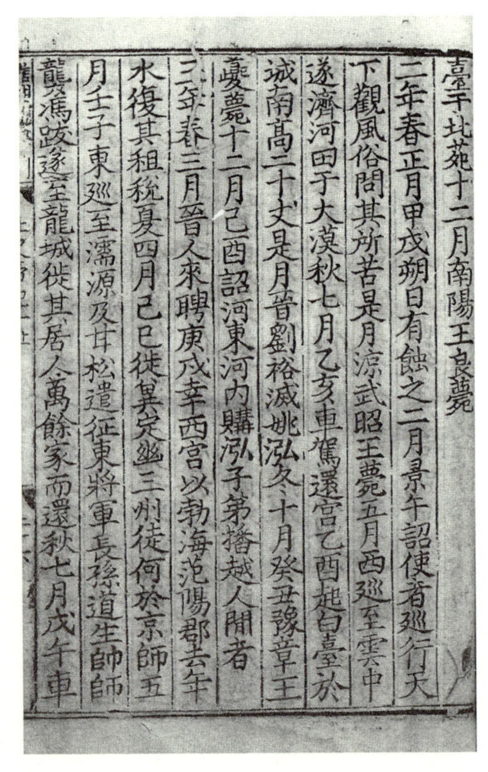

臺于北苑十二月南陽王良薨
二年春正月甲戌朔日有蝕之二月景午詔使者巡行天
下觀風俗問其所苦是月涼武昭王薨五月西巡至雲中
遂濟河田于大漠秋七月乙亥車駕還宮乙酉起白臺於
城南高二十丈是月晉劉裕滅姚泓冬十月癸丑豫章王
夔薨十二月己酉詔河東河内購泓子弟播越人間者
三年春三月晉人來聘庚戌幸西宮以勃海范陽郡去年
水復其租稅夏四月己巳徙冀定幽三州徒何於京師五
月壬子東巡至濡源及甘松遣征東將軍長孫道生帥師
襲馮跋遂至龍城徙其居人萬餘家而還秋七月戊午車

北史（唐）李延寿撰 元大德信州路儒学刻明嘉靖递修本

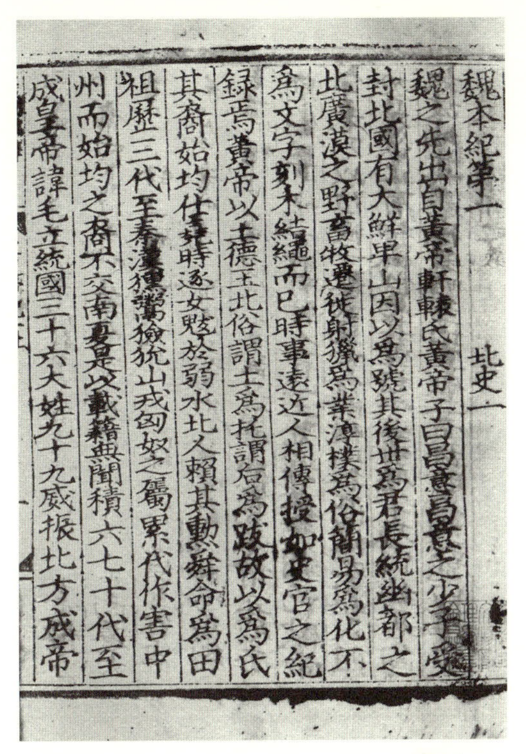
魏本紀第一　北史一
魏之先出自黃帝軒轅氏黃帝子曰昌意昌意之少子受
封北國有大鮮卑山因以為號其後世為君長統幽都之
北廣漠之野畜牧遷徙射獵為業淳樸為俗簡易為化不
為文字刻木結繩而已時事遠近人相傳授如史官之紀
錄焉黃帝以土德王北俗謂土為托謂后為跋故以為氏
其裔始均仕堯時逐女魃於弱水北人賴其勳舜命為田
祖歷三代至秦漢獯鬻玁狁山戎匈奴之屬累代作害中
州而始均之裔不交南夏是以載籍無聞積六七十代至
成皇帝諱毛立統國三十六大姓九十九威振北方成帝

北史（唐）李延寿撰 元大德信州路儒学刻本

说："信旧本之足贵也。"[4]207－208陆心源认为："较明北监本和汲古阁本颇有胜处。"[5]42傅增湘进一步肯定其价值，"知南监翻雕以后，沿讹踵缪正多，若非得元本殆无以矫正之，况此帙为元时摹印，又前于瞿、陆所藏，弥足珍异。"[3]94张元济在主持商务印书馆时，将其纳入百衲本二十四史，并且在后跋中举出很多字词优胜的例子后评判："其他单词只字之较胜者，尤不可指屈。然则此本虽非最上，抑犹不失为次也。"[6]1023此后大德本《北史》更加受学者重视，然而原有的版本项记载或有阙漏，或过简略，近年也无相关讨论，故就版本项作梳理补正。

一、刊刻时间

《北史》刊刻的起止时间，《北史》本身无明文交代，当时典籍也无记载。后世书目大部分只说"大德年间"。大德，元成宗年号，始于1297年，终于1307年，前后历十一年，时间跨度太长。也有学者进一步明确地将《北史》直接定为大德十年（1306），如赵连稳，朱耀廷认为："大德十年，……信州路儒学刻印《北史》100卷。"[7] 陈彬龢、查猛济编的《中国书史》提出："'信州路儒学'，大德丙午，——刻《北史》一百卷，钱《日记》《瞿目》《丁志》《陆跋》《缪记》《陆志》都见。"[8] 然而陈、查未交代判断依据，查阅了他们所提及的目录著作，也没有找到具体年份记载。因此就间接资料做一些推测。

大德本《北史》刊刻的背景，孔文声在同期刊刻的《汉书》跋中做了交代:“江东建康道肃政廉访司以《十七史》书艰得善本，从太平路学官之请，遍牒九路，令本路以《西汉书》率先，俾诸路咸取而式之。”[2]139《西汉书》的刊刻时间是“始大德乙巳仲夏六日，终是岁十有二月廿四日。”[2]139大德乙巳即元成宗大德九年（1305），从开始刊刻到竣工不足八个月。同时，不待《汉书》刻成，其它史书也相继开雕。如由宁国路刊刻的《后汉书》，河南云谦在《后汉书》跋语中说:“宛陵郡学分刊《后汉书》。自大德乙巳孟夏刻梓，至仲冬书成。”[1]再看《南史》，张元济在跋元大德刊本《南史》时提及“《列传》第七十末叶版心下方题‘桐学儒生赵良粢谨书，自起手至阁笔凡十月’小字二行”[6]979，可知《南史》历时十月完工，具体竣工时间在蒯东寅的序中有交代，乃是“丙午立夏”。依照以上两条材料推算，则《南史》开雕时间也是在乙巳五、六月间，即大德九年（1305）。开雕的当年就竣工的，还有如下一些:“据现在所知：大德九年（1305年），……瑞州路儒学刻印《隋书》八十五卷；建康路儒学刻印《新唐书》二百二十五卷、《晋书》一百三十卷、《新五代史》七十四卷。”[9]以上提及的诸史都在《汉书》刊刻的当年开工，因此最大的可能是《北史》也在《汉书》的同一年开始刊刻。

再考虑竣工时间，这批书籍的刊刻，或者是没有刊刻，“结果只有7路刻了十史，……而《宋书》《南齐书》《梁书》《陈书》《魏书》《北齐书》《周书》没有刻。”[10]或者速度非常快，如《西汉书》的刊刻，“当时以百卷之书，仲夏开雕逮腊月而即蒇事”[2]139－140，在《西汉书》刊刻后一年内竣工。除了上文提及的《南史》十月内就竣工外，尚有《三国志》的雕版速度也很快，桐乡朱文锡在《三国志》跋语中所署的时间是“大德丙午日南至”[1]，“日南至”即是冬至，可见《三国志》在大德十年（1306）冬季竣工。依据以上所述，《北史》最大可能是在大德九年（1305）开刻，大德十年（1306），即丙午年竣工。

二、刊刻地点

《北史》刊刻地点，书目多载为信州路，详尽完备记载的莫过于傅增湘的《元大德本北史跋》:“以全书详检之，卷一至五十刊者为信州路儒学，有方洽，周益、周己千、周之冕、孙粹然校正等字。卷五十一至七十二刊者为象山书院。卷七十三至八十刊者为蓝山书院。卷八十一至八十三刊者为道一书院，有杨燧校正、聂则迁校正、陈志仁校正等字。卷八十四至九十刊者为玉山县学，有郑道宁、王烈校正等字。卷九十一至九十三刊者为永丰儒学，卷九十四至九十六刊者为弋阳县学，卷九十七至九十八刊者为上饶县学，卷九十九、一百刊者为贵溪县学，皆无校正人名。”[3]92－93然而傅增湘所见为递修本，“盖卷六十至七十二乃以补刻版配入也。”[3]92－93他也提及“惟皕宋楼本据《仪顾堂题跋》，刊书之地尚有稼轩书院，余别藏残本亦有之”[3]92－93，今据商务印书馆1935年影印的百衲本《北史》比照，应当是：卷五十一至六十七刊者为象山书院，卷六十八至七十二为稼轩书院，版心上方阳叶记刊书地名，有“信州路稼轩书院刊”“稼轩书院刊”字样。

信州路得名，《元史》记载为“元至元十四年，升为路”，信州路下辖五县，“上饶县、玉山县、弋阳县、贵溪县、永丰县”[11]，一直到“明洪武二年改曰广信府”[12]，信州路之名方废除。刊刻地之中，信州路儒学以及信州路下管辖的玉山县学、永丰儒学、弋阳县学、上饶县学，无疑是属于信州路范围。主要考虑提及的几个书院：象山书院，原名象山精舍，在贵溪县，“旧在城南六十里应天山，宋陆文安讲学于此，始名象山。……绍定五年，江东提刑袁广微以山间不近通道，改建三峰山下之徐岩，具以本末上于朝，有诏赐额‘象山书院’，元季毁于兵。”[13]619蓝山书院，“在弋阳县水南地。元初张卿弼隐居教授于此，来学者甚众，其门人杨应桂、申益章为作书院以处之，虞集有记。”[14]812道一书院在贵溪县，《贵溪县志》载“宋程月岩绍开建”[13]648，绍开是信州贵溪百丈岭人（明正德间划归新置之万年县），直到延佑间（1314—1320）还有徽州婺源胡炳文担任道一书院山长。以上提及的书院在刊刻书籍的那个时间段，皆隶属于信州路，有相关书证，无需置疑。

但卷六十八至七十二的版心出现的刻书地名称——“信州路稼轩书院刊”，留下了一些疑问。因为《大明一统志》记载了稼轩书院的时候，只记载其地在铅山县，“稼轩书院在铅山县南二里，宋辛弃疾读书处。初名瓢泉书院，后以其号名。”[14]812然而幸有戴表元的《稼轩书院兴造记》，详尽地叙述了稼轩书院由宋入元的沿革：“济南辛侯幼安居北关，地最胜，洪内翰所为记‘稼轩’者也。……辛氏亦不能有之。辛未岁，太守会稽唐侯震，……才成夫子燕居及道学儒先祠，而唐侯去。其冬番阳李侯雷初至，遂始竟堂寝斋庑门台诸役成，而扁其额曰‘广信书院’，甲戌岁春也。书院成之二十五年，是为大德二年戊戌，官改‘广信书院’额还曰‘稼轩’，……又五年，北谯朱侯霁至，……即属山长新安赵君然明，极力经理。”[15] 戴表元明确交代稼轩书院就是宋洪迈《稼轩记》所记载的地点，兹节录洪迈原文如下："国家行在武林，广信最密迩畿辅。……郡治之北可里所，故有旷土存，三面傅城，前枕澄湖如宝带，其从千有二百三十尺，其衡八百有三十尺，……济南辛侯幼安最后至，一旦独得之，既筑室百楹，度财占地什四。乃荒左偏以立圃，稻田泱泱，居然衍十弓。意它日释位而归，必躬耕于是，故凭高作屋下临之，是为‘稼轩’。”[16] 综合考察以上两篇文章，可知元代刻书的稼轩书院是在信州路的郡治北面的原址，没有迁移，并且在大德七年（1303）受到朱霁、赵然明等地方官员重视，故而在稍后有参与《北史》刊刻之举。

在按出版者讨论的版本记载中，只提《北史》的刊刻单位是“儒学”，然而在《北史》的九个刊刻地中，除了一个路学和四个县学外，尚有四个书院参与。“儒学本”和“书院本”是同属于官刻本的两个类型。因此，并提两个刻书单位较妥，如《元代书院研究》所述："如大德年间（1297—1307），信州路的象山书院、道一书院、稼轩书院、蓝山书院受肃政廉访司之命，与信州路儒学、玉山县学、弋阳县学、贵溪县学和上饶县学合刻了《南史》和《北史》。”[17]

三、刻写主持者

主持刊刻的责任者应当是版本项中的重要一项，然而信州路刊刻的《北史》，缺少主持者的相关记载，因为“传统的著录条例不把与本版有关的责任者著录于版本项。”[18] 即便著录，对于官刻书，通例是“官署刻书著录官署名称”[19]，但刊刻责任者的重要性，越来越受到学界重视。例如作为中国国家标准的《古籍著录规则》，在“著录项目细则”下的“版本项”里，有“出版地、出版者、出版年”一项，规定："著录刻本、活字本时，……出版者指刻印书主持者（刻书主持者室名堂号斋号等信息可与其名称一并著录）。”[20] 更有学者指出，“规定信息源未题抄刻地和（或）抄刻者，可查考有关资料，将所得结果著于‘[]’内，并在附注项注明来源；若无从查考，可分析考证，将所得结果著录于‘[]’内”[21]，这对版本学研究的精确性提出了更高的要求。

《十七史》是作为一个整体工程来刊刻的，整个工程的发起，孔文声在《西汉书》跋中做了交代：“江东建康道肃政廉访司以《十七史》书艰得善本，从太平路学官之请，遍牒九路，令本路以《西汉书》率先，俾诸路咸取而式之”[2]139，具体负责人也有一些线索可寻，瞿镛在记载《太平路新刊汉书一百卷时》，“跋后列衔名二条，……一为中顺大夫江东建康道肃政廉访副使伯都提调。”[4]199伯都，就是整个工程的总负责，但这样的一个大工程，一人之力，必不能兼顾。分刻的九路，定还有专人负责诸如学术质量的把关、工作量的分配以及刊刻费用的发放等工作。每一路由哪种身份的人来负责分刻的史书？信州路的《北史》具体刊刻主持者为谁？

先从元朝文化制度层面考察，负责的不会是地方行政官员，因为“地方各级行政机构（行省、路、府、州、县）下面都没有专门的出版机构，一般也不过问书籍出版事宜”[22]，“元代地方官刻主要以各路儒学为主”[23]。具体来说，“……地方的学校（包括各级官学和书院）在书籍出版方面起着重要的作用。”[22]当时书院盛行，也得到官方的认可，因此，“书院除了执行教育的职责外，也进行大规模的刻书活动。”[24]依据当时制度，学正、山长、县学教谕等学官都归儒学教授管理，《元史·选举志》有记载：“凡师儒之命于朝廷者，曰教授，路府上中州置之。命于礼部及行省及宣慰司者，曰学正、山长、学录、教谕，路州县及书院置之。路设教授、学正、学录各一员，散府上中州设教授一员，下州设学正一员，县设教谕一员，书院设山长一员。中原州县学正、山长、学录、教谕，并受礼部付身。各省所属州县学正、山长、学录、教谕，并受宣慰司札付。凡路府州书院，设直学以掌钱谷，从郡守及宪府官试补。直学考满，又试所业十篇，升为学录、教谕。凡正、长、学录、教谕，或由集贤院及台宪等官举充之。谕、录历两考，升正、长。正、长一考，升散府上中州教授。上中州教授又历一考，升路教授。”[25]2032－2033当然，儒学教授也同时对上面负责，“故儒学既属于儒学提举司管辖，同时又是诸路总管府的司属——即总管府管辖儒学。儒学提举司负责管理本区的儒学，而具体负责本路儒学的教学管理的则是儒学教授、学正、学录。”[26]因此从制度上看，负责文化的是信州路儒学教授，《北史》的刊刻自然也不能例外。

其次从大德九路本《十七史》横向角度考察，也可以从某种程度说明问题。先看太平路负责刊刻的《汉书》，后有孔文声跋，跋中详尽交代刊刻起因、起止日期、对读、重校，以及十七史的总负责，假如没有亲身参与，是不可能了解如此详尽情况的。孔文声跋中没有明言自己对《汉书》的实际负责，只署了他自己的身份“太平路儒学教授”[2]139，其身份不如刘遵、伯都，然而比做具体一项工作的学正、耆儒要高许多，他在刊刻《汉书》中所起的作用可想而知，题写后跋的本身，也说明了问题。再看宁国路刊刻的《后汉书》，傅增湘在《元大德本后汉书跋》中记载：“前录景祐元年牒文，文后有‘……宁国路儒学云教授任内刊’”字样[3]79，“云教授”即是当时的宁国路儒学教授云谦，而且，“每卷末有宁国教授题名”[5]43，假如不是付出大量劳动，是不会有这些文字的。此外如池州路负责刊刻的《三国志》，“前有大德丙午桐乡朱天锡跋云：‘郡博士孔淳孙，式克奉命，董提以底于成。’”[1]明确说明孔淳孙以儒学教授身份执行刊刻《三国志》的具体任务。情况类似，《北史》的实际工作负责人，自然应该是当时信州路的儒学教授。

大德九、十年刻书期间，信州路儒学教授是奉化州戴表元帅初。《元史》记载：“大德八年，表元年已六十余，执政者荐于朝，起家拜信州教授。”[25]4336 戴表元的学生袁桷所撰写的《戴先生墓志铭》也有提及，“先生讳表元，字帅初，一字曾伯，世为庆元奉化州人。……大德甲辰，先生年六十一矣。会执政荐于朝，起家拜

魏本紀第二 北史二
世祖太武皇帝諱燾明元皇帝之長子也母曰杜貴嬪天
賜五年生於東宮體貌瓌異道武奇之曰成吾業者必此
兒也泰常七年四月封太平王五月立為皇太子及明元
帝疾命帝摠攝百揆帝聰明大度意豁如也八年十一月
己巳明元帝崩壬申太子即皇帝位大赦天下十二月追
尊皇妣為密皇太后進司徒長孫嵩爵為北平王司空奚
斤為宜城王藍田公長孫翰為平陽王其餘普增爵位各
有差於是除禁錮釋嫌疑開倉庫振窮乏河南流人相率
內屬者甚衆
始光元年春正月景寅安定王彌薨夏四月甲辰東巡幸
大寧六月宋徐羨之弑其主義符秋七月車駕還宮八月
蠕蠕六萬騎入雲中殺略人吏攻陷盛樂帝帥輕騎討之
虜乃退走九月大簡輿徒於東郊將北討冬十二月遣平
陽王長孫翰等討蠕蠕車駕次祚山蠕蠕北遁諸軍追之
大獲而還
二年春正月己卯車駕至自北伐二月景辰尊保母竇氏
曰保太后丁巳以北平王長孫嵩為太尉平陽王長孫翰
為司徒宜城王奚斤為司空庚申營故東宮為萬壽宮起
永安安樂二殿臨望觀九華堂初造新字千餘夏四月詔

北史（唐）李延寿撰 元大德信州路儒学刻明嘉靖递修本（蝴蝶装）

信州教授。秩满，授婺州，以疾辞。”[27] 然而孙茀侯的《宋元戴剡源先生表元年谱》“元大德六年壬寅（1302）五十九岁”条下，判断“是先生此年任信州教授”“则先生在本年为信州教授无疑矣”。[28] 虽然戴表元出任信州儒学教授的时间有些遗留问题，但其在大德十年离任，没有争议。大德八年至大德十年，戴表元任信州路儒学教授，是没有疑义的。因此，从任职时间和刊刻时间重合的角度考虑，应当是戴表元在儒学教授任内的大德九、十年之间，具体负责了由江东建康道肃政廉访司分派的《北史》刊刻工作。

四、版式及书版流传

元大德刊本《北史》的版式，按照要求，和同期刊刻的史书一样，“以太平路《西汉书》为标准版式，均为半叶十行，行二十二字。”[29]76 傅增湘对其作了极其详尽的描述：“黑口，四周双栏，版心下方间记刊工姓名，上方阳叶记刊书地名，阴叶记字数。”[3]92－93 潘国允，赵坤娟补充了标题特点，“大题在下小题在上，尚存宋本旧式。”[30]《北史》书版完工后，便成为了一套史书的一员。对于它们的版本学价值，田建平认为：“《十七史》上接南宋监本，下启明南监《二十一史》。”[29]76 其流传过程尚有一些可考的线索，曹之在《中国古籍版本学》中提及：“据元张铉《至正金陵新志》著录，集庆路儒学有《史记》《汉书》《后汉书》《三国志》《晋书》《南史》《北史》《隋书》《新唐书》《新五代史》诸史版片”[31]，对其来源也有交代，其中一个来源就是“归附后于诸路裒集”[32]，其中多种版片数目与大德《十七史》合。曹之又举《龟巢集·募朋友置十七史疏》例证后指出：“谢应芳所藏《十七史》是后至元五年（1339年）在集庆路儒学印造的”，并且判断“一种可能是集庆路（即今之南京地区）地处交通要道，九路诸史既竣，版片一并汇集于此，以便四方过往学者刷印流传。”[31]224 元代灭亡后，“各学之版，明初入南监。正德、嘉靖递有修补。”[5]43 对其中包括《北史》在内的六史的修版情况，严绍璗记载更加详尽，“此‘六史’的刻板明初时藏于南京国子监，从成化年间开始，历经弘治、正德、嘉靖和万历，即起自1465年迄于1620年，在此一百五十年间凡数次修版。”[33] 修补之后，原版渐失其真，如施廷镛在《古籍珍稀版本知见录》

中描述："嘉靖修补后，版心'路学'等字已十不存一矣。"[34] 大德本和南北监本的关系，叶德辉已有论述："如南监诸史，本合宋监及元各路儒学板凑合而成，年久漫漶，则罚诸生补修，以至草率不堪，并脱叶相连，亦不知其误。北监即据南监本重刊，谬种流传，深可怪叹。"[35]

元大德间信州路儒学原刻本现已无完本，"国图（存卷二至五、二十五至二十六、三十八至四十、四十七至六十一、七十八至八十五、九十四至九十七）南京（存卷一至十二、十八至八十二、九十七至一百）。"[36] 两相考校，尚缺十三至十七、八十六至九十三。递修本尚存。

参考文献：

[1] 神田喜一郎．元大德九路本十七史考．章湘沅译自《史林》第二十五卷第三号：48-59（昭和十五年七月发行）[J]. 中和月刊，1941，（4）：110-116.

[2] 于敏中，彭元瑞．天禄琳琅书目 天禄琳琅书目后编 [M]. 上海：上海古籍出版社，2007.

[3] 傅增湘．藏园群书题记 [M]. 上海：上海古籍出版社，1989.

[4] 瞿镛．铁琴铜剑楼藏书目录 [M]. 上海：上海古籍出版社，2000.

[5] 陆心源．仪顾堂书目题跋汇编 [M]. 冯惠民整理．北京：中华书局，2009.

[6] 张元济．张元济古籍书目序跋汇编 [M]. 张人凤编．北京：商务印书馆，2003.

[7] 赵连稳，朱耀廷．中国古代的学校、书院及其刻书研究 [M]. 北京：光明日报出版社，2007：153.

[8] 陈彬龢，查猛济．中国书史 [M]. 上海：商务印书馆，1931：123.

[9] 李致忠．元代刻书述略 [C]//《文献》丛刊编辑部．文献（第十辑），北京市：书目文献出版社，1981：200-220.

[10] 徐学林．源远流长的安徽古代出版业 [C]// 中国出版科学研究所．出版科研论文选粹——首届全国出版社科学研究优秀论文奖获奖论文集．杭州：浙江教育出版社，1992：1182-1199.

[11] 孛兰肹．元一统志 [M]. 赵万里校辑．北京：中华书局，1966：615.

[12] 嘉庆重修一统志 [M]. 中华书局据清史馆藏写本影印，1986：15707.

[13] 杨长杰．江西省贵溪县志 [M]. 黄聊珏等纂．台北：成文出版社有限公司影印清同治十年刊本，1989.

[14] 李贽．大明一统志 [M]. 西安：三秦出版社，1990.

[15] 戴表元．戴表元集 [M]. 长春：吉林文史出版社，2008：6-7.

[16] 洪迈．稼轩记 [M]// 祝穆．新编古今事文类聚前集．台北：中文出版社景明万历甲辰（1584）金溪唐富春精校补遗重刻本，1989：420-421.

[17] 徐梓．元代书院研究 [M]. 北京：社会科学文献出版社，2000：113-114.

[18] 李魁彩．情报与文献工作辞典 [M]. 北京：中国城市经济社会出版社，1990：4.

[19] 时永乐．古籍整理教程 .[M]. 保定：河北大学出版社，2003：295.

[20] 中国国家标准汇编2008年修订（18）.[M]. 北京：中国标准出版社，2009：95.

[21] 阚华，高路克，王建涛．文献著录实用手册 [M]. 呼和浩特：远方出版社，2001：41.

[22] 陈高华．元代出版史概述 [J]. 历史教学，2004，（11）：13-18.

[23] 吴永贵．中国出版史（古代卷）[M]. 长沙：湖南大学出版社，2008：243.

[24] 陈红彦．元本 [M]. 南京：江苏古籍出版社，2002：18.

[25] 宋濂．元史 [M]. 北京：中华书局，1976.

[26] 吴超．亦集乃路的儒学管理初探 [J]. 阴山学刊，2009，（3）：50-54.

[27] 袁桷．清容居士集 [M]. 北京：中华书局1985：487-488.

[28] 孙荊侯．宋元戴剡源先生表元年谱 [M]// 王云五．新编中国名人年谱集成．台北：台湾商务印书馆，1978：75-76.

[29] 田建平．元代出版史 [M]. 石家庄：河北人民出版社，2003.

[30] 潘国允，赵坤娟．蒙元版刻综录 [M]. 呼和浩特：内蒙古大学出版社，1996：7.

[31] 曹之．中国古籍版本学 [M]. 第2版．武汉：武汉大学出版社，2007：224.

[32] 张铉．江苏省至正金陵新志 [M]. 台北：成文出版社有限公司据元至正四年刊本影印：1983：1892.

[33] 严绍璗．日本藏汉籍珍本追踪纪实严绍璗海外访书志 [M] 上海：上海古籍出版社，2005：344.

[34] 施廷镛．古籍珍稀版本知见录 [M]. 李雄飞校订．北京：北京图书馆出版社，2004：40.

[35] 叶德辉．书林清话 [M]. 台北：文史哲出版社，1973，364.

[36] 中国古籍总目编纂委员会．中国古籍总目（史部 1）[M]. 上海：上海古籍出版社，2009：28.

《元信州路儒学刊本〈北史〉版本项详考》原刊发于《江汉论坛》2014年第4期，总第430期，第113-116页。

（作者简介：管正平，上饶师范学院教授）

信州本《六经图》碑研究

吴长庚

中国的图书之学，历史悠久。《易·系辞》已有载，古者包犠氏之仰观俯察，始作八卦。又说，“河出图，洛出书，圣人则之。”这是最早关于图书的论述。宋代的郑樵说：“河出图，天地有自然之象，图谱之学由此而兴。洛出书，天地有自然之文，书籍之学由此而出。”可见，自古以来，图和书就联系在一起，构成中华文明的传统形态。

宋代又是经图学发展的关键时期，宋人从以图解易，发展为以图解经，经历了从自发到自觉的发展过程。理论方面，南宋初年，郑樵将文人对图学价值的重视上升为系统的图学理论，所著《图谱略》代表着“图谱之学”的复兴与成熟。

先秦时期儒家的诗、书、易、礼、乐、春秋六部典籍，至汉代被尊为“经”，汉武帝立五经博士，将尚存的诗、书、易、礼、春秋五经作为“祖述尧舜，宪章文武”，“助人君顺阴阳明教化”①的重要经典，立于学官，专门授受。此后，传承有代，历久不衰。隋唐以下，开始科举取士，传、注、笺、解、义疏之类，转相祖述，不胜其繁。宋代学者又创作经图，以简驭繁，镌之碑版，“凡六籍之制度名数，粲然可一二数，使学者因是而求其全书而读之，则造微诣远，兹实其指南也”②。以图解经，使经义繁杂晦涩处得以一目了然，这成为宋人的一大创造。

① 班固：《汉书·艺文志》，文渊阁《四库全书》版。
② 苗昌言：《六经图碑序》，文渊阁《四库全书》电子版，下同。

信州区博物馆藏《六经图》残石之一

《六经图》为宋人杨甲首撰，此后历朝多所增删补缀，流传至今，《四库全书》中保存了一套署名杨甲撰、毛邦翰补的《六经图》刻本，早已非杨甲之原本。然据载，杨甲撰成此书，亦尝镌为碑版，立于昌州郡学，可惜年岁既久，诸书见载，碑实无传焉。所幸元时有广信府（今江西上饶）名宦卢天祥曾根据昌州石本，镌石于广信府学，使杨甲之石本，得以流传于上饶。然岁久凋蚀，即上饶之《六经图》也已无完璧。但上饶市博物馆藏有信江书院石刻本碑拓一种，然已经裁割装裱，颇失全貌。

十多年前，笔者意外获得外祖父所藏旧拓《六经图》碑本一套，喜出望外。外祖父姓任讳养田，清末秀才，通经学，20世纪50年代曾任教于上饶师范。本套《六经图》为大碑版全图拓本，全套12张，每张180×110平方厘米，意为传世所稀见，乃交匠人精心整理装裱。此后历三年，广为收集资料，得《四库全书》所收之《六经图》清代刻本，又得日本京都帝国大学图书馆所藏明万历章达等刊本，最近又得清乾隆郑之侨鹅湖经册本（市博物馆潘旭辉藏），乃相为考校，探究其始末，历十余年，写成《六经图碑本研究》，已由江西人民出版社出版。

今值上饶市博物馆建成初展，对照馆藏与家藏之《六经图》碑拓，略作介绍，以飨读者。

一、宋代经图学的中兴与《六经图》的编撰

《六经图》的编撰，与中国古代先哲用图式解释宇宙演化的思维方式是一脉相承的。《易・系辞》云：“河出图，洛出书，圣人则之。”河图与洛书皆相

传出于伏羲时，大概是最早的说明世界万物生成变化规律的图式。由此而发展了阴阳五行、八卦及六十四卦，形成了《周易》的卦象体系。《易》有象，《系辞》言“天垂象，见吉凶，圣人象之”。孔子有云：“圣人立象以尽意”。大概因为象在其中，故后人可以因图说《易》，于是，《周易》也就作为汇象、数、理于一体、解释宇宙万物生成变化规律最为完美的形式。

宋代是“经学变古时代”，宋代经学所表现出来的种种特征，都比此前的汉唐经学和清人学术有重大的区别。宋人经学重义理，好创获，善发挥，喜立说。以图解经，就是宋人的一大创造。宋儒在继承前代学术思想的基础上，一方面吸收佛教的心性哲学，一方面又将道教炼丹图吸收改造，用以构建自己的宇宙模式，发挥自己的哲学思想。宋人以图解经是从易经开始的，黄宗炎说：“易有图学，非古也。有宋图学三派，出自陈图南。”相传陈抟刻《无极图》于华山石壁，陈又受先天图于麻衣道者，皆以授种放，放以授穆修与僧寿涯。修以《先天图》授李挺之，挺之以授邵天叟，天叟以授子尧夫。邵雍著《皇极经世书》，本陈抟所传先天卦数等十四图，作《伏羲始画八卦图》《伏羲八卦方位图》《经世衍易八卦图》《经世天地四象图》《经世四象体用之数图》等，他用这些图式来概括他对自然社会发展变化的认识，表明宋儒在认识自然和社会方面所达到的新高度。其后，张行成进《易说》七种，其《易通变》四十卷，即“取邵子所传十四图，敷演解释以通其变”（《四库提要》）。同时的周敦颐，也从道教图录中的《水火匡廓图》和《三五至精图》进行改造而成《太极图》，并作二百多字的《太极图说》，提出了“无极而太极”的本体论问题，开创了宋明道学的先河，成为后来二程、朱熹立论的依据和理学的核心命题。

易学史上，历代学者都相信《系辞》所言“河出图，洛出书，圣人则之”的话，把河图、洛书看成是八卦的起源，而把“仰观俯察”忽视了。就在宋儒创造了河图、洛书、先天图、太极图的时候，欧阳修就提出了反对意见，大胆指出：“乾无四德，河洛不出图。”① 其实，河图、洛书不过提供了一至九和一至十的数学关系而已，《周易》中固然有象数，但并没有多少复杂的数学

① 欧阳修：《易童子问》。

关系。所以，理学家程颐便认为，“何必图、书，只看此兔，亦可作八卦，数便此中可起。古圣人只取神物之至著者耳。只如树木，亦可见数。”[①] 南宋的林至说：“夫子于《系辞》言数者三，曰天地之数五十有五，曰天一地二……终于地十，曰参天两地而已。虽曰河出图洛出书，初未尝曰某为图、某为书也。”[②]

但是，少数几个人的呼声是阻止不了一个时代社会思潮的发展的，宋代兴起的“以图解易”的思潮，自刘牧发端，很快在经学家、理学家中传播而蔚成风气。刘牧作《易数钩隐图》，李觏作《删定易图论》，周敦颐作《太极图》，朱震作《汉上易传卦图》，朱子发有《易图》，郑东卿有《易卦疑难图》，朱熹有易学九图等等。张载、欧阳修、王安石、程颐、苏轼等人莫不有所介入。于是，以图解易很快发展成一个时代的思潮。

朱熹不满于前代学者之言《易》单讲象数或义理，提出由象、辞以明理的求取本义之法。他也注意到图在表达意义中的作用，深信邵康节之先天图，把象图同样作为求取本义的基本途径。他在所著之《周易本义》《易启蒙》两书中，都画出了河图、洛书、伏羲八卦次序图和方位图、伏羲六十四卦次序图和方位图、文王八卦次序图和方位图、文王六十四卦卦变图，合称“河洛九图”。尽管王白田断然否定易九图为朱子所作，但朱熹对易图之学有过重要贡献，却为众所周知。他曾嘱友人蔡元定由荆州入蜀寻访《先天太极图》《河图太极图》《洛书太极图》，得图后，又与阁皂山道士甘叔怀及蔡元定、方伯谟等人合作，镌刻于阁皂山中。钱穆先生尝言：“朱子论易图，实自有其一番高情远寄，既非当时理学所能限，亦非后来考据所能拘。朱子之意，易只是个空的物事，未有此事，先有此理。有此理则可因以有此事。象数然，卜筮亦然。后人苟有另创新图，只求较自然，较无造作模样，亦将为朱子所不弃”[③]。这也从一个侧面体现了理学集大成者的风范。

由此可知，宋代实际上是易学图书学发展的时代，理学家以图解《易》，按《易》创图，他们深知“象也者，理之当然也”的道理，因而不仅在《周易》

---

① 《程氏遗书》卷一八。

② 《易裨传·极数篇》。

③ 钱穆:《朱子新学案》，成都：巴蜀书社1987年版，第1256页。

中，也在其它五经的解说中，大量地运用图式的方法。如宋初有聂崇义《三礼图》，程大昌有《禹贡论图》，欧阳修《补郑氏诗谱》，张杰《春秋图》，冯继元《春秋名号归一图》，夏休《周礼井田谱》，陆佃《礼象》等等，又有不知名氏者有《演左氏传谥英图》《帝王历纪谱》《春秋世谱》《春秋宗族名谥谱》《春秋二十国年表》。一时之间，经图之学，焕然兴起。

在这个时候，对经图及图谱之学进行理论阐述的是南宋初的郑樵。郑樵（1104—1162）南宋绍兴间布衣，他潜心学术三十年，博通经史成《通志》一书，是一部上接《史记》，宏贯古今的通史，《通志》共两百卷，其精华则集中于《二十略》之中。其一《略》专谈图谱的，即《图谱略》。今人言图谱，往往认为是专有名词，指以图画、图示、图表为手段记载事物类别或系统的书。而郑樵不同，他所谓图谱，分图与谱为两类，是在目录学上将图与谱作为一个单独的分类来看待的。《图谱略》中对宋代图学提出了一系列精彩的理论。

郑樵还分析了图籍的政治功能，举了萧何收秦丞相御史律令图书藏之之例，说："若欲成天下之事业，未有无图谱而可行于世者"更明确指出："为天下者不可以无书，为书者不可以无图谱。图载象，谱载系。为图所以周知远近，为谱所以洞察古今。"

理论是对现实的归纳和总结。实际上，宋代的图学理论还要丰富得多，如窦仪的《三礼图序》，苗昌言的《六经图序》，王柏的《研几图序》都对图学的实用性、重要性以及图学的历史发展作出过理论探析，这里不作详细分析，只想借此以见杨甲《六经图》创作的文化环境，让我们知道，《六经图》的出现绝非偶然，它是在宋代图学受到重新重视的文化环境的产物，也让我们看到，图在文化传播过程中不可忽视的重要作用。

杨甲等编撰《六经图》，就是在这种时代气氛中实现的。

《四库全书》收《六经图》十卷，署杨甲撰、毛邦翰补。《提要》中对作者作了简单表述，谓杨甲字鼎卿，四川昌州（宋昌州昌元郡，今重庆市荣昌县）人，乾道二年进士。《成都文类》载其数诗，而不详其生平仕履，其书成于绍兴中。毛邦翰亦不知何许人，只知他尝官抚州教授，其书成于乾道中。

然据清陆心源《仪顾堂题跋》云："杨甲字嗣清，四川遂宁人。乾道二年对策，言恢复之志不坚者二事，上览对不悦，置第五，赐文林郎，清议推之，有声西州。初试邑，有部使者颇以绣衣自骄，怒其不降意，诬劾以罪，赵卫公为白于当路，劾牍竟不下。隐居灵泉山，著有《棣华小稿》。……毛邦翰衢州江山人，绍兴二十七年进士，乾道初官抚州州学教授，终于转运判官”。《四库总目提要》谓其书六卷，与四库所收十卷不同，显经后人增补。

信州区博物馆藏《六经图》残石之二

又据王象之《舆地纪胜·碑目》载，杨甲图尝勒石于昌州郡学。然至今未见拓本，碑亦无载。但杨甲撰成此书后，先经毛邦翰补，后复有叶仲堪“重编毛氏之书”，定为七卷，已非石本。按纪昀所云：“明人刊刻旧本，无不臆为窜乱者，其损益之原委，无从究诘。”可见后世传本《六经图》早已不是杨甲旧本，而四库收录时，只好从首事之例，题杨毛之名。实则经多人整理窜改，已难一一备述。

杨毛首事之《六经图》，已不再是此前宋儒附图于书的形式，而是以图为主、以文为辅、解说六经的专门性著作。陈振孙《书录解题》引馆阁书目所载，谓毛邦翰所补之本有《易》图70，《书》图55，《诗》图47，《周礼》图65，《礼记》图43，《春秋》图29，共309图。这个版本和四库本所收已经不同，其中《易》《春秋》所收数同，馀皆有异，为《诗》图45，《周礼》图58，《礼记》图40，《尚书》图58，共322图。

而上饶市博物馆所藏与笔者家藏碑本属同一系统，其所收《易》图61，《书》图54，《诗》图38，《周礼》图64，《礼记》图42，《春秋》图43，共302图。与原本及四库本均有异。苗昌言《六经图序》云：“是图之作，凡六籍之制度名数，粲然可一二数，使学者因是求其全书而读之，则造微诣远，兹实其指南也。”全书最大的好处，就在于用形象化的图示，把复杂的结构内容展现出来。但“经图”不等于“经”，前者的独立与支离，不能取代后者的整体与联系。所以，从根本上看，“经图”只是方便了人们对“六经”的学习和把握，使人们通过直观的形式，得到更为感性的认识。

二、杨甲的生平与事迹考索

关于杨甲，有关史料所载不一，须作考索。

《四库全书》收有《六经图》十卷一种，署杨甲撰，毛邦翰补。而存目类所载数种，大体皆元明后依此本增删翻刻。《提要》中谓杨甲字鼎卿，乾道二年（1166）进士，当属误载。其生平仕履，今略作考证如下。

其实，有关杨甲的记载还是较多的，只是各书所载时有轩轾处，兹就其籍贯及生平的几个问题，详为分析如后。

一是杨甲的籍贯。载有两说，一为四川遂宁人，《四川通志》持此说，《宋史·杨辅传》载杨甲之弟杨辅亦为遂宁人。《四库提要补正》引清陆心源《仪顾堂题跋》亦云：“杨甲字嗣清，四川遂宁人。”另一说杨甲为重庆昌州人。明曹学佺《蜀中广记》、清朱彝尊《经义考》《六艺之一录》《御选宋金元明四朝诗》均署为昌州。今考遂宁与昌州均为四川中部相邻两州，唐时之遂州至北宋升为遂宁府，下辖六县。昌州唐始设，下辖昌元、静南、大足等县，宋撤静南，其地并入各县，亦含遂宁辖县部分土地。昌元即今之荣昌县，与大足县同属重庆市。遂宁和昌州都与杨甲有关。杨甲未仕时尝隐居遂宁之灵泉山，《棣华馆小集》收其诗《灵泉山中》五首、《灵泉道中》《灵泉山上晚望》诸作，谓杨甲遂宁人大概本于此。但笔者以为，杨甲为昌州人理由更充分，如王象之《舆地纪胜·碑目》载，杨甲所撰《六经图》尝勒石于昌州郡学。而《六艺之一录》卷一〇七《昌州碑记》明载：“六经图碑在郡学，郡人杨甲鼎卿所著也。”《蜀中广记》亦有同样记载。王象之、曹学佺均谓碑在郡学，是郡人杨甲所著。《六经图》是杨甲生平最主要的著作，为了保持原本真实且能传之久远，他把《六经图》镌刻于碑，存于郡学，应当是很自然的事。其真实性是更为可信的。胡玉缙《四库提要补正》谓“宋昌州昌元郡，今重庆府荣昌县。”查《四川通志》卷二六“荣昌县”栏内,《古碑记附》即载有“《六经图》碑,旧志在郡学,郡人杨甲鼎卿著”。据此可证,杨甲实当为重庆府昌州荣昌县人。

二是关于杨甲的生平,这里分三个问题讨论。

其一是顾起元称“布衣杨甲”是否为误记。明万历间,顾起元为方应明重刊《六经图》作序,称“宋绍兴中布衣杨甲所撰”,陆元辅承其说,陈振孙《书目解题》复承之。但实际上杨甲是有功名的。很多资料都记载了杨甲殿试对策,“言恢复之志不坚者二事。上览对不悦,置第五。”[①]显然,杨甲是考中了进士的。虽然殿试时他的观点并不合皇上之意,但宋代科举,殿试只定名次,并不黜落。所以皇上将他置之第五,名次不在前列,并未将他黜落。因此胡玉缙《四库提要补正》引陆心源《仪顾堂题跋》说“顾起元序以为布衣者误也。”此话当然没有说错,但笔者仔细阅读诸史料,却发现杨甲《六经图》成书于绍兴中,距其登进士第要早十多年。也就是说,杨甲在编纂《六经图》时,确实尚为布衣,甚至到了乾道中毛邦翰补其书时,还是布衣。即以当时毛之称杨,恐怕也只能称“布衣”。由此看来,谓其书为“布衣杨甲”所撰,是根据成书年代而说的,后人承其说并不为误。

其二是杨甲考中进士的时间。资料所记亦有误。学术界多依《四库提要》谓杨甲“乾道二年(1166)进士”。《四川通志》也称杨甲“乾道二年对策”。但另有两则资料记载不同,都为淳熙二年。《续宋编年资治通鉴》卷九有云:

> 乙未淳熙二年春三月,亲试举人,以詹骙为首。有蜀人杨甲对策,言恢复之志不坚者二事。其一谓嫔妃满前,圣意几于惑溺;其一谓策士之始,其及兵者不过一言。是以谈兵革为讳,论兵革为迂也。上览对不悦,置之第五。

按此书所载,杨甲殿试对策在淳熙二年(1175),比前说足足晚了9年。该《续宋编年资治通鉴》为宋刘时举编,既为编年之书,各年所载之事应当有所考证,比泛泛而论之书更为准确。相同的记载还见于《宋史全文》,有两载:

---

① 《宋史全文》卷二六上。

> 淳熙二年，……蜀人杨甲对策，言恢复之志不坚者二事。其一谓嫔妃满前，圣意几于惑溺；其一谓策士之始，其及兵者不过一言而已。是以谈兵革为讳，论兵革为迂也。上览对不悦，置之第五。[①]
>
> 淳熙九年，……是春召对杨甲，寻除太学录。甲献书万言，大略谓人主之职不过听言用人，分别邪正……[②]

《宋史全文》为元佚名者编，上起宋太祖建隆元年，下迄宋度宗咸淳年间，用编年之体，以此排纂，保留了南宋后期的史料。《四库提要》云，此书靖康以前本于李焘《续通鉴长编》而颇加删节，高宗、孝宗二代则取诸留正之《中兴圣政草》，光宗、宁宗以后则为编书者自缀。乾道、淳熙皆为宋孝宗年号，所载之事乃本于宋人留正。留正曾为蜀帅，而杨甲之弟杨辅亦曾任成都安抚使，均为同时代人。留正于淳熙十三年自敷文阁学士除端明殿学士签书枢密院事，第二年为参知政事，淳熙十六年除右丞相，至绍熙五年为左丞相，则其所载当代时事，可信度是很高的。

笔者再查历代科举史，乾道二年科试，取萧国梁为状元，称萧国梁榜，萧榜之下并无杨甲任何记载。淳熙二年策试则以詹骙为状元，称詹骙榜，有关杨甲的记载，多系于詹骙事之后。综上所述，可以确切地认定，杨甲为淳熙二年进士，是可信的。

其三是杨甲的生卒年问题。现存各相关资料均无明确记载。今查《宋百家诗存》卷十二收杨甲《棣华馆小集》一卷，有小传云："杨甲字鼎卿，重庆昌州人，大观时游京师，颇有声望。尝仕于蜀，旋以事去官，寓居灵泉山中，故其诗有'微官也谪居'之句。"此载恐不可信。按宋徽宗大观年间为公元1107—1110年，若此时杨甲游京师已颇有声望，年龄至少当在20岁以上，则其出生当在宋神宗元丰末年或宋哲宗元祐初年（1086），这与杨甲确知的进士之年明显矛盾，因为至淳熙二年（1175），杨甲已90岁，以此高龄岂能对策试进士？此载显然错误。

---

① 《宋史全文》卷二六上。

② 《宋史全文》卷二七。

《四川通志》载杨甲有"兄弟五人，自为师友"，然五兄弟中惟杨甲及弟杨辅知名。杨家在乾道二年中进士的是弟弟杨辅。杨辅《宋史》有传，载：乾道二年进士甲科，召试馆职，除祕书省正字，迁校书郎，出知眉州。累迁户部郎中，总领四川财赋。升太府少卿，利西安抚使。杨虞仲兼权，召守秘书监礼部侍郎，以显谟阁待制知江陵府。移襄阳，又移潼川，召还，除显谟阁直学士，奉外祠，寻以敷文阁直学士知成都府，兼本路安抚使。（后）朝廷召辅赴阙，乃除兵部尚书兼侍读，以龙图阁学士知建康府，兼江淮制置使。卒于官，谥曰莊惠。史论其爱君爱国，知无不言，言无不切。按一般情况推算，杨辅乾道二年（1166）登进士，其出生不会早于绍兴十六年（1146），绍兴计32年（1131—1162），而杨甲《六经图》又成于绍兴中，于此我们可约略推知，杨甲可能出生在绍兴十年（1140）左右。淳熙二年，杨甲36岁，中进士。

因杨辅入仕较早，又曾出知眉州、总领四川财赋、利西安抚使、知成都府，地位显赫，大概杨甲的"仕于蜀"当在这期间。岳珂《桯史》尝载：

> 蜀士尚流品，不以势绌。乾道间，杨嗣清（甲）有声西州，清议推属。初试邑，有部使者不欲名，颇以绣衣自骄，怒其不降意，诬劾以罪。赵卫公方为左史，闻之，不俟车，亟往白庙堂曰："譬之人家，市猫于邻，卜日而致之，将以咋鼠也。鼠暴未及问，而首抉雕笼，以噬鹦鹉，其情可恕乎？"当国者问其繇，告以故，相与大笑，劾牍竟格不下。嗣清仕亦不显。有弟曰嗣勋（辅），位至从橐，其清名亦相伯仲云[①]。

这则史料有三点值得注意，一是说乾道间，杨甲有声西州，清议推属。而不是大观时。乾道在1165—1173年间，此时杨甲年龄约在26—34岁之间，《六经图》已经成书传世。二是杨甲的省试似乎就在乾道间。他是个有个性的人，不会去逢迎拍马，送礼行贿，这才遭到部使者的诬劾。所幸得到赵雄的帮助而得免，然仕途还是难免坎坷不顺。三是点明与杨辅的兄弟关系。从橐

① 岳珂:《桯史》卷八。

信州本《六经图》之《周易上图》拓本

谓负橐簪笔，以备顾问。指文学侍从之臣。

至此，我们可以对杨甲一生作基本概括：杨甲，四川重庆府荣昌县人，大约出生于绍兴十年（1140）左右。兄弟五人，弟杨辅《宋史》有传。绍兴中著《六经图》，有声西州。乾道中邑试遭诬，赖赵卫公得免。淳熙二年，科考入选，殿试时因对策不合孝宗意，置之五甲，赠文林郎。旋仕于蜀，范成大帅蜀，修成都学宫，请杨甲为文载其始末，有《修学记》存于《两宋名贤小集》。（《两宋名贤小集》卷三七四）居官不得意，有诗云："一官最下策，包裹辱与羞。"不久，即以事去官，寓居灵泉山中。淳熙七年，诏加范成大敷文阁直学士，召赴行在，范率宾客及诸生集于縻枣堰亭下，杨甲为作《縻枣堰记》[①]。淳熙九年，孝宗召对，除太学录，献书万言。此后无载。

三、《六经图》两种版本的流传

自宋代以迄明清，《六经图》屡经传刻，有各种版本存世。宋代，杨甲《六经图》成于绍兴（1131—1162）中，毛邦翰补杨甲之本，成于乾道元年（1165），此书或称程森汇刻大本。继有叶仲堪重编邦翰之本，又有朱熹弟子杨复于绍定间撰《仪礼图》十七卷，元代至元年间有信州知州卢天祥刻《六

① 《全蜀艺文志》卷三七，《四库全书》电子版。

经图》于石，立于信州学宫两庑之下。明代有吴继仕集邦翰之本与杨复之书，编为《七经图》七卷，又有吴继仕校正本《七经图》和熙春堂摹刻宋本《六经图》，万历间有侍御卢谦刊本，有抚州卫承芳、方应明金陵摹刻本，修吉堂考正本。清代有潘采龙康熙刻本，常定远雍正重刻本，江为龙宜春刻本，郑之侨鹅湖书院刻本，卢云英重编《五经图》本，杨魁植校刊《九经图》本，等等。

据笔者统计，以上各种版本见于《宋史·艺文志》有1种、《书录题解》1种，见于《天禄琳琅书目》著录的有12种，见于《万卷精华楼藏书记》的有2种，见于《郑堂读书记》的有2种，见于《四库全书》的有7种，其中1种收录全文，另6种为存目。各书著录除去同版之外，尚有重刻本二十多种。这些版本大体来源于两个体系，一是宋昌州石本系统；一是宋抚州书本系统。

宋抚州书本系统　程森的抚州刻本是最早将杨甲《六经图》石本改易的书籍本。所谓毛邦翰补杨甲石本，实际上是在程森的主持下完成的。当时，程森为抚州知府，毛邦翰为抚州州学教授。据苗昌言《序》云，程森为抚之期年，又取《六经图》命泮宫职讲肄者编类为书，刊之于学。可见，是程森主持了由石本“编类为书”的工作，毛邦翰则“实补诸图”，参与工作的还有抚州通判刘涛、学正徐世闻、学录危几安、龚迪、吉州学教谕吴翚飞、黄松年、崔崇之、唐次云、李自修、赵元辅等官员，可知此书实为官修之本。其书不直接以六经之名标图，而分《大易象数钩隐图》70图,《尚书轨范撮要图》55图,《毛诗正变指南图》47图,《周礼文物大全图》65图,《礼记制度示掌图》43图,《春秋笔削启微图》29图，合计309图。此书的分经标名已与四库本全同，后世之书籍本皆沿用此形式。

程森之宋刻本在明代已稀见，徽州人吴继仕购得宋本，进行了三次整理刊行。其一，他将宋版《六经图》与杨复《仪礼图》合刊为《七经图》，焦闳序云:“新安吴君见宋刻《六经图》而奇之，手自摹画考校，授之梓人与好学者共焉。又念《仪礼》为朱子所定，其徒杨复篇为之图，并加编纂，合为《七经图》以传，学者得而读之，可谓粲然明备，无复遗憾云云。”[①]，其二，摹刻

① 《天禄琳琅书目》第144页。

宋版《六经图》，署熙春堂藏版，自序谓："夙购是书，如获和璧，不忍私藏，今公海内。第图象俱精，字纸兼美，一照宋版，校刻无讹。视夫妄意增改者，奚啻悬殊，博雅君子，当自鉴之。"末注："改正289处"①。此本摹刻极精，几与宋版莫辨。其三，又有校正本《七经图》，刊于万历四十三年（1615），自序云"得旧本摹校。旧图三百有九，今加校正为三百二十有一。又增仪礼图二百二十有七，其为图五百四十有八"②。

就在吴继仕购得宋本始授梓人之时，南京户部郎中方应明"览而善之"，他取得南京户部尚书卫承芳支持，由卫"兼摄其事"，于是集司曹同僚三十四人捐资，依吴氏宋本重刻而存于署。此书之刻在吴继仕刊《六经图》甫成之后，其时《仪礼图》尚未付梓，故不获摹入。至清代，承此系统，复有潘采龙以方应明重刻本版式太大，不便玩读，乃于康熙间改梓为《六经图考》。又有华亭宋家桢修吉堂以熙春堂摹刻宋版为底本之考正本，该书除《礼记图》无考外，其余皆多所考校。如《周易图》改正100处，《尚书图》考校520处，《诗经图》考校309处，《周礼图》考正80处，《春秋图》考正91处③。

昌州石本系统　杨甲初镌于昌州郡学之石本，代表着《六经图》的原本系统。元代卢天祥承昌州石本重刻的广信府学石本，则是其最早的重刻本。明《一统志》载："江西广信府（今上饶市）名宦元卢天祥至元中守信州，兴学校，崇诗书，刻《六经图》于石，立两庑下，则知今广信府六经图石刻，即元至元中卢天祥所立，盖本昌州《六经图》碑、宋绍兴中杨甲所著者。"其碑至今仅存残石，图已无完璧。据上饶市博物馆藏与笔者所藏拓本可知，广信府学石本有其特定的形式，全图六经共分十二大版，每一版规格为180×110平方厘米，每一经分上、下两版，不分卷，统一排版。其中《周易图》上排27图，下34图，共61图；《尚书图》上排26图，下28图，共54图；《诗经图》上排26图，下12图，共38图；《周礼图》上排45图，下19图，共64图；《礼记图》上排21图，下21图，共42图；《春秋图》上排22图，下21图，共43图。六经通计302图。

---

① 《天禄琳琅书目》第383页。
② 《四库全书总目提要》第283页。
③ 《天禄琳琅书目》第383页。

广信府碑本《六经图》亦另有传承系统。明万历间有卢谦、章达所刊《五经图》。卢谦字吉甫，安徽庐江人，万历三十三年进士，授永丰（今上饶广丰县）知县，后擢御史，出为江西右参政，引疾归。章达楚人，时任无为州知州摄庐江县事。其《序》称："卢公自永丰令归，携信州学五经图（按：当为六经图）石本以授余，且曰公幸割俸镌之。余亟命工刊石，树之学宫。又念石本摹拓之艰，更损为卷帙，刻于金陵"[①]。是卢、章所刻，实有石本、木本两种。石本树之学宫，木本则印成书，便于阅读。惟石本版大，改成书本，殊为不易，因而，是书"小变其前后之序，详略之文。而以《周礼》《礼记》合为一经，遂名之曰《五经图》"，京山李维桢为作序云："五经图易、书、诗、春秋、周礼礼记各八篇，以信州石本更为木本。"可见，章达改石本为木本，是按照每经八篇之数而改变次序，进行详略处理的。其后清雍正元年（1723）常定远得此本重刊，万邦荣《序》称"是书与信州石本对校，前后参错，多所不同"，应当是事实。纪昀在《四库提要》中批评说："原书兼图周礼，是以名为六经，此本仍存周礼诸图，而改题曰五经，名实亦相舛迕。又每经缩为八页，而诸图杂列其间，大图之馀隙，即填小图补之，尤毫无体例矣。"[②]批评是正确的，但受批评者恐非常定远，而应当是始作俑者章达。因为合《周礼》《礼记》为一经，是章达所为，"每经缩为八页"亦从"八篇"而来。

把广信府《六经图》碑刻本再进行整理，改为书本，刊于铅山鹅湖书院，是清人郑之侨所为。郑之侨字东里，广东潮阳人，乾隆二年进士，五年（1740）为铅山县令，他勤政务实，注重文教，每至鹅湖书院与诸生讲论，人称"西江第一贤令"。他在鹅湖书院与诸生讲论时，发现诸生《六经图》摹拓本，进行了考校整理，予以改刊。郑之侨所刊虽不见于著录，然在其所编《鹅湖讲学会编》中，收有雷铉和郑之侨《鹅湖书院六经图序》两篇，郑《序》云："诸生出所藏六经图，系摹石于信州学宫，舛错颇多，公馀挑灯，按规求矩，手自摹画，于碑碣之讹者正之，其残缺者补之，参益诸儒集说，历数寒暑而图成，因锓木以公同人。"此书长期不见收藏，2016年始现于拍场，为上饶文献学会潘氏购得，全书六册，一册一经。

---

① 《天禄琳琅书目》第145页。
② 《四库全书总目提要》第281页。

此外，属于信州石本系统的还有卢谦之曾孙卢云英《重编五经图》十二卷，江为龙、叶涵云《朱子六经图》十六卷，杨魁植编《九经图》等。云英之编，凡例称改正五百馀处，全书计312图。江、叶刊本为宜春官刻本，《序》称信州石本摹印维艰，因汇次成帙，又取《四书》图互为参考以附于后，其中有各经互见、体式相同者，则不重出；有互见而体式不合，如《周礼》九畿之制不与《禹贡》合，封国之制不与武成、《孟子》合，建都之制不与《洛诰》《召诰》合，设官之制不与《周官》合之类，则各存其一二焉。可知江、叶刊本确实做了不少有益的工作，但周中孚对其所冠“朱子”二字，提出了批评，见《郑堂读书记》卷二。杨氏所刊《九经图》，不过析《春秋》三传为三，益以《仪礼》为九经。其所增订补益，殊多失考，《四库提要》已提出批评。

综上所述，可以看到，《六经图》在其流传演变过程中，书版体系无论发生何种变化，仍以书版形式流传，而碑版体系在其流传过程中，却不断地被改变为书版体系，唯有广信府六经图石刻本始终保持原有品格，流传至今。

四、碑本《六经图》的构思

《周易》是诸经中最难懂的书。正因为难懂，才有以图解易，别辟一途的构想。大概那时的学者都以为：“天地事物之理，圣贤之意，有语言文字所不能遽悉者，莫如图为易晓。”[①] 杨甲编撰《六经图》，有包含《周易图》在内的302种图，这些图，有的取自前人，有的自我编撰。宋人俞琰即指出：“郭京《周易举正》、洪适《容斋随笔》，杨甲《六经图》多取之。”[②]

今天，我们该如何看待这些图？奉之若神明宝贝，似无必要。因为这些图本身在今天并没有什么现实的意义。弃之若弁髦腐鼠，似也不必。因为这些图反映了历史文化现象，蕴含着先代哲人以图像解释世界的无穷智慧。

今天我们研究这些图，还应当抛弃传统经学的研究方法，不必相信“河出图，洛出书，圣人则之”的神话。更不要挖空心思去“破解密码”，企图找到八卦起源的“真谛”。细读杨甲《六经图》，笔者以为，就其思维方式而言，

---

① 王弘《周易图说述·自序》。

② 俞琰《谈易举要》，见《钦定四库全书考证》卷二《经部》。

这些图的构思，都是在把握了六经之学基本理论的基础上，按照示意图、序列图、形制图、位置图、关系配比图、统计列表图、理论演示图等不同的特点而绘制的。有的图显得深奥，有的图却很浅显，有的图有丰富的内涵，有的却很简单，并不存在什么奥妙。

所谓示意图，即指示事物意态及变化之图。如《周易图》开章明义，有《日月为易》图，解释“易”字的构成，意其“取日月二字交配而成，如篆文日下从月。是日往月来之义，故曰阴阳之义配日月。”此图可以包含经传中的几层意思：一是《易·系辞》有云：“易者象也。象者像也。”“在天成象，在地成形。”“县象著明，莫大乎日月”。二是汉郑玄注：“易者，日月也。”许慎《说文解字》：“日月为易，象阴阳也。”三是《易纬·乾坤凿度》：“易名有四义，本日月相衔。”《参同契·乾坤设位章》：“日月为易，刚柔相当。”今观其图，绘上下两圆，上圆为日，下圆为月。月以篆文出之，即成下文之“易”。直观地看，其图只是比较简单的示意图。虽义综各家，其形实用许慎小篆。但许慎虽未见过甲骨文，不知“易”本为象形，但还是记载了“易”为蜥蜴的本字，因借为难易之字，另加虫成“蜴”而另造本字。

示意图也有含义更为复杂的，如《易有太极》图，创自周敦颐，作者试图以图的方式来说明，“无极而太极，太极动而生阳，静而生阴。一动一静，两仪立焉。阳变阴合，五行生焉。乾道成男，坤道成女，二气交感，化生万物”的宇宙模式。其理论来源出自《易传》，《易·系辞》云：“易有太极，是生两仪”“动静有常，刚柔断矣”“乾道成男，坤道成女”“男女构精，万物化生”。故其图最上圆表无极而太极，次表阴阳动静。第三层表阳变阴合而生五行；第四层表乾道成男，坤道成女；最下层表化生万物。上下五层，图文配合，构建成完整的宇宙生成模式。此图构思最精彩的是二、三两层的阴阳和五行，阴阳体现了交合相错，五行体现了妃配生尅关系。出于同一构思的还有《六子图》《河图数图》《洛书数图》《四易之易图》《八卦取象图》《八卦象数图》《八卦司化图》等。

所谓序列图，是把事物按一定规则排列组合之图。最可为代表的是《周易》六十四卦顺序组合关系之图。如《先天图》《中天图》《后天中天总图》之类。且以《先天图》为例：杨甲《先天图》，当取自邵雍，相传源出陈抟，也称伏羲六十四卦方园图。此图据《易传》所云“易有太极，是生两仪，两仪生四象，四象生八卦”之理，让八卦按一阴一阳，相生下去，直至六十四卦。将乾坤定于正位，乾南坤北，离东坎西。其他各卦均按结构顺序排列。乾系居左，坤系居右。邵雍以此图传自伏羲，故称先天八卦图。而把《说卦传》中所指次序称后天八卦图，或文王八卦图。历代学者对此图所蕴含的意义还有很多说法，或谓圆图象天，方图象地，天圆而地方。天地相涵，化生万物。或谓圆图代表天体运行周期，主运行；方图代表东西南北四方，为九州之数，主定位。方园相合，象征“天地絪缊，万物化醇”的结构。其实,《先天图》也好,《后天图》也好，它们都不过是64卦的不同排列序列而已，属于数学的排列组合问题。

64卦可以按不同的方式编排出多种序列，古人发现这个秘密，却不解其中道理，于是按不同的序列方式而分出先天、后天、中天，并提出一套套理论。

《先天图》是按照伏羲八卦的顺序，即乾一、兑二、离三、震四、巽五、坎六、艮七、坤八之序，分宫排列的。在六十四卦生成过程中，乾宫的生成，是以乾为内卦，依次与乾一、兑二、离三、震四、巽五、坎六、艮七、坤八组合为外卦，而生成乾、夬、大有、大壮、小畜、需、大畜、泰八卦。编序为一一、一二、一三、一四、一五、一六、一七、一八。一代表“乾一”之位，是为乾宫。编码方式是宫号在前，序号在后。其次兑宫，以兑为内卦，依次与乾一、兑二、离三、震四、巽五、坎六、艮七、坤八组合，而有履、兑、睽、归妹、中孚、节、损、临八卦。编序为二一、二二、二三、二四、二五、二六、二七、二八。二代表“兑二”之位，是为兑宫。编码方式相同。其余依此类推，共得八宫六十四卦。

《中天图》结构方式同于《先天图》，但各宫的组合方式却与先天图相反。如乾宫，是以乾一、兑二、离三、震四、巽五、坎六、艮七、坤八为内卦，与以乾为外卦，组合而成乾、履、同人、无妄、姤、讼、遁、否八卦，编序为一一、二一、三一、四一、五一、六一、七一、八一。编码方式是序号在前，宫号在后。其二兑宫同样以乾一、兑二、离三、震四、巽五、坎六、艮七、坤八为内卦，而以兑为外卦，组合而成夬、兑、革、随、大过、困、咸、萃八卦，编序为一二、二二、三二、四二、五二、六二、七二、八二。其三离宫，其四震宫以下均可类推。

可见，以上两图组合元素都一样，形制都一样，只是运算过程先后不同，组合的宫式不同，而出现不同的组合序列，古人据此而提出不同的理论，而实质都一样，体现出不同的组合序列。清代的郑之侨是较早看出这种相同的，所以，在他主持重刻的《六经图》中，很干脆地把三图合一，作《先后中天总图》，且以为“参而互之，则造化之妙，义理之精，可得而识矣”。

《六经图》中还有不少图也可归于序列图之列，即在排序过程中按照事物发展的时间、过程或先后顺序组合成图。如《礼记》中的《月令总图》，按时间顺序编排一年政事、农事、季节变化等。《诗经图》中的《豳公七月风化之图》同样按月标明农夫一年的劳动生活。

形制图是保存古代器物形制之图。如《九韶乐器图》《礼器图》《冠冕制图》之类。这些图只是图绘古代各种器物的形态、规制，没有理论内容，多存于《尚书图》《礼记图》中，《周易图》中则没有。这些图的价值在于保存了诸多古代器物的形制、规格或尺码，在找不到古代器物或出土遗存的情况下，它的存在自然是文字表述难以取代的。

位置图是表事物或事件发生的方向或对应位置之图。如《伏羲八卦图》，同样也表明八卦的方位。《说卦传》第三章：“天地定位，山泽通气，雷风相薄，水火不相射，八卦相错。”图即按此意而定方位。杨甲说：“天地定位即乾对坤也，山泽通气即艮对兑也，雷风相薄水火不相射亦然。乾坤交而男女生，离得坤正性，故中虚，有日之象，日生乎东，故正位乎东。坎得乾正性，故中满有月之象。月生乎西 ，故正位乎西。四正既定，然后乾一变为巽。故巽居乾左。二变成艮，故艮居坎左。三变成坤。坤一变为震，故震居坤左。二变成兑，故兑居离左，三变成乾。此变化之叙，自然之理也。”[①] 今人李申以为，从《说卦传》其实是推不出以上方位的，“天地定位还可以说是乾南坤北，水火不相射为什么就是离东坎西呢？甚至为什么坎离不能居于西北东南或东北西南呢？”[②] 其实本图也非杨甲自创，而取自邵雍。类似表位置方向的还有

① 杨甲碑本《六经图·周易图上》图中文字，家藏拓片。

② 朱伯崑主编:《周易知识通览》，齐鲁书社1993年版，第474页。

《仰观天文图》《俯察地理图》《四仲日永短图》，等等。《礼记图》中还有一类位置图，即把朝廷君王举行重大礼仪活动的仪式绘制出来，包括场地位置，君臣、宾客、执事人员的位置、朝向，活动的过程都以图展示，颇有参考价值。如《天子习五戎图》《天子大射图》《郊祭图》《投壶图》《燕礼图》，等等。

关系图是指构图时重在表现事物对应配比关系一类的图。如《周易图》中有《总括象数图》《三变大成图》《运会历数图》等。《三变大成图》即纳甲图。汉代京房以纳甲说易，将甲乙丙丁等十天干纳入八卦，来共同说明气象、物候诸关系。举甲以该十日，故曰纳甲。其法以十干中之奇数甲、丙、戊、庚、壬为阳，偶数乙、丁、己、辛、癸为阴，以与乾坤六子之阴阳相配。乾坤为父母，乃阴阳之始终，故以代表奇数之始的甲，及其终的壬配乾，用代表偶数始终的乙、癸配坤。其间三变：初爻庚阳交坤为震，配长男；辛阴交乾为巽，配长女；是为一变。九二戊阳交坤为坎，配中男；六二己阴交乾为离，配中女，是为二变。九三丙阳交坤为艮，配少男；六三丁阴交乾为兑，配少女，是为三变。此图即以纵横交叉对应的形式表现这种变化关系，故称三变大成图。又如《尚书图》有《明王奉若天道之图》，以天、日、月、北斗、五大行星、二十八星宿之间的关系来比喻天子、王官、卿士、州牧、诸侯之间的从属关系。《尚书·说命中》："惟说命总百官，乃进于王曰：'呜呼！明王奉若天道，建邦设都，树后王君公，承以大夫师长，不惟逸豫，惟以乱民。'"孔安国传云："天有日、月、北斗五星、二十八宿，皆有尊卑相正之法，言明王奉顺此道以立国设都。"又引孔颖达正义曰："晋语云：'大者天地，其次君臣。'易系辞云：'天垂象，见吉凶，圣人象之。'皆言人君法天以设官，顺天以致治也。天有日月照临昼夜，犹王官之伯率领诸侯也。北斗环绕北极，犹卿士之周卫天子也。五星行于列宿，犹州牧之省察诸侯也。二十八宿布于四方，犹诸侯为天子守土也。天象皆有尊卑相正之法言，明王奉顺天道以立国设都也。立国谓立王国及邦国，设都谓设帝都及诸侯国都。总言建国立家之事。"图作者就按照这样的思维，以紫微垣五帝内座为中心，列星及二十八宿为拱卫，来比喻人间君臣及邦国结构的关系。这类图，内涵较为深远，也体现了古代天人合一的思想意识。

统计列表图，只把经文中有关内容或作统计归纳，或以图表形式列出。

如《尚书图》中的《禹贡九山名数图》,《诗经图》中的《诗有六义三经三纬之图》,《春秋图》中的《春秋年谱》之类，列国世系之类，只是列表图示，给人一目了然之感。但其中也有不少是做过细致认真的统计，如《春秋总例》四图，该图将春秋书法义例分门别类做出统计，如书雨雪冰雹、地震多少次，国内发生大饥荒多少次，会盟、征伐多少次，弑君、执诸侯多少次，外侵内战多少次，等等，这些都可为研究者提供极大的方便。还有将散布于三礼书中的合礼的和非礼的史例归类列出，旨在集中比较分析各种合礼和不合礼制的现象。如《礼以义起》《非礼之礼》《非古之礼》等图。

书中还有一些理论演示图，把历朝研究者提出的主要理论框架浓缩在一图中。如《周易图》创绘了扬雄的《太元准易图》,《关子明拟玄洞极经图》,司马光《温公潜虚拟玄图》等类。扬雄著《太玄经》，将源于老子之道的玄作为最高范畴，并在构筑宇宙生成图式、探索事物发展规律时，都以玄为中心思想。他模拟《周易》天、地、人三才，由玄产生阴阳，由阴阳消长变化而使事物一分为三，称天玄、地玄、人玄；三方又各分为三，合而为九州，每州又各分为三，合为二十七部，每部又各分为三，合为八十一家。于是一玄、三方、九州、二十七部、八十一家及其描述的八十一首七百二十九赞，构成“太玄经”的宇宙生成模式。图即按其理论框架而绘成圆形。中署一“元”，元分三方，每方三州，共九州。每州含三部，共二十七部。每部又分属三等，一部家为下，二部家为中，三部家为上。各等又分三等，第三部家有上下、上中、上上三家。第二部家有中下、中中、中上三家。第一部家有下下、下中、下上三家。共得八十一家，对应六十四卦。对应二十八宿相应度数。

关子明后魏人，著《关氏易传》《洞极经》，宋人对其所著多存疑问，朱熹以为是伪书，实宋人阮逸作，但又引其说以证图十书九之论。该书把天地万物三分为生之象☰，育之象☷，资之象☷ 。又以生之躰九以配天，资之躰九以配人，育之躰九以配地。以表述圣人本河图以画卦而叙洛书之数，以生传一，资传二，育传三。每一极演之为九,三九二十七而极终焉。是洞极之数述洛书也。其图即按此意而绘二十七象，并附有文字说明。

当然，以上划分尚属粗略，未能概其全，或稍能称其事。其分类亦多有可交叉融合者，难以尽其精微。李申有一句精彩的话：“易图无助于思想的发展，但却有助于既成思想的流布。”杨甲未见有专门的易学研究专著，在易学发展史上也并无多大理论建树，他的《周易图》吸收了前人创作的成果，也凭自己的睿思创见，系统地创为六经之图，开辟了经学传播的新途径。他较早地将以图解易发展到以图解经，为后世经图学的发展开出一条新路。他也适应了书院教育发展的需要，《六经图》历经传刻，刊于州县学宫，使初入经学之门的读书士子按图索骥，造微诣远，获得指南。这项功绩，也是不可磨灭的。

五、《六经图》石本的学术价值

按照清人胡玉缙所见，信州石本六经通计收图302幅；又据陆耀橘《金石续编》所云，广信府学石刻《六经图》，撰书摹勒人皆不著，惟《周易》下《序卦图》后，《尚书》下《律度量衡图》后，并有“思可录”三字。笔者认真查对了家藏碑拓本和上饶市博物馆所藏碑拓本，均确如其言，两处皆有“思可录”三字，证明了家藏碑拓本和上饶市所藏碑拓本当为同一碑石所拓，均属信州石本所拓无误。由于碑本版大，摹拓既艰，且展阅起来，确实不易，所以历代有人“编类为书”，“易以梨枣”，在所当然。但惟其版大，编纂者之匠心始得寓焉。

如果说，上饶碑拓本代表了卢天祥重刻之昌州石本系统，《四库全书》本代表了程森汇刻本的书版体系，那么，两相比较，石本的学术价值是十分明显的。

（1）石本具轻重对称之美，书本有详略系列之优。石本版大，镌石者依图之大小轻重安排版面，极富匠心，给人以整体对称之美。如《周易图上》，整版以《总括象数图》大圆图居中，其余则左右对称，安排各图。顶行以《日月为易》居中，两边先右后左，依次以《伏羲八卦图》对《文王八卦图》，《六子图》对《六位图》，《河图数图》对《洛书数图》，《三变大成图》对《四易之易图》。《周易图下》则以《复姤临遁泰否六卦生六十四卦图》和《太玄准易图》为重心，顶行《易有太极》居中，两边《八卦因重图》和《八卦相推图》相对，版式非常匀称。一眼望去，对称平衡，极富中和匀称之美。书籍本则完全失去了这种结构之美。还有《尚书图上》具疏朗对称之美，《尚书图下》

具错综变化之美，《诗经图上》具规整紧凑之美，《周礼图下》具涌流灵动之美等等。可以说，六经十二碑版，都具有版式结构上的对称流动之美，充分显示了作者的艺术匠心。当然，石本中也有为求对称而割裂内容的情况，如《春秋图》，为了以《春秋年谱》为重心，刊石时有意将《春秋年谱》分为上下两图，其一半居于《春秋图上》之中心，另一半则在《春秋图下》之中心。其年代顺序又不是上一半，下一半，而是按上一、下二、上三、下四的顺序排列，这就完全割裂了时代顺序。相形之下，书本则将两图合一，按时代顺序而列，便于阅读。

（2）石本来源于杨甲昌州石刻之原图，保留了宋代石刻本的原貌，保留了更多不同的经图形态。纪昀言："明人刊校旧本，无不臆为窜乱。"即以《四库全书》所收《六经图》而言，也已与石本大相径庭。有名同图实不同，有图同而名不同；有分类虽不同，而形制略一致。如《周礼图上》有《朝位寝庙社稷图》，石本、书本名均同，而图却不同。又有《治朝图》《燕朝图》和《外朝图》，石本、书本名均同，而石本为切面图，书本改为平面图。石本又有《王国经纬涂轨图》，书本作《经涂九轨图》，名不同而图实同。又如古乐器，石本所载有《九鼓制图》9种、《乐器制图》22种、《金声图》6种、《舞器图》7种，共44种；书本所载有《荀莒钟磬制图》8种，《鼓人四金图》4种，《舞师乐师舞制图》5种，《鼓制图》11种，《乐器制图》18种，共46种。分类不相同，而各乐器的形制大体一致。

（3）石本版大而保存较多大图和合图，而书本版小，故多析为分图或小图。如《周易图上》有《总括象数图》，形制特大，《四库》本则无此图。又如《礼记图上》，石本有作为重心的《月令总图》，形制既大，对应关系亦相对集中；书籍本则无《月令总图》，而分别收有《月令中星图》《月令十二律管候气图》2种、《月令所属图》5种。又如《周礼图上》，石本仅有《井邑丘甸县都图》1图，书本则分别收有《四井为邑图》《四邑为丘图》《四丘为甸图》《四甸为县图》《四县为都图》《四都为同图》等6图。又如《尚书图上》，石本有《四仲中星图》1图，书本则析为4图。石本图间有注谓："旧本用四图，太冗而胶，今只用一图轮转，春则以胃加酉，夏则以柳加酉，秋则以氐加酉，冬则以虚加酉，则中星斯各现于午位矣"（按：加酉谓二十八宿之胃、柳、氐、虚四星在西位)。可见，石本的精简本身就是对旧图的扬弃，后儒莫识，反而恢复旧制，岂不谬哉。

(4)石本与经文内容结合较紧，书本经后人增删，而有游离于内容之外。如《诗经》一书，无论是以记事为主的大小雅，还是以抒情为主的国风，可图之事物本不多，因而石本图少，书本图数渐多，而其中诸国世次、释草木虫鱼之类均无图，且所增《辟雍泮宫图》无石本细，井田五图与前面重复。石本有《冠服俎豆圭璧之图》和《乐器舟车戈矛之图》，在绘出其形态时，同时标明该图所在《诗经》的篇目，与经文内容结合紧密。《经纬正变之图》分列出正风变风、正大雅正小雅、变大雅变小雅的相关篇目，有助于读者结合诗篇加深对正变的理解。书本则删此图。

六、关于鹅湖书院石本问题

有两则史料提到“鹅湖书院石本”的问题：一是《四库全书总目》子部存目类《提要》，谓常定远所刊《五经图》依章达原本重刊，达《序》称是本得自卢侍御，而“卢又得之信州铅山，为鹅湖石刻本”云云。又有清耿文光《万卷精华楼藏书记》卷十著录致用堂本《六经图》，亦谓“雍正元年襄城常定远依鹅湖书院石本校刊”，文中均有“鹅湖石本”之称。因而有必要在此澄清。

上文已经说到，把广信府《六经图》碑刻本再进行整理，改为书本，刊于铅山鹅湖书院，是清人郑之侨所为。郑之侨鹅湖书院所刊《六经图》，为经册本，仍存于世，载为“乾隆八年镌，后学潮阳郑之侨东里编辑，述堂藏板”。此外，遍查明清以下《铅山县志》以及《鹅湖峰顶志》《鹅湖书院志》，均无鹅湖石本的记载。笔者本铅山鹅湖人，从小生于斯长于斯，从未见鹅湖书院有六经图碑刻。郑之侨在其所著《鹅湖书院六经图序》中，已有明言，说他见诸生出所藏六经图，系摹石于信州学宫者，乃于公馀挑灯，按规求矩，手自摹画，……因锓木以公诸同人。他看到的是信州石本，他修订后“锓木以公诸同人”，是木刻本，而非石本。和他同时代的雷鋐，也为鹅湖书院六经图作序，他更清楚地说：“广信学宫原有六经图石刻，备学者穷经稽古之资。

吾门郑君东里（之侨）宰铅山，每至鹅湖书院与诸生讲论，按图指划，患其校订未精，讹舛间出，爰细加改正。石碑体制，难于展阅，易以梨枣。”[①] 也说的是广信府学石本，至于郑刻的，则是木刻版书本。

纪昀在《提要》中对“鹅湖石刻本”之说未加否定，但却有考证云：“考明卢谦字默存，庐江人，万历甲辰进士，官至江西布政使参政。初官永丰知县时，得信州学五经图石本，庐江知县章达为刻之。……此本称章达刊，当即谦所传信州石本也。”可见，章达所刊，依据的是信州石本。常定远依章达原本重刊，自然仍为信州石本系统，而不会变为“鹅湖石本”。纪昀的考证是对的。但纪昀称“信州学五经图石本”却显然有误。《五经图》是章达依信州石本而改为书版的金陵刻本，该书以周礼、礼记合为一经，故易名《五经图》。

耿文光万卷精华楼著录亦引牟钦元《序》云：“吾弟嵩山出守广信，因修书院，摹拓多本，近闻常生刻成，其同里请序于余”云云。耿氏或许受“书院摹拓”之说，而以为书院即鹅湖书院，实则大误。信州石本立于信州学宫，信州学宫是宋代信州州学，原址在信州郡城（今上饶市）西北隅，宋景德三年迁城东，庆历四年扩建一新。明初改为广信府学，后废。清康熙三十一年（1692），邑人建信江书院，六经图碑移建其中。牟钦元言其弟守广信，修书院，修的是信江书院，而非鹅湖书院。嵩山所摹拓的多本，当为信州石本，而非“鹅湖石本”。鹅湖书院则在信州所属之铅山县境内，以朱熹、陆九渊等四贤之“鹅湖之会”而著名。鹅湖书院只有《六经图》木刻书籍本，而无石本。况且从时间上看，郑之侨在鹅湖书院刊六经图已是清乾隆八年，比常定远要晚十多年。常定远刊行《六经图》时，还没有鹅湖刊本，他不可能用鹅湖刊本来校刊。所以，有关“鹅湖石本”的说法是错误的。

（作者简介：吴长庚，原上饶师范学院副院长，教授）

① 郑之侨：《鹅湖讲学会编》卷十一。

信州区图书馆藏《林夫人血书碑拓本》考释

潘旭辉

上饶市信州区图书馆藏有《林夫人血书碑》旧拓本一册（图一），剪裱册页装，每页纵17.9厘米，横27.6厘米，共计30页，碑额一字一页，正文每页剪裱4行。帖首题“林夫人血书碑帖，民国廿五年九九居藏”，钤印：“九九居”（白文，册末重钤）、“何臧”（白文）。碑额小篆：“林夫人与遵义镇饶公

林夫人血书碑拓本

书”，全文兹录于下：“林大人与遵义饶公书。上饶夏运筹书丹。常熟言朝鼎篆额。将军漳江战绩，啧啧人口，里曲妇孺，莫不知海内有饶公矣。此将军以援师得名于天下者也。此间太守，闻吉安失守之信，预备城守，偕廉待郎往河口筹饷招募。但为势已迫。招募恐无及。纵仓卒得募而返，驱市人而战之，尤所难也。顷来探报，知昨日贵溪失守，人心皇皇，吏民铺户，迁徙一空，署中僮仆，纷纷告去。死守之义，不足以责此辈，只得听之。氏则倚剑与井，为命而已。太守明日早归郡。夫妇二人，受国厚恩，不得藉手以报，徒死负咎。将军闻之，能无心恻乎？将军以浙军驻玉山，固浙防也。广信为玉山屏蔽，贼得广信，乘胜以抵玉山，孙吴不能为谋，贲育不能为守。衢严一带，恐不可问。全广信即以保玉山，不待智者辨之。浙大吏不能以越境咎将军也。先宫保文忠公，奉诏出师，中道赍志，至今以为心痛。今得死此为厉杀贼，在天之灵，实式凭之。乡间士民，不喻其心，以舆来迎，赴封禁山避贼，指剑与井示之，皆泣而去。太守明晨得饷归后，当再专牍奉迓。得拔队确音，当执爨以犒前部。敢对使百拜，为七邑生灵请命。昔睢阳婴城，许远亦以不朽。太守忠肝铁石，固将军所不吝与同传者也。否则贺兰之师，千秋同恨。惟将军择利而行之！刺血陈书，愿闻明命。光绪十一年夏吉旦鄞董沛检校上石。”

一、所涉人物备考

书丹者夏运筹，上饶人，生平不详，此碑楷法森严，颇具唐人法度。篆额者言朝鼎，生卒年不详，字卓山，江苏常熟人。官广信府通判。善画花卉、梅、竹，工篆刻，光绪十八年（1892）辑自刻印成《言卓山印存》一册[1]。撰文者林夫人即沈葆桢夫人林普晴，林普晴（1821—1873），字敬纫、俊兰，福建侯官人，林则徐次女，知书达理，善文辞。“将军”“饶公”即指饶廷选，饶廷选（1803—1862），字枚臣，福建闽县人，未弱冠即入伍。清道光十一年（1831），以千总随军东渡台湾镇压张炳起义，以功赏戴蓝翎。道光十四年（1834），迁守备。翌年，再渡台湾平定沈知起义，赏换花翎，署各营游击。道光二十四年，驻同安马巷，擢都司；后升漳州游击。咸丰二年（1852），署

沈葆桢、林普晴夫妇像

中营。翌年，小刀会包围漳州城，廷选出兵击溃，升漳州镇总兵。咸丰四年（1854），调贵州安义镇总兵，不久，升福建陆路提督。翌年，扼守衢州。咸丰六年（1856），太平军围攻广信，守官沈葆桢妻林普晴血书求援，廷选以广信失守，玉山难保，也出于对林则徐的敬仰，于是背城出击，广信解围；但因未有军令赴援，屡褫公职。以后，太平军增兵围城，又被他击败，清廷赐“巴林图鲁”勇号。咸丰七年（1857），补衢严镇总兵，收复婺源。翌年，太平军石达开部攻浙江，廷选固守衢州，相持三月后解围，授赣南镇总兵。咸丰十年（1860），太平军李秀成部攻浙江，廷选由江西援浙，收复淳安，升授浙江提督。翌年九月，廷选攻下诸暨，援救省城。守城七十余天，省城陷落，廷选终以革职留用提督身份战死。卒赠太子太保，谥“壮勇”，入祀昭忠祠。“太守”即指沈葆桢，沈葆桢（1820—1879），字幼丹，又字翰宇，福建侯官人。晚清政治家、军事家、外交家、民族英雄。 中国近代造船、航运、海军建设事业的奠基人之一 。咸丰六年（1856）任广信知府。文中“廉侍郎”即廉兆纶（1810—1867），《清史稿》有传：“廉兆纶，初名师敏，字葆醇，顺天宁河人。道光二十年进士，选庶吉士，授编修。宣宗知其贤，将擢用，以父忧归，遗命诸臣可大用者，兆纶与焉。咸丰元年，服除。二年，大考二等。三年，直南书房。四年，授右赞善，超擢翰林院侍讲学士，督江西学政，转侍读学士，再擢内阁学士。五年，授工部侍郎。时粤匪石达开扰江西，侍郎曾国藩率师御之，寇张甚，陷州县五十馀，逼会城。上命兆纶帮办广信、饶州防剿，兆纶奏言：‘江西通省募勇计一万五六千人，各不相统属。地方有警，胜则互讦以竞功，败则争溃而不相救。甚且扰民冒饷，乘便营私，其弊不胜枚举。今贼势日张，瑞州、临江相继失守，设有仓卒，以此散而无纪者当之，何恃不

清末的沈葆桢

恐？惟有将所募之勇，裁去一切名号，并为三四军，每军得四五千人，统以监司方面素有威望者，庶可责成功。'六年三月，兆纶按试广信，贼陷吉安、抚州，进据安仁，兆纶上疏请援，并以练勇千守贵溪。贼窜德兴，陷建昌，广信势益孤，兆纶督诸生集乡团，与广信知府沈葆桢、上饶知县杨昇筹防御。遣上饶诸生郭守谦率乡勇三百夜袭金谿，诸生曾守诚奋勇先入城，贼不虞兵至，夺西南门逸，克其城。乘胜会攻建昌，而饶州又陷，官军败绩，广信益危。兆纶与国藩等合疏请截留闽兵一千六百专攻建昌，分檄守谦与在籍道员石景芬防剿。六月，国藩遣都司毕金科复饶州，兆纶饬景芬、守谦等驰攻抚州。会贼连陷广昌、南丰、新城、泸溪四县，八月，守谦军抚州张家桥，三接皆捷，穷追遇伏，力战死。时兆纶方赴铅山，道梗，咨衢州镇总兵饶廷选乞援。廷选率兵二千一百至，兆纶冒雨穿敌垒，复入广信，共谋守御，寇屡攻不下。凡七战，捕斩其渠六，斩六千馀级。廷选与游击穆隆阿、都司赖高翔等又屡击破之。贼走玉山，广信始解严。兆纶防守危城，尽出俸银饷军，贫困至不能自给，寻以病告归。……”[2]“先宫保文忠公，奉诏出师，中道赍志，至今以为心痛。”指林夫人父亲文忠公（林则徐）于道光三十年（1850）奉旨以钦差大臣由福州启程抱病赴粤，十月十九日行次潮州痢疾发作，卒于普宁行馆事。立石者董沛，董沛（1828—1895），字孟如，号觉轩，鄞县人。光绪三年（1877）进士，历署江西建昌、上饶等县知县，所至善于析狱，兴修水利，尤留心地方文献，表彰前哲，为政以“御下贵严、治狱贵审，催科不求胜于前人，事上不苟同于流俗”自励。

二、咸丰六年广信战事述略

咸丰六年（1856）攻击广信部由边钱会组织与国宗杨辅清、杨柳育所部太平军于广昌合军。八月初四日攻入贵溪。初五日弃城攻弋阳，占里东港口及上坊一带，遭抵抗。初八日攻铅山之河口镇，铅山营仅有额兵几十名以及新募团勇三百名，不战自溃，地方官员毫无准备，连同寄铅官眷弃城潜逃，时逢大雨蹒漓，河水暴涨，城内外一片狼藉。初十日攻克铅山并于初十至十一日进攻广信。沈葆桢七月初随同学宪兼督办广饶军务廉兆纶在河口镇募捐军饷，八月初六日见形势紧急立请回府城，并于同日清晨五更动身返回广信府。

“咸丰六年，学宪廉兆纶督办广饶军务，驻郡城，因军饷不足，七月初，率知府沈葆桢来河劝捐。时侍郎黄赞汤督办炮船捐务，观察林福祥、前署县张韶南皆奉省委办茶饷捐，侯补县蔡锦遭青委办河口厘金局，分四处。八月初五日，闻广义军败泸溪，领军郭守谦阵亡，合镇震动，迁徙一空。初六日，贼氛愈近。沈本府以河镇非其死所，力请回郡守城。各局官员因河镇无市，株守枉然，黄遂搬至紫溪。林、张、蔡次第搬入县城，而督办之廉学宪亦遂以铅城为行营矣。铅山署令前一月卸篆，新署令陈汝桢接任未及一月，莫知所措。请命于廉，始于初七日委铅山营署都司吴广生，督官兵团勇往河镇御贼：并委前署令张韶南与偕。时贼谍已至镇，见者以为官军也。初八日早，吴广生兵十余人骑马巡街，遇贼斗毙金塘沿，张韶南继往，贼砍之数刀以为死，舍之去，河口练勇不战自溃。幸是且倾盆大雨，山溪暴涨，未能猝犯铅城。且河镇初次被扰，有财物可恣抢掠，亦未肯遽舍而他，故铅人得幸

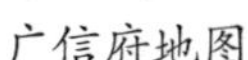
广信府地图

广信府城墙砖

民国时期的广信府城墙

逃也。复查向日铅山营额兵一百六十余名，咸丰二三年间，张中丞调去六七十名守省城，河口汛分去三十名，各塘汛分去十余名，营内尚余几十名，公局董绅新募团勇约三百名。署令陈虑城不可守，邀集绅团离城驻扎，以壮虚声。而廉学使于初八日已刻骤闻吴都司、张前令在河镇遇害，毫无布置，即呼备马，潜出东门，林有勇十余名随摇旗呐喊出东门，寄铅各官眷或出北门，出西门，典史丁统制借招募为名，是早已出西门，前署县程莫知所往。当是时，城厢内外居民见官走城空，诧贼已至，声若沸鼎，扶老携幼，纷投狂窜、大雨淋漓、伞尽挤破，妇女有著细夏布衫者，被雨淋湿，无异赤身，初次变生已为惨目。犹幸至初十日，始过安洲，分头掳掠，城二十里之遥，官兵无如何也。十一日，抄别径出北关，烧刘细禾房屋一所，以截追兵，即往府城而去。”[3]

……初八日，雨不止，信江涨二丈余。或言饶军前队至沙溪，未之信也。初九，饶公舟抵城下，葆桢徒步迎之，中途遇守备胡再升，供以马。饶公入城，有负装呼威至者，执其二，斩之，乃定。玉山把总张明报贼营太平桥，去郡城四十里。初十昧爽，葆桢随饶公登城，黄旗弥望，饶部仅千人，军吏失色，然贼以为空城也，卒见赤帜大惊，莫测虚实，营北山上未毕，以偏师直捣城下，锐甚，我师却。守备毕定邦、赖高翔以漳人血战，斩数十级，人心始安。战方酣，有挑粥出者，战士啖之，问所自来？曰：“郡夫人亲爨，以犒军者也”。士感泣，争奋。十一，绅民闻援兵至，各具油、烛、鸡、鸭，间道入城。十三日贼大至，围合，接济断，文吏窜伏。薪粮犒劳，室人会计出纳之。十五，大战，破其长围。自十三后，城中无灯烛。是夜中宵一月，万幕如霜，葆桢谓室人曰："如此风月，可谓良夜，值君初度，杯酒不可得。然得此一战，庆再生矣！"室人曰："度与君万万无生理。自兹以往，在人世一日，皆天赐也……"十七，贼遁……[4]

沈葆桢在奏折亦云：

……伏念臣于咸丰六年待罪广信，巨逆杨辅清由吉安率数万众长驱直入，所过辄陷。广信防军溃于贵溪，郡城存兵寥寥，登时骇散，臣在河口筹饷。城已一空。臣死之外，毫无长策，幸升任总兵饶廷选闻警，即提所部千余人，卷甲疾趋，兵至而贼亦至，前浙江抚臣何桂清陆续济兵济饷，饶廷选七战七捷，乃得转危为安。[5]

三、血书的下落及宝井堂本事

沈葆桢撰《室人林夫人事略》中云："……余单骑驰归，得饶公答书，以河涸舟不得下。署中惟二，形影相对，夫人以剑授余，而自踞坐井上，备非常，得以自达。已而大雨，河水骤涨，或报饶公前部至。徒步迎之，相与登陴城守。而寇亦至。连日大战，破其长围，寇氛挫。值中秋节，为夫人初度，具酒脯祭于井，庆更生。酹之曰：'此吾所命也，不可忘。此井之所缘也，'事略已刊行，不具述。勇亦闽人，以乡谊故，公不在郡，夫人作书告急，为邦人请命，壮勇亦用忠义相急难，事后公与壮勇约为兄弟。壮勇尝装潢此书，张之客座，以示宾客，及殉杭州之，此书遂投……"[6] 从此记载可知饶廷选得血书后曾装裱收藏，但在太平军围攻杭州之战役中遗失，从此下落不明，后以抄本传世。

光绪年间任广信府知府的李畬曾为沈葆桢外甥，为纪念林太夫人欲在城破之时投井死节事，而在府衙内建宝井堂以纪之。闽人黄濬《花随人圣盦随笔摭忆》中记甚详，"宝井堂者，李畬曾先生所建，畬曾为文肃公之外孙，涛圆之甥，以光绪辛丑知广信府，奉母重来，故涛圆有寄姊诗。今考《畏庐琐记》载：'吾乡沈文肃葆桢守广信时，喧传洪杨之兵大至，文肃取救于外，夫人婴城自守。已而文肃归，敌果围城，夫人自治饘粥犒军，以剑授文肃，曰：贼来君以剑抵之，吾自入井，免为所辱，因对井为誓，矢报国家，已而得饶廷选一军，敌退。后四十年公外孙李畬曾宗言权府篆，迎养夫人，畬曾立宝井堂于署中。大书一联云：距武夷数百里，遥望家山，迎奉板舆来，依旧青灯慈母线；后文肃四十年，来权兹郡，摩挲遗碣在，愧无黄绢外孙词。外孙二字，用的恰好。'" 畏庐即近代著名文学家、翻译家林纾，亦闽人，林纾善绘事，曾为李畬曾绘《宝井堂图》，今未之见[7]。

四、结语

通过对《林夫人血书碑》的考释，对其所涉人物进行考订，从历史文献中梳理了在清咸丰六年太平军围攻广信府之役，沈葆桢、饶廷选保卫广信府城的经过。岁月沧桑，广信府城遗迹已荡然无存，此碑亦不知所踪，仅此孤拓得以传世。《林夫人血书碑》书法精湛，保存完好，更显弥足珍贵，是研究上饶太平天国史的重要历史文献。

参考文献：

[1] 李毅峰主编．中国篆刻大辞典 [M]. 郑州：河南美术出版社，1997:114.

[2] 赵尔巽等．清史稿 [M]. 卷四百二十二・列传第二百九，民国刊关内本．

[3] 张廷珩等修．[同治] 铅山县志 [M]. 卷十・武备・兵事，清同治十三年刻本。

[4][6] 沈葆桢撰．室人林夫人事略 [M]. 同治刻本．

[5] 沈葆桢撰．沈文肃公政书 [M]. 卷一《恭报驰赴新任片》，清光绪六年吴门节署刻本．

[7] 黄濬撰．花随人圣盦摭忆 [M]. 上海：上海书店出版社，1998:271.

（作者简介：潘旭辉，上饶市文献学会会长，信州区政协委员）

信州区博物馆藏闽浙赣苏区货币述略兼谈闽浙赣苏区货币史

徐丽芳

一、概述

1. 信州区博物馆藏闽浙赣苏区货币概述

闽浙赣苏区货币，是在土地革命战争的炮火纷飞的硝烟中产生，是服从和服务于革命战争，支持根据地经济发展的一种特殊的货币。它是我国金融史上的一朵奇葩，也是闽浙赣苏区的党和劳动群众进行革命斗争的有力见证。闽浙赣苏区在发行和使用货币的过程中，始终坚持独立自主、自力更生的方针，为苏区的金融稳定、经济发展、支援革命战争，奠定了坚实的经济基础。

信州区博物馆藏有一定数量的闽浙赣苏区货币，其中有赣东北省苏维埃银行纸币，包含有壹角纸币、壹圆纸币；闽浙赣省苏维埃银行发行纸币，包含铜元、拾枚纸币、伍角纸币、壹圆纸币；还有壹圆股票、第五次反“围剿”决战公债券等。

这些苏区货币被广大群众称为“红票”，凝聚着在中国共产党领导下，方志敏等革命先烈的一片心血。货币发行时间几乎横贯整个革命苏区的发展历程，是红色革命最鲜活的历史见证。它们无声地叙说着闽浙赣苏区社会经济各方面的发展历程，在货币史上写下了光辉灿烂的一页。

2. 闽浙赣革命苏区概述

1926年共产党人方志敏率领赣东北革命群众，举起了“工农武装割据”红旗，革命烽火“由弋横而信江，由信江而赣东北，由赣东北而闽浙赣”，形成“东南半壁红”的大好局面。闽浙赣革命根据地是土地革命战争时期全国六大红色区域之一，是中央革命根据地的东北屏障。1929年2月成立信江特委，而后成立信江苏维埃政府。1930年7月信江特委和设在浮梁负责领导景德镇、鄱阳、湖口的“东北特委”合并为中共赣东北特委，唐在刚任书记。1931年成立赣东北省苏维埃政府，方志敏任主席，兼省苏维埃财政委员会主席。从此革命根据地从赣东北特区扩大为省级建制。省级机关设在上饶市横峰县葛源。随着军事上的不断胜利，根据地和游击区范围扩大到闽北和浙西地区。1932年11月下旬，中共赣东北省改名为闽浙赣省委。1934年在第五次反“围剿”失败后，闽浙赣革命苏区一直克服种种困难，努力打击敌人各种封锁，巩固民主政权。

3. 闽浙赣苏区货币发行史概述

闽浙赣苏区的政治斗争和军事斗争必须要有一定的经济基础。闽浙赣省苏维埃银行是随着革命根据地的发展而发展起来的，它经历了三个阶段，即1930年10月成立的赣东北特区贫民银行，发展为1931年9月成立的赣东北省苏维埃银行，1932年12月中央批准赣东北省改建为闽赣省，1933年1月赣东北省苏维埃银行随之改为闽浙赣省苏维埃银行，支持了苏区的经济建设，带动了苏区贸易，促进了食盐、布匹、食糖、茶叶等商品的流通及粮食的内部调剂，为发展苏区工农业提供了必要的资金，带来了物价的稳定和人民生活的改善，使根据地的红色政权更加稳固。闽浙赣苏区因而被毛泽东同志称誉为“方志敏式”革命根据地。

1930年“赣东北特区贫民银行”成立初期，市场上流通的货币主要是银元、铜板和少量银毫。敌人频繁的军事“围剿”和严密经济封锁使苏区经济活动受到阻滞，银行于1931年5月开始发行贰角、伍角纸币。1931年赣东北省苏维埃银行成立，同年年底闽北分区苏维埃银行也准备就绪，定名为“赣东北苏维埃银行闽北分行”。第四次反“围剿”胜利后，货币流通范围日益扩大，赣东北苏维埃银行又增发了新制纸币，有壹角和壹圆2种。闽北分行也于1932年1月开始发行壹角、贰角、伍角、壹圆4种货币。1932年随着闽浙赣省的建立，闽浙赣省苏维埃银行成立，现金出入较多的德兴、贵溪、上饶、弋阳等边境县设立了分行，并于1933年发行了壹圆、壹角和铜元拾枚3种货币。闽北分行在1934年11月发行壹圆、壹角的货币。至此，在上述赣东北特区（1927.8—1931.8）、赣东北省（1931.9—1932.12）、闽浙赣省（1933.1—

1935.1）三个阶段，根据地先后共发行了16种纸币，历时4年多，发行总额不及100万元，但是至始至终贯彻方志敏同志提出的“货币发行要讲信用”的原则和省苏政府的各项法令，从而保持了货币币值稳定，发挥了货币流通手段、价值尺度和储藏手段等职能。从这也可以窥见当时货币发行之慎重。除此之外，股票、消费合作社和储量合作社等的建立也对经济起到了非常重要的作用，这些都体现了方志敏同志正确的货币金融思想。

方志敏画像

二、赣东北特区时期货币（1927.8—1931.8）

1. 赣东北特区革命根据地的建立及状况

（1）赣东北特区革命根据地的建立

赣东北特区革命根据地，是第二次国内革命战争时期在中国共产党领导下，以方志敏为首的赣东北党组织，在信江革命根据地的基础而上发展和壮大起来的一块红色革命根据地。

从1926年秋赣东北地区邵士平、黄道、江宗海等同志开展工农运动，掀起第一次革命高潮以来，革命形势迅速发展。1929年2月成立信江特委，并于10月召开信江第一次工农兵代表大会，正式成立信江苏维埃政府。闽北地区到1929年春武装组织“民众队”，同年10月闽北革命根据地也建立起来。直至1930年苏区面积纵横达500余里，人口增至100余万，两个革命根据地都出现了一个巩固和发展的的新局面。但是苏区一直处在战争状态，蒋介石先后发动第一、第二次军事“围剿”，对赣东北革命根据地进攻，苏区红军奋力抵抗并彻底粉碎了两次军事“围剿”，巩固了以横峰葛源为中心，包括信江沿岸各县的赣东北革命根据地。

（2）赣东北特区革命根据地的社会经济状况

革命前的赣东北地区在农业破产、工商业衰败、市场萧条的残局中，各方面状况一片混乱。上饶洹大钱庄在1926年到1927年期间，就发行过面值拾枚、伍拾枚的两种铜元票。市场币制紊乱，币种繁多。一些地主富豪也发行自己的钞票，开办典当业务，高利盘剥劳苦大众。革命前在赣东北、闽北一带有80%以上的农民只能靠高利贷借债度日。高利贷的形式，一般有借钱、借谷、卖青苗等。借钱最低的利息是年利3分，即借1元钱1年交利息3角。

根据地建立后，根据方志敏的指示，苏维埃政府积极恢复和发展工商业，根据地苏维埃商店、工农药店发展到60多家，在此期间各地还办起了消费合作社。从1928年到1930年财政实现了年年都有结余。1931年后根据地屡遭国民党的军事"围剿"和在经济上的封锁，新建立的苏区相继失去，财政收入骤减，财政结余全部用尽。开办银行发行纸币，调节资金余缺，支援财政，充裕战费乃是当务之急。1931年5月经苏维埃政府批准开始发行了纸币。

2. 赣东北特区贫民银行的建立

赣东北特区贫民银行的成立，是赣东北革命根据地新型金融事业的开端。1929年10月1日，第一次信江工农兵代表大会召开，这次会议颁布的《施政大纲》规定："销毁一切田契及其它剥削农民的契约（书面的契约完全在内）"，宣布一切高利贷借约、当约概作无效。平债之后，工农民主政府相应地制订了借贷政策，即"确定借贷政策，平债之后可以借贷，利息不得超过一分五厘，工资店账不在平债之列"，同时还提出"组织农业银行及信用合作社，经手办理低利租贷"。这样筹建银行的问题就提出来了。1930年信江苏维埃政府专门召开了会议，研究成立银行的问题，出席会议的有方志敏、邵士平、张其德等。

然而，当时苏区党政领导的主要精力放在军事战略方面，信江苏维埃政府并没有立即将银行创办起来。直到1930年7月信江苏维埃政府召开会议，决定拨给20万元资金（其中银元16万元由财委保管，另准许银行印发纸币4万元），由省财委会主席邵忠负责筹建"信江苏维埃贫民银行"。9月，邵忠负责筹建了银行工作委员会，一共7人，在黄家源黄双喜家中开会商讨筹办事宜，由欧阳奂（任银行经理）起草了一个章程和一个关于成立信江苏维埃贫民银行的布告。

由于形势急剧变化，原信江苏维埃政府撤销，原来已着手筹建的“信江苏维埃贫民银行”的牌子还未挂出，就改称为“赣东北特区贫民银行”。1930年10月16日，银行在弋阳县芳家墩成立，经赣东北革命委员会批准，以行长邵忠名义发布赣东北特区贫民银行成立的公告，并先后向工农群众集股1万元左右。当时参加开办银行工作的还有经理欧阳奂、干事陈显东、出纳刘长庚等6人。

赣东北贫民银行是在第一、第二次反“围剿”的战争环境下建立起来的。创建不久，蒋介石纠集了10万军队对全国各革命根据地发动了第一次反革命“围剿”。在敌强我弱的情况下，特区贫民银行随着赣东北各机关转移到弋阳烈桥的东坑塘坞，并和前后方两个财委会合并，人员作了调整，除行长仍由财委会主席邵忠兼任外，只留有欧阳奂、陈显东、刘长庚3人。

1931年3月底，特区贫民银行由弋阳县烈桥东坑塘坞迁移到横峰县上坑源，在第二次反“围剿”胜利后，又迁驻赣东北革命根据地首府——葛源。9月，赣东北省委成立，赣东北特区贫民银行退还群众股金。11月改建为赣东北省苏维埃银行，设在横峰县葛源枫树坞，张其德任行长，方指南任会计，刘长庚任出纳，经理为欧阳奂。

在频繁的军事行动中，特区贫民银行随军转移，行长邵忠因劳累过度，不幸病逝。方志敏将红十军供给部长张其德从前线调回，任财委会主席兼银行行长。这一时期，由于形势和人事的原因，银行工作未能很好地开展起来。

省苏银行为了严格金融管理及方便群众，在葛源、德兴、贵溪、上饶等县工农民主政府所在地设置了兑换所。葛源兑换所是省苏银行在葛源枫树坞成立的同时设置的，受省苏银行直接管辖，每天都要送钞票到省行，兑换所和省行人员又经常互相调换。德兴兑换所设在塘湾，当时只有一个人，与县财政部在一起办公，只办理兑换现洋，不做其他业务，与省行没有什么联系。

3. 赣东北特区贫民银行的货币金融政策

政权建立之初，苏区的经济贸易工作也有条不紊地开展起来。1929年冬，第一次信江工农兵代表会上确定了贸易政策：根据地保护贸易自由，准许外来经商，开辟市场，进行赶集。1930年，在苏区财政委员会会议上，方志敏再次强调了经济工作的重要性。苏区财委会制定了财政经济工作的三项根本任务：第一，抓好财经建设，粉碎敌人的经济封锁，办好苏区银行，统一金融货币管理；第二，抓好贸易税收，疏通苏区白区的物资交流；第三，办好工商企业，繁荣经济，活跃市场。从此，轰轰烈烈的苏区经贸工作便有板有眼地拉开了序幕。

（1）重建货币体系

特区贫民银行成立后，1931年5月开始发行钞票，成为贫民银行券，宣布贫民银行券以银元为单位，并代表本位币银元在市场上流通。贫民银行券一经发行，就显示出了它在调节经济反对敌人经济封锁等方面的巨大作用。逐步驱逐了白区银行和银号、钱庄的在根据地内流通的纸币和杂票。打破了旧的货币结构，建立了新的货币流通体系。

同时，旧的金属铸币，如银元、铜板、银毫可以继续流通。白区银行发行的纸币流入苏区后，只能用于到白区去购买需要的物资，不准在苏区市场流通。凡群众持有贫民银行券的，如需要银元使用，均可以兑换，除银行本身办理兑换工作外，并委托各县、区苏维埃代办兑换工作。

（2）统一信用政策

特区银行取缔了各种非法金融活动，废除一切高利贷，并实行了低利贷款政策。银行成立之后先后向工农集股1万元左右，充实了银行资金力量，并及时发放了三、四千银元的贷款，帮助贫苦农民解决了各种困难。

（3）适量增发货币

第一次反“围剿”之后，新建的苏区有一部分相继丢失，只剩下弋阳、横峰、德兴、贵溪和上饶各县，财政收入骤减。1931年7月和8月，贫民银行在坚持纸币信誉和财政有一定数量的黄金储备的原则下，适时发行了3万元贫民券，支援了革命战争。

4. 赣东北特区贫民银行货币

根据地初建时期，市面上流通的货币主要是银元、银毫、铜板，五花八门。同时，国民党四大银行和各地商会、私人银行的票币充塞市场，造成通货膨胀，金融流通领域十分紊乱。方志敏创立赣东北红色根据地和红色政权以后，苏维埃政府决心要建立苏区自己的银行，发行自己的货币，以扭转当时根据地金融市场的混乱局面，抑制通货在苏区的泛滥。赣东北特委当时作了明确规定：“严禁私人银行的纸币，只有苏维埃银行才能发行纸币。”1930年10月赣东北特区贫民银行成立之后，根据地不断扩大，需要更多的现金满足军需民用的要求，除将敌币用到敌区外，根据地银行开始发行纸币，并控制现金出口，以稳定金融。当银元、铜板在市场上流通逐渐减少之后，红票便成为根据地市场流通的主要货币。

为解决根据地市场货币流通的需要，赣东北特区贫民银行于1931年5月开始印制发行纸币。初期发行数量严格控制在1万元以内，到七八月份，又发行3万元纸币，总共发行纸币4万元。初版印刷的苏区货币有壹圆、伍角、贰角、壹角四种。

（1）贰角

贰角纸币的票幅为94毫米×75毫米，正面：正中央印有五角星，五角星中心有镰刀和锤子交叉图案。五角星的正上端，印有呈弧形排列的“赣东北特区贫民银行”，在五角星的下方印有“×万×千×百×十×号”的钞票号码，票面的四角是相互对称的，左上方和右下方各印有一个“2”字，右上方和左下方分别印有“本行钞票，现银一律，准备基金，十分充足；工农士兵，携带轻便；县苏区苏，都可兑换，买卖完税，毋许折扣；倘被查出，定必彻究；发行纸币，信用攸关；如有伪造，从严惩办”。在紧靠以上字体的偏旁印有两行直书正楷“行长张其德和公元一九××年×月”。

1932年赣东北省苏维埃银行闽北分行贰角纸币正面

（2）伍角

伍角纸币的票幅为106毫米×82毫米。正面：正中央印有五角星，五角星中心有镰刀和锤子交叉图案。五角星的两侧各有一只类似蝴蝶的图案，中间印有直书“伍角”二字。五角星正上方有扇形弧条，弧条由左向右印有“赣东北特区贫民银行”。五角星的下方印有“第×××××号”的钞票号码。票面四周印有花纹，在票面四角的左上角和右下角是斜形“伍”字，右上角和左下角印有斜形“5”。票的背面基本上与贰角纸币相似，贰角纸币印的是“银元贰角”，它是“银元伍角”。

1932年赣东北省苏维埃银行币伍角纸币正面

1932年赣东北省苏维埃银行币伍角纸币背面

三、赣东北省时期货币（1931.9—1932.12）

1. 赣东北省的建立与经济状况

（1）赣东北省的建立

1931年1月党的第六届四中全会以后，开始了王明“左”倾冒险主义在党中央的统治。同年7月召开赣东北第一次党员代表大会全盘否定了赣东北革命根据地在方志敏等同志正确领导下所取得的成就，排斥了方志敏对根据地和红军的领导，取消赣东北特委，成立赣东北省委。11月召开赣东北省第一次工农兵代表大会，选举产生赣东北省第一届苏维埃政府执行委员会，方志敏由于深受人民群众爱戴仍被选为省苏维埃政府主席。从此根据地由特区扩大为省级建制。闽北苏区在1930年就遵照中央通知与赣东北苏区合并，在1931年7月成立闽北分区苏维埃政府。

赣东北省建立后，国民党开始了第三次和第四次对苏区的“围剿”，根据地军民在方志敏同志直接领导下，采取灵活的战略战术，赣东北省苏维埃区域也迅速从信江沿岸，扩大到闽北的崇安、建阳、蒲城和皖南、浙西，并把闽北苏区与赣东北苏区联成一片，形成了一个纵横300余里的革命根据地。先后建立了30多个县政府和工农兵代表会议制度。

（2）赣东北省的社会经济状况

第三和第四次“围剿”之后，敌人对苏区经济封锁愈加严密。1931年上半年，赣东北革命根据地经济建设出现了三个严重问题：①打土豪筹款和没收地主、买办官僚、反动资本家的财源逐步减少；②敌人对根据地的烧杀抢掠、破坏和经济封锁日益严重；③王明“左”倾路线对赣东北苏区的干扰和破坏，原来的苏区商店、工厂没有了，小商店、小手工业业很少，赤白两区贸易中断，军需供应不上，日常民用品也没有来源，整个苏区物资奇缺，经济遭到严重摧残。

1931年冬，方志敏亲自在葛源主持召开了赣东北省苏维埃政府财政经济会议，研究大力发展苏维埃工业。到1932年赣东北苏区先后办了3个造纸厂，2个煤厂，5个锅炉厂，12个棺材厂，1个纺织厂。开辟了从赣东北到浙西和皖南的多条红色贸易路线。到1932年冬，赣东北苏区设有16个对外贸易处，每月营业额达20万元。普遍建立了消费合作社，每月营业额在10万元左右，各县还设有工农药店。闽北分区也在首府大安开办了各种商店。1932年财政收支有了明显好转，各项经济工作发展很快。

2. 赣东北省苏维埃银行与闽北分行的建立

（1）赣东北省苏维埃银行的建立

赣东北苏维埃政府建立后，赣东北特区贫民银行退还了群众的股金，改建为赣东北省苏维埃银行。银行业务活动范围进一步扩大，金融辐射延伸到了闽北、浙西、皖南，银行工作人员在原特区贫民银行制度的基础上，也略有增加。

（2）闽北分行的建立

1931年4月，红十军第一次入闽攻克赤石街，即在筹款中留下3万元作为创办银行的基金。同年8月，分区苏维埃政府迁驻大安后，开始筹建“闽北分区苏维埃银行闽北分行”，年底经报请赣东北省苏维埃政府批准，定名成立

“赣东北省苏维埃银行闽北分行”，银行行长由分区财政部长徐福元兼任。银行设在大安街头，配有工作人员7人。当时银行的主要任务是：发行纸币，管理金银，支持财政经济工作的开展。由于闽北分区与赣东北苏区地处两地，闽北苏区实际上是一个独立的政治单位，赣东北苏维埃银行对闽北分行也只是业务上的指导关系。闽北分区银行则在执行省苏银行经营管理的基本原则和要求下，独立开展其金融活动。

闽北分行在此期间，原来作为创办银行的基金3万元，实际上被财政支配使用。为了平衡财政收支，减少财政拨补银行基金的实际困难，闽北分行在1932年初首先在崇安各区开展招募银行股金工作，规定每股银元1元，由行长徐福元署名签发入股收据。以后还逐渐将这项工作扩展至根据地以外的区域。在闽北分行资金得到充实的同时，赣东北省苏维埃银行的业务活动范围进一步扩大。

3. 赣东北省苏维埃银行的货币金融政策

（1）平衡财政

1931年并不代表苏区财政结算全年支大于收，赣东北省苏维埃银行的基金大部分月用于支援财政。到年底银行基金剩下300多元，发行纸币达3万，大部分是支持财委会的各项费用开支，缓解财政燃眉之急。

（2）低利扶持

1932年春，省苏维埃银行先后借给贫苦群众各项贷款达2万元，帮助其购买耕牛、添置农具。这使得群众在取得土地后，从农业生产中得到实际利益，提高农作物产量。

（3）适当支持

赣东北省苏维埃银行遵循方志敏同志提出的：“大力发展工业和着眼于自力更生的基础上，促进苏区经济迅速发展”的方针，先后对苏区办起来的工厂和皮鞋生产和合作社，实行以直接贷款给生产部门和简洁贷款（银行支持财政，由其拨给国营企业）的贷款方式。

（4）信贷灵活

赣东北省苏维埃银行从资金上大力支持当时设在赣东北和闽北各地的对外贸易处和船舶监察局收购过境物资。运用三种贷款方式：1. 通过银行与财委会的往来关系，江资金转贷给对外贸易处。2. 针对船舶监察局，省苏银行1931年10月，闽北分行1932年3月先后发行票面为50元和100元的专供收购白区商人货物的兑换票（券），以沟通内外贸易，打破敌人经济封锁，减少银元外流。3. 对于内部商业，银行实行按照不同对象区别对待的贷款政策。对于苏维埃商店、工农药店、消费合作社一般做到充分供应资金，并活放活收加强对贷款的管理。对私营商贩只给与临时性进货贷款，并在金额上、期限上有所限制，贷款额度在千元左右。

4. 赣东北省银行货币

第一批由赣东北特区贫民银行印发的纸币发行不久，赣东北特区改为赣东北省，银行也随之改为赣东北省苏银行，但市场上仍然使用赣东北特区贫民银行的纸币。1932年6月，才发行了为数不多的壹角、伍角和壹圆纸币。第四次反“围剿”取得胜利后，银行纸币流通的范围日益扩大，需要量增加，赣东北省苏维埃银行发行了由省苏维埃印刷局印制的新制钞票（第一期），票面金额分“壹角”“壹圆”两种。新制钞票，在版面设计上还有一个很大特色，即从以往标志工农兵苏维埃政权的五角红星镶以镰刀斧头的图案，改变为红旗插在地球上。这一图案，显示工农群众坚定了共产主义必将在全世界取得胜利的信心。

（1）壹角

银洋壹角券的票幅为94毫米 ×75毫米。正面的上端正中横列“赣东北省苏维埃银行”九字，是成弧形排列，底色套红。正中是红色五角星，五角星中心有镰刀、锤子组成的图案，五角星左右两边各有直书正楷“壹角”字样。左上角和右下角是对称的斜“壹”角，右上角和左下角是对称的斜“1”字，“1”和“壹”两字为蓝色。五角星下面写有“每拾角换洋壹圆”字样。整个票面只有红蓝两种颜色，除五角星两边的“壹角”二字是以蓝色为衬托，以本色书写外，其他文字都是蓝色，票面的边框花纹也是蓝色，五角星及花框以内的大部分都是红色。背面颜色为黑色，无论是边框花纹，还是文字及数字，都是黑字，在边框里面，左右两边有“凭票即兑，银圆壹角”字样，在票券的中部有发行纸币原则，即：“本行钞票，现行一律；准备基金，十分充足；工农士兵，携带轻便；县苏区苏，都可兑换；买卖完税，毋许折扣；倘被查出，定必彻究严惩办”。行长签名为“××”。“×”字样实际是张其德名字的“其德”二字，并列有“公元1932年4月印”几个字。在背面还盖有方形红色印章：“赣东北省苏维埃银行印”。

（2）伍角

银圆伍角券尺寸为106毫米×82毫米。券的正面，正中央有红色五角星，在五角星中心有锤子、镰叉图案。在五角星正上方，有一横幅，横幅成弧形，里面有“赣东北省苏维埃银行”一列文字，在五角星左右两边有两个类似龟形的蓝色图案，在图案中间印有“伍角”两字，在五角星下端有“第××××××号”（发行号码）字样，在票面的四角是相互对称的两组数字，左上角和右下角是篆体“伍”字，右上角和左下角是斜“5”字。背面花纹和文字均为黑色，图案与赣东北特区贫民银行发行的伍角券背面相类似有“凭票即兑，银圆伍角”字样。

（3）壹圆

票幅为132毫米×90毫米。双面石印正面红蓝套色，上沿“赣东北省苏维埃银行”字样，呈弧形布列，正中有五角星镰刀、锤子交叉的

1932年赣东北苏维埃银行壹角纸币正面

1932年赣东北苏维埃银行壹角纸币背面

1932年赣东北省苏维埃银行伍角纸币正面

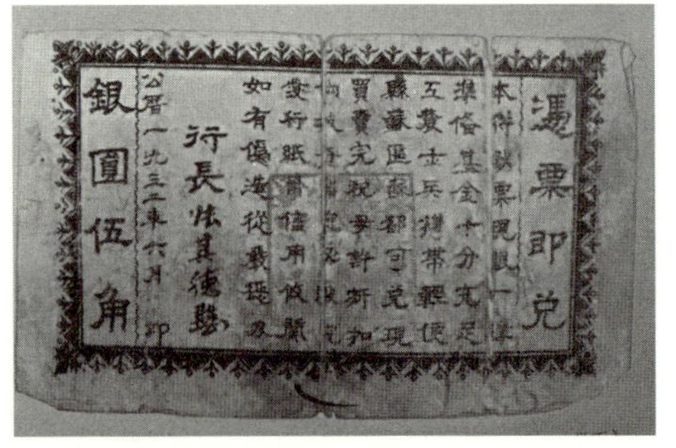

1932年赣东北省苏维埃银行伍角纸币背面

图案。左右各为一簇纹饰，上下对角各有一个“壹”字，右上左下对角各有一个“1”字。背面周边由花饰组成。除所表示的金额不同外，纹饰与上述一角和伍角券大同小异。

1932 年赣东北省苏维埃银行壹圆纸币正面

（4）新版壹角

其票面设计与原来的壹角券有很大的不同。在票券的正面：五角红星镶以镰刀锤子的图案插在地球之上。票面正上方横幅是一字形的红色字体。地球左右两侧的“壹角”二字为红色，写在类似龟甲的图案上。正下方写有“一九三二年印新制钞票第一期，省苏印刷局印”，另外新制票面两边盖有红色齐缝章；右下角盖有椭圆形行章，章印是“赣东北省苏维埃银行”字样印在上下方，在中间印有“赣”字，地球上下四角有本色篆体字“省苏银行”。票券的背面四角有较清晰的五角星，在五角星中心有镰刀、锤子图案。在下沿有九个空心圆圈用以编印票币号码，前三个圆圈写有苏字第”三个字，最后一个圈为“号码”字。票的方形行章是细线条，粗字，内容非常清楚，即“赣东北省苏维埃银行印”。整个行章3.2厘米，“行长张其德”正楷字很清楚。在“行长张其德”下方，盖有一枚小私章。在背面的左右两边写着“凭票即兑，银洋壹角”。

1932 年赣东北省苏维埃银行壹圆纸币背面

1932 年赣东北省苏维埃银行新版壹角纸币正面

（5）新版壹圆

其尺寸为132毫米 × 90毫米。银圆壹元券的正面，中部是一面红旗，红旗上有五角星、锤子、镰刀交叉的图案。红旗是插在地球上的，在地球左右两侧，各有直书红色“壹圆”二字。地球正上方是弧形排列的红色“赣东北省苏维埃银行”九字，在此九字的底色中还有两个本色篆书“省苏”两字，在地球正下方是“一九三二年印新钞票第一期，省苏印刷局印”，在票面右边有本色篆书“银”字，左边有本色篆书“行”字。在票面四角有四个直书正楷“壹”字。在票面右下方有一椭圆形行章，上写“赣东北省苏”，下写“维埃银行”，在中间是正楷“赣”字，左右两边有两个小五星，五角星中心有锤子镰刀图案，票面左右两边盖有骑缝章，整个票面几乎全是红色。背面四周方框是花纹，四角对称的是斜“1”字，在左右两边花纹中有“凭票即兑”“银洋壹圆”字样。在方框内是发行纸币条例，同壹角纸币内容一样。在条例中间也印有行章“赣东北省苏维埃银行印”。在行长张其德下面有篆体“张其德”印章。在票下边有九个圆形空圈。前三个是“苏字第”三个字。整个背面的花纹和发行纸币条例的字体都是蓝色及与蓝色相间的红色。

1932年赣东北省苏维埃银行壹圆纸币正面

5. 赣东北省闽北分行货币

闽北分行发行的有：壹角、贰角、伍角、壹圆4种。其尺寸：壹角，内幅86毫米 ×48毫米、外幅98毫米 ×67毫米；贰角，内幅94毫米 ×54毫米、外幅107毫米 ×60毫米；伍角，内幅105毫米 ×65毫米、外幅124毫米 ×78毫米；壹圆，内幅10毫米 ×70毫米、外幅132毫米 ×90毫米。4种正背面图文除所表示的面额不同，花饰大同小异，均为双面石印。

票的正面为黄、蓝、红套色，底纹黄色是篆书阴文“赣东北省苏维埃银行闽北分行”13个字，直式书写，分布于整张票面；图案文字为蓝色，上沿自右至左呈弧形排列的“赣东北省苏维埃银行闽北分行”字样，以示发行单位；中为交叉着镰刀、锤子外套红色五星图案；象征着中国共产党领导下工农联盟的红色政权；左右各为一簇由线条组成的花饰，其中是表示面额的楷书大写数字及金额单位，如“壹角”“贰角”“伍角”“壹元”等；下沿中部为发行编号；四周由线条组成花边，四角各有一小花饰，内为表示面额的数字，左上右下对角是楷书大写数字，如“壹”“贰”“伍”等，右上、左下对角则为阿拉伯数码如“1”“2”“5”等。另外，伍角券和壹元券正面两旁还加盖有一对长形上下呈半圆的篆书骑缝章，文字为“赣东北苏维埃银行闽北分行印”。此外，还有一些1932年版的壹圆券，加盖的骑缝章是“闽北分区苏维埃银行闽北分行印”字样。

票背面为绿色，周边由花饰组成方框，框内中部是银行发行闽北券的规定：“本行钞票，现银一律；准备基金，十分充足。工农士兵，携带轻便；县苏乡苏，都可兑现。买卖完税，毋许折扣；倘被查出，定必彻究。发行纸币，信誉攸关；如有伪造，从严惩办”。言简意赅地将闽北券的性质、特点、用途以及受政府法律保护等内容，浓缩于上述64个字之中，起到了很好的宣传效果，便于群众了解使用。壹角、贰角在《规定》之后印有“行长”及“魁”状画押和“公元一九三二年一月印”等字样；伍角、壹圆券则是“行长林汉卿”和“魁”状画押。票面左右分别是“凭票即兑”，“银圆贰角”、或“银圆伍角”、或“银圆壹圆”字样，表示闽北券系以银元为价值基础的兑换券。背面还加盖有两个红色印章，一为43毫米见方，篆体“赣东北省苏维埃银行闽北分行

1932年赣东北省苏维埃银行闽北分行壹圆纸币正面

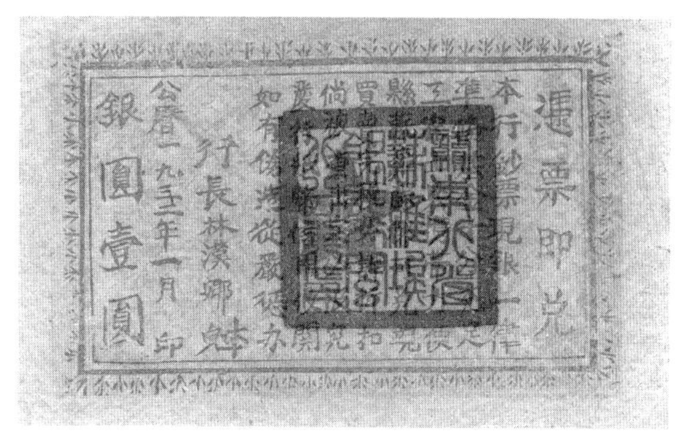

1932年赣东北省苏维埃银行闽北分行壹圆纸币背面

1932年赣东北省苏维埃银行闽北分行贰角纸币正面

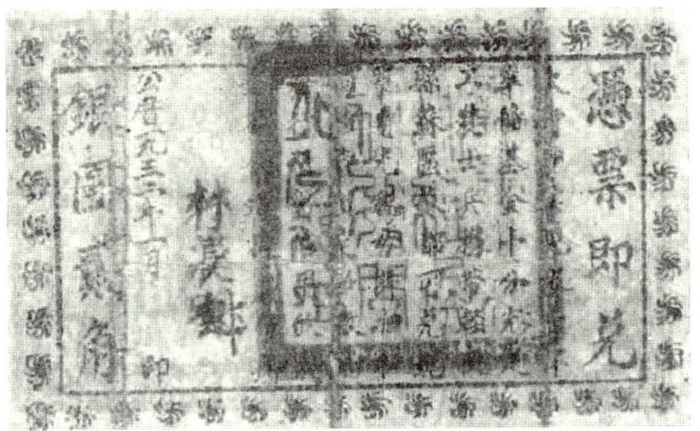

1932年赣东北省苏维埃银行闽北分行贰角纸币背面

印”，盖于钞券正中；另一枚是行长印章，加盖于左下方押处，印章随行长更换而不同。从实物上看到的行长印章先后有：林汉卿、夏兴、查瑞旺以及查瑞旺和徐罗福正副行长并列印章等。

6. 张其德

张其德（1874—1938）出生于上饶市德兴张村乡祝家营一个贫苦农民家庭。1924年夏，方志敏在弋阳湖塘村创办“旭光义务小学”和“贫民夜校”。张其德是贫民夜校的学员，方志敏的演讲和革命激情唤起了张其德的觉悟，不久在弋阳秘密加入农会。从此，他以饱满的革命热情，投入到打土豪、斗地主、抗租、抗息、抗债、抗税的革命活动中去。

张其德像

1928年11月26日，在中共德兴县委领导下，德兴举行了大田、苏家等十八村暴动，张其德在张村也领导了农民团的暴动。随着革命形势的发展，1929年2月，方志敏主持成立信江特委，调张其德去特委工作。同年10月成立信江苏维埃，张其德在信江苏维埃政府经济委员会负责财政工作。1930年10月，张其德协助方志敏创办“赣东北特区贫民银行”，并担任“行长”。1931年11月赣东北省苏维埃政府成立，方志敏兼财政部长，张其德任财政部副部长，1932年9月张其德任闽浙赣省苏维埃政府财政部长。

随着苏区财政贸易事业的发展，张其德和同志们一起研究，制定了一系列财政制度，完善了财政部的组织机构。为了广开财源，他与财政人员一道，动员群众集资建立消费合作社，开办苏维埃商店，统一收购苏区盛产的毛竹、木材、茶叶、笋干等土特产品组织出口。同时，他还和群众商量，因地制宜，就地取材，在苏区创办了各种类型的小工厂：有兵工厂、地雷厂、炸药厂、纺织厂、造纸厂、木炭厂、糖厂、樟脑厂、硝盐厂、铸锅厂、棺材厂，还有规模不等的煤矿、铁矿等，基本形成了适应战争需要和人民生活需要的工业体系。

为了疏通商品经济渠道，打破国民党反动派对苏区的经济封锁，张其德会同各级苏维埃政府，设立物资检查局、船舶检查局和对外贸易处，他将苏区的茶叶、油料、生猪、粮食、纸张等土特产运到白区，换到食盐、布匹、西药等物品，以满足苏区军民的需求。

1935年7月，张其德在坚持游击战争时在德兴横港山被捕，入南昌国民党军法处监狱。抗战爆发后获释，在南昌新四军驻赣办事处从事后勤工作。1938年7月，再次被国民党逮捕，在上饶市郊就义。

四、闽浙赣省时期的货币（1933.1—1935.1）

1. 闽浙赣省的建立及社会经济状况

（1）闽浙赣省的建立

为了有利于革命斗争的发展和实际体现苏区地域范围，1932年12月，党中央批准中共赣东北省委改建为闽浙赣省委，万永诚任书记，省会仍设在横峰葛源。12月11日，赣东北省苏维埃政府改为闽浙赣省苏维埃政府，方志敏任主席。1933年4月，中央人民委员会决定成立闽赣省，同时将建宁、资溪为中心的两块根据地，以及闽北分区、信抚两河地区划归闽赣省。但在敌人发动第五次反革命“围剿”中，由于闽赣省的主要地区被敌人占领，闽北苏区与中央苏区隔断。为了便于战略上的领导，闽北分区又重新划归闽浙赣省领导。

（2）闽浙赣省的社会经济状况

闽浙赣地区多山地，根据地多以农业为主，因此苏区鼓励群众加紧春耕垦荒运动，培植森林，提倡序幕运动，提高农业生产。苏维埃直接经营兵工厂、织布厂、织袜厂等，并通过自愿集股组织的生产合作社，各类工厂、作坊等也在各地相继建立起来。继续允许白区商人来苏区做生意，继续巩固赣东北省时期建立的消费合作社外，1933年初创办了储量合作社，苏维埃商店发展到了60多家。但在第五次反“围剿”过程中，苏区经济工作遭受到了严重挫折。

2. 闽浙赣省苏维埃银行的建立

1932年12月，赣东北省改为闽浙赣省，赣东北省苏维埃银行也随着改称为闽浙赣省苏维埃银行。行长仍由原赣东北苏维埃财政部长张其德兼任，经理欧阳奂，地址在横峰葛源。闽北分区银行，也曾随着行政隶属关系的改变而变动。行长未变，地址仍然设在大安。

在随后的1933年1月至1934年春一年多时间里，闽浙赣省苏维埃银行处于稳定繁荣阶段，增加了机构，设置了分行。原葛源、上饶、德兴、贵溪兑换所一律改称分行，不但进行兑换，还办理储蓄和发放贷款。

德兴分行，设在重溪街。在原来兑换所的基础上配备了经理、会计、出纳等人员，主要业务除承办兑换工作外，还收兑金银，办理存放款。

贵溪分行，设在周坊神前，后迁黄山源，行长由县苏财政部长兼任，另配备经理、会计等4人，办理兑换、放款及地方武装部队的存款等业务。

上饶分行，设在廿八都，由原兑换所扩展而成，有经理、会计等七八人，经办财政部门的收支，机关、商店的存款，以及兑换工作。

弋阳是根据地的中心地带，原来未设金融机构，这期间也在县苏所在地大坝增设了兑换所。至此，由省行、分行、兑换所、代兑处（各县财政部代理）的金融组织已经基本形成。

1934年10月，闽浙赣省首府葛源沦陷，省苏维埃银行撤离驻地枫树坞，转移至焦坑。闽北分区机关也被迫于1935年1月撤出大安，闽北分行同时转移。至此，闽北分行、闽浙赣省苏维埃银行工作被迫告终。

根据省苏维埃银行的指示，各县分行在撤退中并入省行，不得与县财政部合并，并强调账簿、金银不得遗失。当时上饶分行从二十八都出发，到达德兴焦坑，将账簿、金银移交给省苏维埃银行；德兴分行也由重溪转到焦坑与省银行合并；贵溪分行在1934年10月与县财政部合署办公，因战事急剧变化，交通受阻，账簿交由县财政部带去。

3. 闽浙赣省苏维埃银行的货币金融政策

（1）信贷支持

闽浙赣省苏维埃银行对农业生产进行了重点支持的信贷政策。既给合作社、手工业贷款，也给农户贷款，同时对生活上一时有困难，特别是春耕时困难农户给予临时性贷款帮助。

（2）资金供给

银行以大部分货币资金用于农业、工业生产方面需要。苏维埃政府主办的工业企业，资金大部分由财政筹划，生产过程中临时缺钱由省苏维埃银行给与积极支持。各生产合作社由工人集股经营的，本钱不足时，由职工担保，银行给与必要的贷款。

（3）促进贸易

闽浙赣苏区开展以乡为单位，由群众集股组织储量合作社的运动。如青黄不接时，群众可以低于市场价格向储量合作社贮存，必要时还给群众以低利借谷。其征得社员20多万股（每股集谷5斗），其中向游击区征得1万股，取得较好成果。

（4）增发货币

闽浙赣省苏维埃银行适度增发货币，使其在替代银元流通、在服从和服务于革命战争和促进苏区经济发挥总中发挥作用。

4. 闽浙赣省银行货币

1932年12月随着赣东北省改为闽浙赣省，赣东北省苏银行也改为闽浙赣省苏维埃银行，不久就增发了一些纸币，票面有银洋壹圆、壹角两种，还发行了伍圆券，但很快被收回烧掉了。1933年下半年，由于市场流通的铜元减少，找零不便，银行又发行了面额拾枚的铜元纸币，也称“铜元拾枚”（铜元360枚等于一元，36枚等于一角）。这是闽浙赣苏区发行的最后一种纸币。每张纸可印15张一元的钞票，或印32张一角的钞票。

当时发行纸币是有控制的，事先由财政部根据需要而计划规定印钞数目，再上报方志敏主席，经同意后才能印制。整个闽浙赣时期，共发行壹元券红票70万张，壹角券80万张，铜元拾枚钞票20多万张，总计钞票面额在100万元左右。

（1）壹圆

壹圆纸币的版别和赣东北省苏维埃银行印制的壹圆纸币基本相似。从规格到颜色，以及其文字内容和图案花纹都很相象，都有地球、红旗、锤子、镰刀图案，在地球图案左右两侧都有“壹圆”二字，及其同样的底色花纹；票面的四周框架花纹以及四角的“壹”字都是一样的；在地球图案正上方都有本色篆体“省苏”字样，在票面右边也有本色篆体“银”字，在左边是本色篆体“行”字；都有骑缝章。但是闽浙赣省苏维埃银行发行的壹圆纸币，也具有它的特点，横幅“闽浙赣省苏维埃银行”几字改成了弧形排列，票面正下方是1933年印，新制钞票第一期，省苏维埃印制局印。右下方的椭圆形行章内周边是:“闽浙赣省苏维埃”等字，在行章的中央是“银行”二字。它与赣东北省苏维埃银行壹圆券比较有如下两个不同点：①是赣东北省苏维埃银行壹圆券是3.3厘米的方形章，闽浙赣省苏银行壹圆券则是4.4毫米的圆形章，圆形章共有四个圆圈，最中心是镰刀、锤子，第一圈与第二圈之间有些格子，第二圈与第三圈之间是类似两只风凰的图案，第三圈与第四圈之间写有“闽浙赣省”和“苏维埃银行”，在这两组字之间是两个五角星。②赣东北苏维埃银行壹圆纸币正下方有“苏字第 × 号”字样，闽浙赣省苏银行壹圆纸币正下方则是空白，其编号是写在花纹框架外面。此外，闽浙赣省苏银行壹圆纸币正面颜色有的是浅黄色，有的是深蓝色，但是红色部位都与赣东北银行纸币是一样的。

1933年闽浙赣省苏维埃银行壹圆纸币正面

1933年闽浙赣省苏维埃银行壹圆纸币背面

（2）壹角

其票幅为94毫米 ×75毫米，正面：票面中间是地球图案，地球图案上有一面红旗，红旗上有锤子、镰刀。正上方横幅成“一”字形，有“闽浙赣省苏维埃银行”九个字。在地球图案两侧是龟甲形图案和“壹角”字样，票面四角是对称的斜形“1”字，右下角的椭圆形行章刻有“闽浙赣省”和“苏维埃”两组字，两组字中间被五角星隔开，行章中心是“银行”两字。正下方是“1933年印，新制钞票第一期，省苏印制局印”字样。正面的颜色，有的是浅黄与灰色相间，有的是深蓝色与红色相间用石印版（石刻）印制。背面：四角是四个五角星，五角星中心有锤子与镰刀，方框里面有两个章印，一个是纯水纹的方章印，一个是圆形行章，圆形行章花纹和文字，以及大小颜色与壹圆背面圆形章相同。背面文字内容与赣东北省苏维埃银行发行的壹角券相同。正下方的编号有6位数的，但也有7位数的。

1933年闽浙赣省苏维埃银行币壹角纸币正面

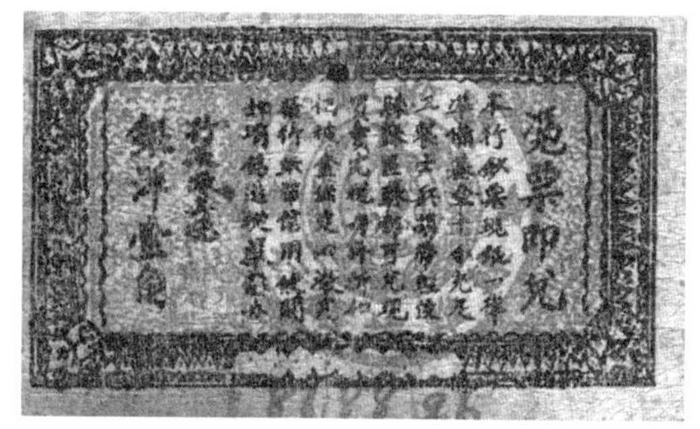

1933年闽浙赣省苏维埃银行币壹角纸币背面

（3）铜元拾枚

其票幅为80毫米 ×64毫米，文字与花纹图案都是蓝色。票面正中是五角星、镰刀、锤子相交图案；图案左右两边是“铜元”“拾枚”四字；正上方横幅成“一”字形，有“闽浙赣省苏维埃银行”字样，正下方是6位数编号；正中为横幅成一字形，即“闽浙赣省苏维埃银行”，正下方是6位数编号；正中为椭圆形行章，内容是“闽浙赣省”，“苏维埃”行章，中心是“银行”二字。票面左右两边有骑缝章，骑缝章有绿色的，也有红色的，背面是空白。

5. 闽浙赣省闽北分行货币

在1932年1月建立之初，经赣东北省苏维埃政府批准开始印发纸币，票面金额有银洋壹角、贰角、伍角、壹圆四种，版面图案与赣东北特区贫民银行的图案基本一致，印刷、发行等手续也沿用赣东北苏区银行所拟定的制度。

1933年闽浙赣省苏维埃银行币铜元拾枚纸币正面

闽北分行还在发行纸币的同时铸造了银圆。据当时在闽北分区造币厂工作过的黄观佑老人回忆："1932年在崇安县大南坑成立铸造银圆机关，到民国二十二年元月就正式开始造大银洋（银圆）。我们省委造的有大人头、小人头、红洋（苏区通用）、龙番等四种，每月能制造出四千多圆以上。"

为筹集第五次反"围剿"的现金需要，闽北造币厂曾铸造过两种在苏区通用的壹圆银圆，一种是"中华苏维埃银圆"，1934年由中华苏维埃政府铸造，正面铸有列宁头像，背面有"闽浙赣省苏维埃政府"字样。另一种是"闽浙赣省苏维埃银圆"，1934年由闽浙赣省苏维埃政府铸造，并铸有"粉碎敌人第五次围攻决战临时军用币"字样。由于闽北根据地的革命斗争一直坚持到全国解放。闽北分行发行的货币也一直流通到新中国成立。

（1）壹角

内外票幅为70毫米 ×50毫米和90毫米 ×67毫米，双面石印。正面红蓝套色，底纹为红色小点，满布券面，好似红旗遍布大地，寓意革命必将在全国取得胜利。图案文字为蓝色，上沿有表示发行单位的"闽浙赣省苏维埃银行闽北分行"十三个字呈弧形排列，正中为一颗红五角星，星中白色圆圈内有镰刀、锤子交叉的红色图形。两边各为一簇线条组成的蝶形花饰，中有表明面额的楷书"壹角"二字。下沿是发行编号。周边由花饰组成，四角各有表示面额的数字，分别是汉字大写"壹"和阿拉伯数码"1"呈对角排列。背面为绿色，周边由花饰组成。中间是银行发行纸币的规定，内容与"一九三二年版"纸币相同，并加盖正行长元金山、副行长徐罗福长形并列直书印章；以及"公历一九三四年十一月印"字样。两边分别直书"凭票即兑""银圆壹角"。正中盖的方印，仍沿用"赣东北省苏维埃银行闽北分行印"。

（2）壹圆

内外票幅为110毫米 ×70毫米和136毫米 ×88毫米，双面石印。正面红蓝套色，无底纹。上沿“闽浙赣省苏维埃银行闽北分行”字样呈弧形布列。正中为红五角星，星中有一白色圆圈，内有镰刀、锤子交叉的蓝色图形。左右各为一簇花饰，中有表示面额的宋体“壹圆”二字。下沿是发行编号；四周为线条组成花边，左上、右下对角各有“壹”字，右上、左下对角则各有一个“1”字。两旁加盖“闽北分区苏维埃银行闽北分行印”骑缝章，形制与“一九三二年版”相同。背面绿色，周边亦由花饰组成。四角各有一颗小五角星，星内是“1”字，右边是“凭票即兑”，左边为“银圆壹圆”。其余文字与壹角纸币相同。

1934 年闽浙赣省苏维埃银行闽北分行壹角纸币正面

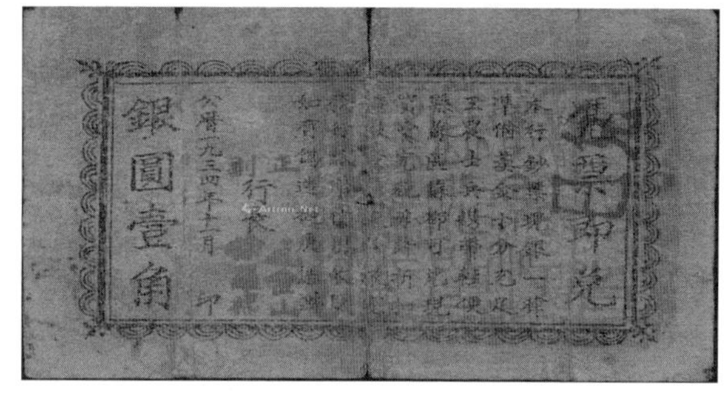

1934 年闽浙赣省苏维埃银行闽北分行壹角纸币背面

1934 年闽浙赣苏维埃银行闽北分行壹圆纸币正面

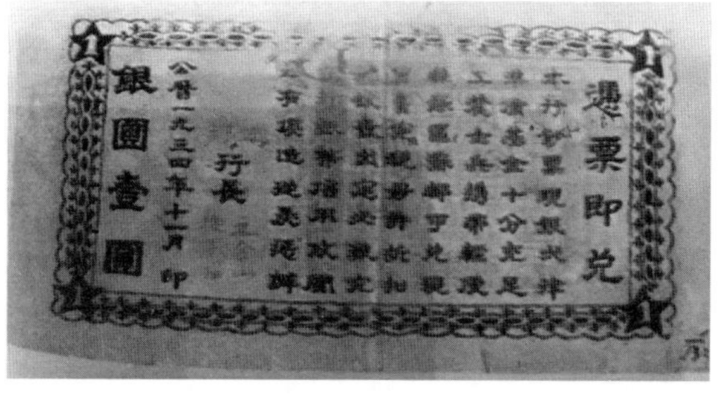

1934 年闽浙赣苏维埃银行闽北分行壹圆纸币背面

五、闽浙赣省苏维埃银行粉碎敌人五次围攻决战公债券

1934年以后，国民党反动派对闽浙赣苏区的经

济封锁越来越严重，加上军事上的连续“围剿”又使苏区的财力物力受到极大的损失。在这种情况下，苏维埃政府采取了一些特殊的财政措施，尽量做到少用或不用纸币发行来弥补财政开支。发行公债就是其中一项非常重要的举措，1934年7月1日，闽浙赣省苏政府决定发行“闽浙赣省苏政府粉碎敌人五次围攻决战公债券”。

当苏维埃政府发行公债的决定公布后，广大群众热烈响应，踊跃购买，方志敏在《我从事革命斗争的略述》一文中，对此作了生动的描写：“在推销粉碎敌人五次‘围剿’的决战公债时，大部分工人都自愿的拿出三个月的工资来购买公债票；红军战士，纷纷写信回家，要家里粜谷送钱来买公债票。（红军这次买公债票，买了飞机！）苏区的男女老少，都拿出钱买公债票。乐平有一个妇女买了三百元的公债票。发行十万元决战公债券，结果超过预定额四万元。”

公债券上沿以拱形从右到左排列着“闽浙赣省苏政府粉碎敌人五次围攻决战公债券”字样。正中央刻有工农男女图形，手持红旗和铁锤，两侧有粗形艺术体“壹圆”二字。四角对斜各有一个空心五角星，中间都有个“壹”字，以示壹圆。四周刻有比较精致的花纹，美观大方，粗细分明，很有政治意义和艺术性。印制公债券的纸张全是苏区造纸厂生产的“土毛边纸”，比较粗糙，但很好使用。

在工农图的正中盖着4.1厘米的红色图形印章，外圈上写“中华苏维埃共和国”，下写“闽浙赣省苏财政部”，连接处名有一个五角星。在公章内圈2.1厘米的小圆圈中，印有镰刀、斧头图形，全都是红色。下沿署名“省苏财政部长张其德”，张其德私章是1.2厘米方形章。每张票面都盖有一个部长私章，也有在一

1934年闽浙赣省苏政府粉碎敌人五次围攻决战公债券的正面

张票上盖两个私章的。这说明财政部的公章和部长的私章，是债券印好后，送交银行后再加盖的。

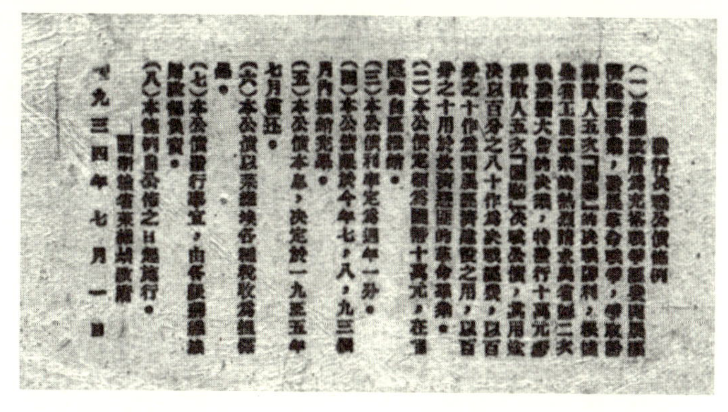

1934年闽浙赣省苏政府粉碎敌人五次围攻决战公债券的背面

“闽浙赣省苏政府粉碎敌人五次围攻决战公债券”是闽浙赣革命根据地发行有价证券的最后一种，由省苏维埃财政部部长（兼任苏维埃银行行长）张其德署名。在其背面，印有“发行决战公债条例”共八条。

1934年11月，第五次反“围剿”失败，红军采取战略转移——北上抗日，而此时，战局紧张，省苏维埃银行逐渐向德兴转移，转移前将未发行完的两担公债在葛源枫树坞山上烧毁。

“闽浙赣省苏政府粉碎敌人五次围攻决战公债券”的发行，对闽浙赣根据地纸币币值的稳定起到了极为重要的作用。它和苏区货币、股票一样，服务于苏区经济建设，保障了革命战争的供给，巩固了苏维埃根据地。

（1998年5月13日左进亮发表于上海《党史信息报》）

六、第一只红色股票

金融是现代经济的核心，早在土地革命战争时期，中国共产党人就尝试使用金融工具为红色根据地的建设服务。1928年在广东海丰县建立了第一家银行并发行银票，1932年在中央苏区建立了国家银行并发行货币，第一任行长是毛泽民，但鲜为人知的是，1933年方志敏在闽浙赣苏区成功地发行了闽浙赣省苏维埃银行股票，这是红色政权正式发行的第一只股票，被称为红色股票。

股票呈长条形，长20厘米，宽7.5厘米，上方印有闽浙赣省苏维埃银行，中间印有“壹圆股票”，并加盖银行的红色印章，在印章两边印有“本银行股息周年六厘计算，每年年终结账，营业盈余除开支费用及股息外所有纯净红利照股分派，次年一月凭票领取”，其下方为股票号码，并附每年领取股息和红利的凭证，即通常所说的息票，息票每年一张，从1933年起算，共附10张。按当时的规定，该股票每股壹元，也可折谷入股，每25公斤谷折算1股。

在赣东北苏区十分艰苦的条件下，方志敏同志曾经指示赣东北省苏维埃政府：“中央苏区大，人多开支大，经济来源有限，我们要尽可能主动向毛主席、中央苏区支援些金银、军需物质。”

1933年5月，闽浙赣省支部书记联席会议及全省第一次贫农团代表大会决定，要求苏维埃政府财政部为银行增资扩股十万元，以扩大银行基金，发展苏区经济，并认为这是当时经济动员最中心的工作之一，这次银行扩股工作，是在省苏维埃政府领导下成立的招股委员会具体实施的。银行扩股首先得到了广大工农群众的拥护和支持，他们积极认股，同时扩股工作也在白区进行，对象主要是站在中间立场的富裕农民和小商小贩，也有少数地主、富农秘密托人认股，并将之作为政治上的红色保险票而保存起来，以此作为拥护红军的标志，整个扩股工作为期三个月，共募股十几万元，超额完成了增资扩股计划。

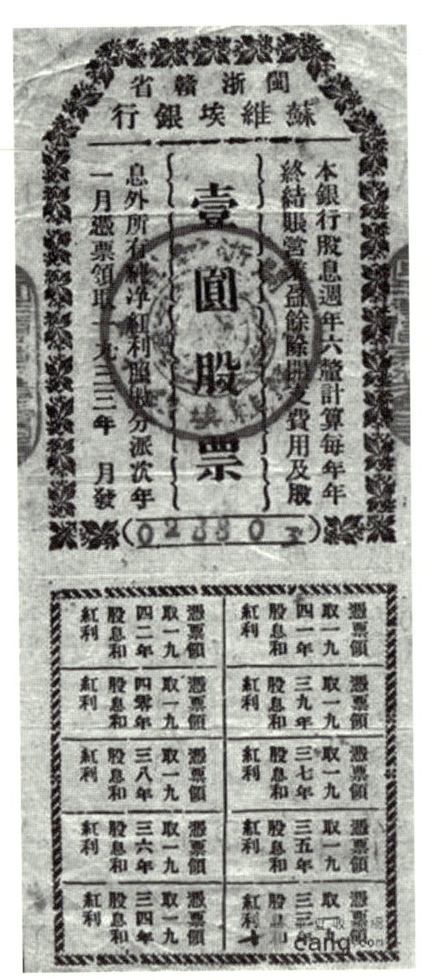
閩浙贛省
蘇維埃銀行
本銀行股息週年六釐計算每年年終結賬營業盈餘除開支費用及股息外所有純淨紅利照股分派次年一月憑票領取
壹圓股票
一九三三年 月發
（02380）
憑票領取一九四一年股息和紅利
憑票領取一九四二年股息和紅利
憑票領取一九三九年股息和紅利
憑票領取一九四零年股息和紅利
憑票領取一九三七年股息和紅利
憑票領取一九三八年股息和紅利
憑票領取一九三五年股息和紅利
憑票領取一九三六年股息和紅利
憑票領取一九三三年股息和紅利
憑票領取一九三四年股息和紅利

1933年闽浙赣省苏维埃银行发行的壹圆股票

利用现代金融知识剖析红色股票的证券产品特性，可以看出红色股票是一种无记名的面额股票，采用无记名的方式也是为了在政治上保护股票持有人；同时该股票又带有明显的优先股的特性，有固定股息率，并可分割红利。因为闽浙赣省苏维埃银行为苏区政府所有，股票持有者是无表决权的。虽然红色股票只附了十张息票，但并不意味着股票的定期性，或者说十年即可还本，由于当时战争周期难以预料，暂附十年息票的设想是有的，也是实事求是的。一年以后，王明“左”倾机会主义路线在党内占了统治地位，红军第五次反“围剿”失败后，方志敏同志率北上抗日先遣队离开苏区，红色股票也就夭折了。

在红色割据的条件下，继苏区银行纸币、公债发行后，股票的设计和成功发行是一种金融创新。革命先辈们大胆吸收和借鉴了人类社会的文明成果，充分利用股票所具有的筹集资金的重要功能，创造性地把西方资本主义市场的股票工具应用于苏区的革命斗争和经济建设之中。红色股票成功发行具有重要的意义，一方面，在政治上与苏区银行的主要任务相一致，即为了支持革命战争，为第五次反“围剿”准备财力，利用经济的方法扩大根据地的政治影响力，它是以广大工农群众积极响应苏维埃政府为夺取革命战争胜利的经济动员为基础的；另一方面，在经济上是为了保障和提高苏区银行的信用及其发行的纸币的信誉，提高银行的资本充足率，增强其宏观调控功能，调节苏区的货币供应量，使得苏区经济得以平稳健康发展。红色股票在我们党证券史上具有重要的一页。

七、闽浙赣省贮粮合作社的建立

贮粮合作社是根据地苏维埃政权在粮食供给制度上进行的一次可贵的探索。1932年，国民党在闽浙赣根据地进行疯狂军事“围剿”的同时，对革命根据地实行了残酷的经济封锁，加之奸商的破坏捣乱，根据地的经济十分困难，特别是粮食问题尤为严重。年轻的苏维埃政府为了解决粮食问题及时召集了各县苏粮食部长联席会，讨论贮藏米谷及建立贮粮合作社问题。根据方志敏的指示：“组织贮粮合作社，贮积大批粮食防备饥荒，帮助革命战争”。省苏当即决定各乡成立贮粮合作社征求社员委员会，进行广泛的贮粮合作运动宣传与征求社员工作。据《工农报》第65期刊载，省苏及时发出号召：希望全省工农群众都踊跃加入，并完成省苏贮粮计划。

1933年1月5日，闽浙赣省苏执委会发布了《关于建立贮粮合作社组织问题》的通令。通令首先从四个方面阐述了建立贮粮合作社组织的意义和必要性：一是由于所处的战争环境，不能保证没有饥荒，假使没有大批粮食的贮积，一遇荒年，就难免受饥荒的痛苦，所以贮粮合作运动，就是防备饥荒。二是目前国民党对苏区进行焚烧抢劫，无恶不作，白军烧抢苏区群众的谷米，如果贮积了粮食，就可拨谷或借谷接济避难革命群众，帮助他们解决粮食的困难。三是取得战争胜利的一个重要条件是需要后勤补给准备充足，只有贮积大批粮食，就可以在必要时借给或捐助红军，以争取革命的胜利。四是如果组织贮粮合作社，每年青黄不接时，酌量将贮积的谷米卖到白区，秋收谷子新出时，再用比较高的价格收买社员多余谷子来贮积，这样，就可以免受奸商贱买贵卖的剥削，帮助农民改善生活。

该通令对贮粮合作运动作出了具体部署，并且通过细致入微的解释和广泛宣传，省贮粮合作社很快在广大群众的拥护下成立了。《工农报》第76期详细报道了当时盛况：全省第一次贮粮合作社社员代表大会已于本月25日（1933年）开幕，共到各县代表49人，大会共开了整整一天，由省苏主席方志敏同志报告目前政治形势与贮粮合作社的任务。通过讨论，大会通过了决议、通电、贮粮合作社章程，并进行选举……

经过广大工农的共同努力，贮粮合作社在苏区群众中已发生重大的影响，并迅速建立起省、县、乡各级贮粮合作社，农业生产发展很快，出现了“五谷丰登、六畜兴旺”的喜人景象。群众通过交粮换取贮粮证，需要时，随时可到总社或分社凭证取粮，还可凭证参与年终分红。该形式也吸引了白区群众。如：铅山白区群众热烈拥护苏维埃，大家都自动发展粮食合作社，争先恐后加入粮食合作社，城区群众仅在10月份加入粮食合作社就有623股，新丰区群众在10月份加入粮食合作社的有230股。

八、闽浙赣苏区消费合作社的建立

在土地革命时期，为了繁荣根据地的经济，保障战争物资的供应和改善工农群众的生活，苏维埃政权开辟了商贸这一条重要的战线来粉碎敌人的经济封锁。赣东北苏维埃于1930年相继成立了合作社商业，组织了消费合作社，设立了苏维埃商店。

消费合作社是根据地广大工农群众自筹资金组织商品交换的一种集体经济组织形式。以“便利工农的消费，抵制投机者操纵和剥削为宗旨”，坚持自愿互利、民主办社的原则，由雇农、贫农、中农自愿入股筹集资金，一元一股。每人最多不能超过十股。“富农资本家商人及其他剥削者不得加入”。凡入股者发给入社证，凭证可到消费合作社的商店购买物品。每年年底结算一次，除开支外，多余的利润，按入股分红给社员。

省苏对于劳苦群众的消费合作社是尽力帮助的，苏维埃的贸易处帮助合作社办货，银行经常借巨款给合作社营业，财政免收合作社一切捐税。正因为有党和苏维埃政府的支持，消费合作社运动发展很快，据1934年1月统计，“消费合作社，群众共计83000股，每股一元，现在共有60多万元现洋在活动。”到2月，“消费合作社资金9万元，营业76.7万余元，红利6.5万余元”。

消费合作社的任务是向社员供应生活必需的日用品，如盐、布、火柴、西药、煤油等物资。同时也收购苏区的生猪、茶叶、棉花等一些土特产品，运到边界去与白区商人和群众交换，换回苏区所缺乏的食盐、煤油等物资。消费合作社价格便宜，利润规定不能超过20%。不入股，紧张的东西买不到，也很贵，所以工农群众对消费合作社信得过，也很拥护。

消费合作社逐级设有机构，乡有中心社，区有支社，县和省都分别设总社，交通不便的村还设有分社。总社设在葛源，于1930年10月成立，主要任务是领导各县的消费合作社业务，同时总社也设了门市营业部。营业部对入股的群众发给社员证，但对非社员不营业。不过那时候“闽浙赣省加入合作社的人数达全省人口百分之五十，在有些区乡则全体劳苦群众已经加入了合作社。”总之，省总社的工作是很出色的，特别是营业部生意兴隆，卖百货的、刨烟丝的、倒烧酒的、做豆腐的，应有尽有，十分红火。除了食盐定量供应外，社员们都能买到想买的东西，消费合作社得到了广大群众的信任和拥护。

正如1934年1月，第二次全国工农代表大会通过《苏维埃经济建设的决议》，强调指出：“消费合作社的组织，在苏维埃贸易发展上占有特别重要的意义。”

九、闽浙赣苏区货币的印刷、发行、流通与管理

1. 苏区货币的印刷

赣东北特区贫民银行货币的印刷，是在苏维埃政府直接领导下进行的。方志敏同志认为这是一项非常重要又十分严谨的工作，专门制定由赣东北特区苏维埃印制局承印。该局于1930年在弋阳县窖头成立，主任是李明清。

1930年7月，红军攻打景德镇时缴获了一些铅印机和一台圆盘机，使用的铅字很齐全。1931年春，特委机关和苏维埃政府迁到横峰的葛源。随后，苏维埃政府使用缴获的铅印机办起了铅印厂，厂址在离省苏维埃所在地枫树坞三华里远的后山背。

1931年上半年，赣东北贫民银行迁到上坑源时开始发行钞票。印钞票用的纸张是道林纸和打景德镇时所缴获来的一种水印纸。钞票图案由省苏送到印刷厂，再由工人用干梨树木板刻好，用纸再翻印到石板上印刷，一次可印十几张钞票。印钞技术要求很高，先后要经过五道工序：第一道先印正面的底色，第二道印正面的面值和中间的花纹、红旗，第三道印反面的说明文字与框边图，第四道印背面框内的花纹，第五道加印苏区银行章。如果一道工序出了差错，整个印制工作就会前功尽弃。由于受当时环境和条件上的种种限制，在纸张、油墨都无固定来源的情况下，印钞用的纸张、油墨也不一致，所以票面的色泽也略有差异。

1931年赣东北省苏维埃政府成立后，原来承印特区贫民银行的赣东北特区印制局改建为赣东北省苏维埃印制局。闽北分行的货币则是由闽北分区石印厂承印。该石印厂是闽北分区印刷局的一部分，由胡巍、连福生先后任主任，原来设在大安坑下东坑，后迁磨石坑，工人最多时有30多人。石印机是从崇安、蒲城缴获来的。1932年9月间在崇安大南坑筹建了闽北铸币厂。据当时在铸币厂造过银元的吴德贵回忆：“花边厂设在大南坑，负责人是邹玉林，花边厂有11个人，师傅是从竹溪坑请来的。”

闽北印刷厂有6个人印钞票，三个人一块板，六个人两块板，还有一个专门负责裁纸的人。印钞用的纸最先是从福州和上饶铅山河口等地购买的道林纸；1932年第四次“围剿”开始后，纸张来源被切断，志浩改用根据地自

己生产的毛边纸，经磨蜡处理作为月印钞用纸。据李天福同志回忆："当时钞票很难印，特别是颜色难印，一道颜色印一次，要印四道颜色，印出一道颜色就必须晾干，等晾干了后又再印。"印刷纸币时按券别版面大小和每大张纸可印张数计算，点交印刷局使用。像铜元拾枚的钞票用四层棉纸，一面加蜡印字，一面不印字，背面光版是用铅印机一次印成的。印好的票子都要送到银行盖三道章，即纸币两头骑缝章（长圆形）、正面右下角椭圆形行章和票下沿编号章。章盖好后，送交会计按顺序号码进行登记，然后交给出纳妥善保管，发出的票子也要按号码登记。印钞场所有严密制度，非工作人员不得入内，所印钞票不能有多有少，印坏了的纸张也要如数上交，不得有错。

苏区钞票版面面值有伍圆、壹圆、伍角、贰角、壹角，都是石印的。另外，由于当时油墨来自不同地区，纸币颜色有浅有深，相差甚远。1933年下半年以后，红色油墨紧缺，角币背面也就不再套红印花纹了。

1931年印刷局搬到了横峰县上坑源。1933年，随着闽浙赣省的建立，闽浙赣省苏维埃印刷局成立，负责人是黄端喜和黄端仁同志。印钞的设备和技术比较简陋，钞用的原料，如纸张的油墨等，大多是从白区运进来的，也有一部分是苏区土法生产的。钞票的印制技术，在沿用了原来赣东北省时期工艺的基础上也有所提高，在印制过程中，使用了套色印刷技术，如壹圆和壹角券都是以石刻图案为原版。从现存的壹角券的石刻原版来看，图案共有四个版面，正背各两个。移植到石印版后，再分色套印。其间要经过五道工序：第一道工序是先印正面底色（壹圆为绿色，壹角为蓝色）；第二道工序是印正面的面值和中部花纹、红旗均用红色；第三道工序是印背面的文字说明与边框围（壹圆为蓝色，壹角为黑色）；第四道工序是印背面框内的花纹，用红色；第五道工序是印闽浙赣省苏维埃银行行章，用红色。从上可以看出，在当时设备、工艺条件相当简陋的情况下，钞票的印制仍然尽可能达到苏维埃政府提出的印制要求。铜元拾枚纸币则是木刻一面图案用圆盘机印刷而成。它使用四层白棉纸，只是在正面加蜡印上蓝字，背面则为光版没有花纹，然后用圆盘机一次印成。

2. 闽浙赣苏区货币的发行、流通与管理

闽浙赣苏区货币的发行，丰富了我国的钱币宝库。在短短的4年多时间

里，包括赣东北特区银行、赣东北省银行、闽浙赣省银行和闽北分区银行在内，先后发行了下表所列的16种不同版别的纸币以及银币，其币种之多，极大地丰富了根据地货币史的宝库。其票币版别之独特，在历代货币史上也是突出的，在中国革命根据地货币史上写下了光辉的一页。

闽浙赣革命根据地银行发行纸币一览表

货币名称	拾枚	壹角	贰角	伍角	壹圆	合计	31年	32年	33年	34年	合计
赣东北特区贫民银行银元票			1	1		2	2				2
赣东北省苏维埃银行银元票		2		1	2	5		5			5
其中：新版银元票		1				2					
闽浙赣省苏维埃银行银元票		1				2			2		2
闽浙赣省苏维埃银行铜元票	1					1			1		1
赣东北省苏维埃银行闽北分行银元票		1	1	1	1	4		4			4
闽浙赣省苏维埃银行闽北分行银元票		1			1	2				2	2
合计	1	5	2	3	5	16	2	9	3	2	16

（资料来源:《闽浙赣革命根据地财政经济史》,（厦门大学出版社1988年版）

赣东北特区贫民银行1931年5月开始发行纸币的时候，方志敏和赣东北特区政府领导一方面告诫银行，在发行纸币工作上要十分谨慎，严格控制和管理。方志敏当时要求：要有充分准备，没有准备，不能发行钞票；要讲信用。另一方面则要求苏区干部和银行工作人员，要积极向广大群众宣传和解释。当时发行纸币的政策是：第一、严禁私人银行发行纸币，只有苏维埃银行才能发行纸币；第二、发行纸币是为了建设苏区，驱出伪币，发展苏区经济，方便群众携带；第三、苏区内金银流通不禁止；第四、社会买卖、纳税不准有折扣；第五、在各县、区分行、兑换所，保证兑换白洋（白洋加盖银行橡皮印）。

赣东北特区贫民银行发行货币之后，苏区政府明确规定：在苏区内一律不准用国民党的票子，只能用苏区我们自己发行的红票和银元。据方志纯同志回忆："在苏区内一律使用苏区票子，到白区采购要用银元，那时我们对银元和铜板的出口都管得很紧，少量的（一两元）可用苏区票子直接兑换，大量的要批准后才能兑换银元。"

赣东北省苏维埃及闽浙赣省苏维埃时期，银行发行的纸币背后，都印有发行货币的原则。即："本行钞票，现银一律，准备基金，十分充足。工农士兵，携带轻便，县苏区苏，都可兑现。买卖完税，毋许折扣，倘被查出，定必彻究，发行纸币，信用攸关，如有伪造，从严惩办。"而对于苏区原来流通的货币，作了如下规定：1. 旧的金属铸币，即银元、铜板、银毫可以继续流通。2. 白区银行发行的纸币流入苏区后，只能再用到白区去购买需要的物资，不准在苏区流通。同时，苏区政府又规定：消费合作社、工农药店和国营商店卖货，只收纸币，不收银元，这样提高了纸币的信用。

纸币发行初期，手续不够严格。据陈显东回忆："在上坑源时，印刷厂的同志把印坏了的钞票随手贴在墙上，被一个妇女拿到市场上去买东西，被合作社工作人员发现，因为这些印坏了的钞票上没有加盖银行公章，所以很容易发现。此事发生后，银行对发行纸币手续控制得更严格了。首先从印刷纸币用的纸张抓起，印钞前，先由银行买好纸张送印刷局，规定印什么票面，每张纸印多少张钞票，印好后苏区银行进行验收，印好的有多少张，印坏的有多少张，其总数一定要同银行送到印刷局的纸张总数相符。验收后由银行会计写收条给印刷局，然后将这些钞票盖章编号分类捆扎好，直到起迄号码、张数、总金额与印刷局送来的数字核对相符，交出纳验收，会计做账，收入发行部科目，到月底报告省财政部后，银行才能将印好的钞票发行。"

赣东北省苏维埃银行发行的货币，信誉一直较高，其主要原因是软通货（苏币）与硬通货（银元）的兑换比值一直保持在一比一的兑换值。苏区货币与其他货币的兑换为：壹圆苏币兑换1块银元；兑换"双毫"7个；兑换铜元340枚。以当时葛源为例，苏区壹圆纸币，可买2.8斗大米（每斗约15斤）；10斤猪肉；8—10斤菜油；20斤牛肉；10斤鸡；2至4斤棉花，完全和现洋一样。

当时闽北分行铸造的银元，是以闽浙赣省苏维埃政府的名义铸造的。银元上面的文字是“闽浙赣省苏维埃政府一九三四年”，这种银元大都是拿到边界和白区去用的，虽然在边界地区和白区还使用伪币，即国民党的货币，但是闽北分行铸造的银元成色最好，信誉最高。据闽浙赣省苏维埃政府财政部副部长谢文清老人回忆：“苏票（即苏维埃银行发行的纸币）在灰白区也流通，白区商人群众拿到苏币来买物资都优先供给。当时粮食禁止出口，但有苏币或食盐的可以买，所以苏票在白区的信誉也很高。”由于苏区红票比国民党银行的票子更有信用，白区有些商人都收红票。如浙江华埠有两个大商人叫二老板、三老板的，对红票特别有感情，在他们的商店里用红票可以买到盐、布及生活日用品。

1930年9月赣东北特区扩大会《关于苏维埃的经济政策》规定：“严禁私人纸币，只有苏维埃银行才能发行纸币，对于旧的货币，须加以清查与盖印，并须发行新货币，尽量地减少现金出口。”另外，又做了两方面工作：一是将敌币用到白区去。苏区政府严禁敌币在苏区流通的规定颁布初期，只是单纯地清查敌币，烧毁全部敌币，只保留金子、银元。二是把红票用到白区去。在白区流通，既可以提高红票的信誉，提高红色政权的威信，使白区人民心向红区，又可以对破坏国统区的金融秩序、降低国民党银行信誉起到了重要作用，其意义是非常积极的。因此红色苏维埃政府对此非常重视，积极主张将苏币用到白区去。

闽浙赣苏区各阶段银行发行的纸币都可以连续流通使用，如赣东北省时期发行的钞票，到了闽浙赣省时期还可以用，纸币经过一段时间的流通之后，会出现破损现象，破损的纸币由银行通过业务逐步收回、销毁，其程序是：收回破损纸币，由出纳部门在票面两边金额上加盖“废”字章，并按票面金额、张数造具销毁破损币清单一式两份，一份交会计冲减发行数字，另一份连同盖了“废”字的破损纸币送省苏财委会，经财委会验收后，会同有关部门监督，由银行负责解送钞票人员和财政部有关人员当场烧毁。

闽北币在发行之初，人们还是习惯使用铸币。为此闽北分区苏维埃政府首先采取了几项管理措施：严格控制财政性发行；平衡对外贸易，控制银元外流，充实发行基金；适度调节市场货币流通量，多渠道回笼货币；加强对纸币发行工作的法律保护和宣传工作；增设货币的兑换机构，以提高纸币信誉。其次在1932年5月下发了两道《通令》，动员群众团结起来，反对和驳斥一些煽动群众不用苏区货币的人，以破坏苏维埃经济政策论。同时备足银元，满足兑现，甚至让工作人员带上现洋到群众中兑换赣东北闽北券。这样，很快就提高了赣东北闽北券的信誉。另外，红军攻克一个新的地方后，先用赣东北闽北券向群众购物，当要撤离时，就用银元将赣东北闽北券兑回，使群众不受损失。通过采取以上措施，使苏区货币币值保持了稳定，也保证了苏区货币的顺畅流通。

1934年，由于受“左”倾错误军事路线的影响，红军在第五次反“围剿”中，战争连遭失利，导致革命势力大受损失，银行也遭受挫折，闽北分区机关也被迫于1935年1月撤出首府大安街，游击于武夷山区。此刻，闽北分区银行石印厂也将已经印好而未交银行的纸币全部烧毁，闽北铸币厂停产，货币发行随之停止。

十、闽浙赣苏区货币的价值与历史意义

1. 闽浙赣苏区货币的价值

（1）珍贵的革命文物

整个闽浙赣苏区发行纸币近100万元，但是遗留至今的已寥寥无几，现在仅存的少量苏币都是苏区人民用生命保存下来的。闽浙赣根据地失陷后，国民党及其地方势力对闽浙赣原苏区地带进行了无数次“清洗”和“清剿”。苏区绝大多数文件、票证、报刊等东西被彻底销毁，致使闽浙赣苏区遭受到了空前的浩劫，但是苏区人民永远不会屈服，他们冒着杀头的危险，将苏维埃的文件、报刊、票证秘密隐藏起来。他们热爱苏币，把苏币称为“红票”，他们虽然知道这些“红票”已丧失了其面额价值，也知道保存这些“红票”具有生命危险，但他们他们始终坚信共产党是一定要回来的，红军是一定要回来的。因此他们宁愿冒着杀头的危险，也要把自己手上仅有的苏区货币保存起来。

（2）宝贵的精神财富

闽浙赣苏区货币工作是“方志敏式根据地”党和苏维埃政府创造性的革

命工作。从货币的印制发行，到货币的流通与管理，都凝聚了方志敏和他的战友们的心血，也集中了苏区党和群众的集体智慧。透过闽浙赣苏区的货币，可以使我们了解到许多可歌可泣的革命事迹，艰苦奋斗、独立自主、开拓进取和廉洁奉公的革命精神永远值得我们学习和发扬光大。

（3）金融管理的见证者

闽浙赣苏币为什么一直很平稳，没有多大的波动？苏区、灰白区群众又为什么那么喜欢苏币？归根到底一个重要原因就是闽浙赣苏币从发行到流通，都在自觉不自觉地遵循着货币流通规律。在物资供应受到一定限制的情况下，工农民主政府在扩大纸币发行的同时，积极采取招股、捐款、推销公债券等形式来措施回笼货币，目的是平衡财政，稳定金融。这对于今天我们搞经济建设，对于纸币流通过程中的货币回笼问题，是很有参考和借鉴价值的。加上苏区党和政府严格控制发行量，因此，闽浙赣苏币一直保持着较高的信誉，其纸币含金量也很高，没有出现像中央苏区纸币发行失控的现象。

2. 闽浙赣苏区货币的历史意义

闽浙赣省苏维埃银行通过发行货币，执行发展经济，统一币制，活跃市场，方便群众，改善生活的方针，行使聚集资金，支援财政，调节货币，服务革命战争的职能，在恢复与发展革命根据地工农业生产，扩大内外贸易，打击敌人经济封锁，巩固民主政权等等方面都发挥了巨大的作用。

（1）开启了苏区货币流通的新纪元

根据地货币的发行，打破了旧的货币体系，开始了赣东北苏维埃银行纸币在赣东北地区市场上流通的新纪元。在根据地初创时期，市场上流通的货币主要是银元、银毫、铜板和国民党中央银行、中国银行、交通银行以及各地商会和私人银行、钱庄发行的纸币，货币流通秩序极为混乱。革命政权建立以后，苏维埃银行在方志敏同志的直接指导下，于1931年5月开始发行纸币，很快就扭转了根据地货币金融市场的混乱局面，清除了白区货币、杂币在苏区的泛滥流通，打破了旧的货币体系，苏币在革命根据地发挥了调节经济，支持生产，沟通内外贸易的特定作用。

（2）巩固了苏区的革命政权

闽浙赣苏区货币这朵金融史上的奇葩，是在方志敏和党的正确路线指引下，领导人民群众进行革命斗争的有力见证，在政治上起到很好的宣传鼓动作用。在赣东北特区贫民银行、赣东北省苏维埃银行和闽浙赣省苏维埃银行三个时期所发行的纸币，其版面制作都具有非常浓厚的政治色彩。票面上印有象征着工农联盟的镰刀、锤子和红旗插在地球上表示共产主义这面红旗必将在全世界取得胜利等各种图案，突出了浓厚的政治色彩和强烈的革命追求，传播了革命火种，向人民宣传了共产主义思想，坚定了人民群众对革命必胜的信念。

（3）促进了苏区经济的发展

闽浙赣苏区通过货币发行，扶持了商贸部门，及时收购了苏区的剩余农副土特产，源源运出苏区，换回了大量军需民用物资。通过发行兑换票，收购白区商人物资，丰富了市场物资供应，减少了银元外流，扩大了商贸物资交流，提高了经济效益，增加了财政收入。在战时财政金融为一体，协调行动的要求下，苏区货币发行对服从和服务于革命战争，支持苏区经济发展，增加财政收入和巩固革命政权等方面发挥了很大的作用。

（4）支援了革命战争

在粉碎第一次反革命“围剿”后，财政收入骤减，为帮助解决财政困难，特区贫民银行发行的纸币3万元，其中除一部分用于支持工农业生产发展外，绝大部分都用于支援战时财政，解决了当时军需各项行政费用开支。赣东北省时期在各项费用开支紧，一时难以筹措的困难情况下，银行及时增发了3万多元纸币，确保了军费开支，保证了苏区各级政权各项工作正常运转和发展工农业生产方面的资金需要。闽浙赣省银行为了保证当时苏维埃政府的战备需要，又从实际出发，适度地增发了一些货币，以确保革命战争的急需。

（作者简介：徐丽芳，上饶市博物馆）

#【考古发掘】

上饶市信州区秦峰乡五石村明墓抢救性清理简报

上饶市博物馆　信州区博物馆

上饶市信州区秦峰乡五石村明墓位于五石村丁家山竹林坡地，坐西北朝西南方向。墓葬系村民在移电线杆打桩时被发现，并上报文物行政主管部门。抢救性清理工作由上饶市文物局呈报省文物考古研究院业务指导并批准，决定由上饶市博物馆文物清理工作小组与信州区博物馆对该墓葬进行抢救性清理保护工作。由上饶市文物局主持，经上饶市博物馆江进民馆长的指挥部署成立现场墓葬抢救性清理工作小组，由潘旭辉任组长。工作组召开学习抢救性清理工作相关的业务知识，并提出清理墓葬、保护出土文物等相关安全措施。于2018年3月29—30日对该墓葬进行清理工作。参与抢救性清理的工作人员为上饶市博物馆陈之耀、潘旭辉、宋君、陈剑、吴颖骅、徐琪、林宇光及信州区博物馆周恒斌、朱利军等。现将此次墓葬抢救性清理的情况简报如图。

一、清理计划及过程

文物清理工作人员安排见表一：

表一　明墓抢救性保护工作人员一览表

总指挥	江进民
副总指挥	胡涛、张宪饶、周恒斌
后勤保障	郑文卿、洪伟忠
文物提取	潘旭辉
文物保护	陈之耀、宋君、陈剑、徐琪

续表

总指挥	江进民
文物摄影	林宇光
绘图记录	吴颖骅

经市文物局及上饶市博物馆、信州区博物馆的专家对现场情况的分析，遵循“抢救第一，保护为主”的方针，经充分论证后决定采取先清理封土，充分裸露墓室，再移除青石盖板，打开砖室后对主墓室及前室进行抢救性清理及文物提取。

打开墓室后，墓内发现白蚁穴及大量蚁巢黏土，清理小组决定对主墓室的蚁巢及黏土层进行清理。清理工作做到细致入微，逐一筛查。主墓室经清理后出土铁制棺钉若干及墓主人遗骸，遗骸损毁严重，仅存股骨及头盖骨残留。主墓室清理完毕后再对前室进行清理，出土文物见表二。

二、墓葬形制

墓葬结构为砖式券顶墓（图一），有前室。封土下墓顶部有三块青石板覆盖，券顶横砖一层，竖砖二层，两侧墓壁为横砖二层，砖室外以木炭、鹅卵石、砂砾填充，砖层与砖层之间以石灰、三合土、桐油粘结，较坚固。墓室为近长方形，较为规整，四角近直角，墓壁较直，有明显修整痕迹（图二）。随葬器物置于前室内，前室与主墓室以圭形门相连通（图三、图四）。

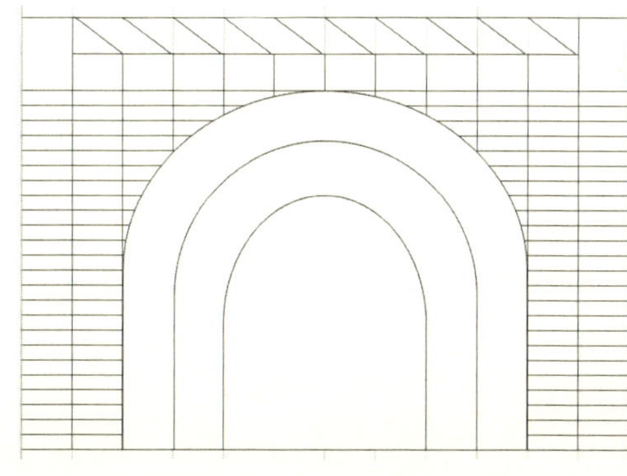

图一　墓穴剖视图

图二　发掘区

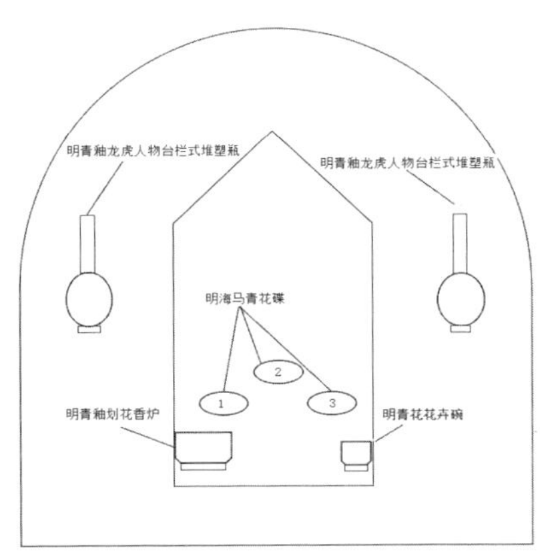

图三　前室剖视图

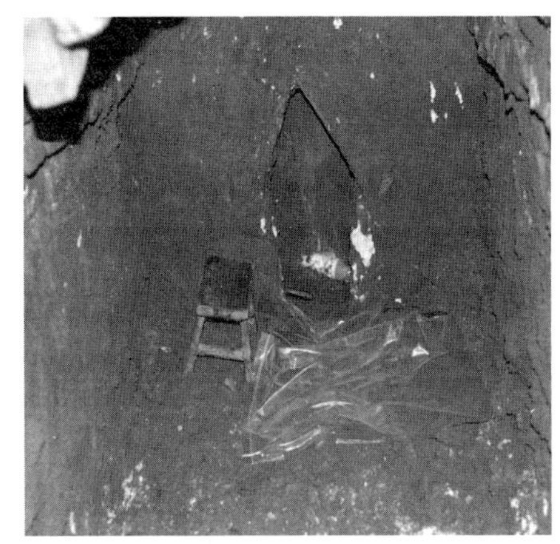

图四　前室圭形门

墓室尺寸：墓室长2.90米、侧高0.85米、券顶高1.05米、前室长0.35米、主室长2.45米、砖墙厚0.10米、主墓外高1.35米、墓宽前0.85米、墓宽后0.80米、墓室前方外宽1.50米、墓室后方外宽1.60米、墓室外廓3.2米、盖石宽0.98米、盖石长1.28米。

三、出土文物及现场保护情况

前室出土文物共计八件。现场及时进行文物保护工作，保护过程：先清除文物表面浮土，再对文物进行编号、塑封，随后带回上饶市博物馆做进一步清理、加固、修复等工作。

表二　出土文物清单

序号	年代	文物名称	件数	质地
1	明弘治六年	显考明武略将军豫堂王公之墓券（图五）	1	石质
2	明代	明青花犀牛望月纹碟（图六）	1	瓷
3	明代	明青花犀牛望月纹碟（图七）	1	瓷
4	明代	明青花犀牛望月纹碟（图八）	1	瓷
5	明代	明青釉刻花香炉（残）（图九）	1	瓷

续表

序号	年代	文物名称	件数	质地
6	明代	明青花花卉纹碗（残）（图十正面）（图十一侧面）	1	瓷
7	明代	明青釉龙虎人物台栏式堆塑瓶（图十二）	1	瓷
8	明代	明青釉龙虎人物台栏式堆塑瓶（图十三）	1	瓷

图五　显考明武略将军豫堂王公之墓券

图六　明青花犀牛望月纹碟

图七　明青花犀牛望月纹碟

图八　明青花犀牛望月纹碟

图九　明青釉刻花香炉（残）

图十　明青花花卉碗（残）正面

图十一　明青花花卉碗（残）侧面

图十二　明青釉龙虎人物台栏式堆塑瓶

图十三　明青釉龙虎人物台栏式堆塑瓶

四、出土文献

显考武略将军豫堂王公之墓券拓片（图十四）。

显考武略将军豫堂王公之墓券记载文字释文如下：

显考武略将军豫堂王公之墓券

维大明弘治六年岁次癸丑正月丁卯朔越有六日壬申，江西都司广信守御千户所在城安静坊公衙内居住，孝男王□王□伏为故显考武略将军豫堂王公大限，终于弘治三年八月十四日吉时殁。故未卜茔坟，夙夜忧思，不遥所厝，遂令日者择此高原，来去朝迎，地占袭，吉地属广信府上饶县上饶乡进业里六十七都，地名丁家山之原，堪为宅兆，梯已出备，钱彩买到墓地一方，南北长五十步，西阔五十步，东至青龙，西至白虎，南至朱雀，北至玄武。内方勾陈管，□擘四域，丘丞墓伯封步界畔，道路将军齐整阡陌，致使千秋百载永无殃咎。若有干犯并令将军亭长缚付河伯令备，牲牢酒脯百味香新共为信契，财地交相各已分付。令工匠修营安告，已后永保清吉，知见人岁月主。

顯考武畧將軍豫堂王公之墓券

維大明弘治六年歲次癸丑正月丁卯朔越有六日壬申江西都司
廣信守禦千户所在城安靜坊公衙內居住孝男王 王 伏為故
顯考武畧將軍豫堂王公大限終於弘治叁年八月十四日吉時殁
故未卜塋墳夙夜憂思不遑所厝遂令日者擇此高原來去朝迎地
占襲吉地屬廣信府上饒縣上饒鄉進業里六十七都地名丁家山
之原堪爲宅兆擇已出備錢綵貫到墓地壹方南北長伍拾步東西
闊伍拾步東至青龍西至白虎南至朱雀北至玄武內方勾陳管
擘四域丘丞墓伯封步界畔道路將軍齊整阡陌致使千秋百載永
無殃咎若有干犯並令將軍亭長縛付河伯今備牲牢酒脯百味香
新共爲信契財地交相各已分付令工匠修營安厝已後永保清吉
知見人歲月主代保人今日直符故氣邪精不得干擾
先有居者永避萬里若違此約地府主吏自當其禍助
葬主裏外存亡悉皆安吉急急如五帝主者女青律令

图十四　显考武略将军豫堂王公之墓券拓片

代保人令日直。符故气邪精不得干扰，先有居者永避万里。若违此约，地府主吏自当其祸助葬主，里外存亡悉皆安吉，急急如五帝主者女青律令。

五、现场清理照片

为了记录现场墓葬清理的过程，直观地呈现清理工作的细节，现将清理过程性照片整理如下，实况记载（图十五、图十六、图十七、图十八）。

图十五　墓葬发掘前状态

图十六　墓封土清理

图十七　墓室内发掘清理

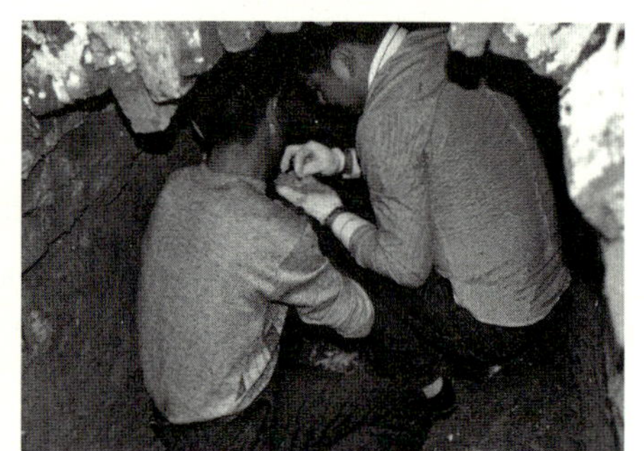

图十八　出土文物的辨认

六、结语

上饶市信州区秦峰乡五石村明墓的抢救性清理工作已经结束，清理工作时间为期2天，墓主人为明广信府千户赠武略将军王公，墓主卒于明弘治三年，六年下葬。该墓葬结构为砖式券顶墓，是研究明代上饶墓葬形制的重要实物资料。随葬器物对研究赣东地区葬俗有着重要的意义。从墓券记载可以得知墓主入葬的基本情况。下一步我馆还将继续对该墓葬及出土文物进行深入研究。

（上饶市博物馆、信州区博物馆，执笔：潘旭辉）

【附　　录】

信州区文保点目录

序号	名称	地址	年代	类别	级别
1	上饶集中营旧址	信州区茅家岭街道茅家岭村、周田村	1941—1942年	近现代重要史迹及代表性建筑	国保
2	相府路17号民宅	信州区西市街道大公厂居委会相府路17号	民国	近现代重要史迹及代表性建筑	省保
3	信江书院	信州区水南街道办事处崭岭头居委会	清康熙三十三年	古建筑	省保
4	新四军驻赣办事处旧址（杨时乔府第）	信州区水南街道水南街居委会天官巷2号	明	古建筑	省保
5	信州双塔（龙潭奎文塔、五桂塔）	信州区北门街道龙潭村（双塔公园内）	清	古建筑	省保
6	鸡应寺铜钟	信州区水南街道东瓦窑村水尾自然村护国禅寺内	宋建炎元年（1127）	其他	省保
7	东岳庙	信州区水南街道东瓦窑村水尾自然村	清	古建筑	市保
8	娄谅“理学旧第”	信州区水南街道水南街居委会娄家巷30号	清	古建筑	市保
9	黄道烈士墓	信州区水南街道办事处崭岭头居委会书院路48号	中华人民共和国	近现代重要史迹及代表性建筑	市保

续表

序号	名称	地址	年代	类别	级别
10	太子庙	信州区西市街道渡口居委会信江中路44号	清	古建筑	市保
11	陆羽泉	信州区西市街道茶山路居委会一中校园内	唐	古建筑	市保
12	葛仙殿	信州区北门街道龙潭村塔底自然村	民国三十二年（1943）	近现代重要史迹及代表性建筑	市保
13	夏言墓	信州区秦峰乡五石村	明	古墓葬	市保
14	徐元杰墓	信州区北门街道沽塘村林家坳自然村	南宋淳祐六年（1246）	古墓葬	市保
15	上饶市革命烈士纪念碑	信州区水南街道办事处崭岭头居委会	1952年	近现代重要史迹及代表性建筑	市保
由信州区博物馆供稿					

信州区博物馆等级文物目录

序号	文物名称	所属年代	文物种类	文物等级
1	元青花茂叔爱莲图玉壶春瓶	元（1206—1368）	瓷器	一级
2	元青花荷莲纹玉壶春瓶	元（1206—1368）	瓷器	一级
3	南宋吉州窑黑釉木叶纹盏	宋	瓷器	一级
4	明翠鸟莲荷纹青玉笔洗	明（1368—1644）	文具	二级
5	明螭龙纹玉带钩	明（1368—1644）	玉石器、宝石	二级
6	清康熙青花山水纹套杯	清（1616—1911）	瓷器	二级
7	民国谭延闿草书纸本横幅	民国（1912—1949）	书法、绘画	二级
8	民国于右任行书八言纸本对联	民国（1912—1949）	书法、绘画	二级
9	民国十年康有为行书七言纸本对联	民国（1912—1949）	书法、绘画	二级
10	民国陈三立行楷五言诗纸本立轴	民国（1912—1949）	书法、绘画	二级
11	南宋青白釉堆塑龙虎纹瓶	宋	瓷器	二级
12	南宋建炎四年多角带盖陶罐	宋	陶器	二级
13	明弘治白釉双耳三足炉	明（1368—1644）	瓷器	二级
14	元六经图说石碑	元（1206—1368）	石器、石刻、砖瓦	三级
15	清赐紫方记铭记石碑	清（1616—1911）	石器、石刻、砖瓦	三级
16	清黄自元书石碑	清（1616—1911）	石器、石刻、砖瓦	三级
17	清玛瑙鼻烟壶	清（1616—1911）	玉石器、宝石	三级
18	清松鼠葡萄纹玉佩	清（1616—1911）	玉石器、宝石	三级
19	清镶铜螭龙纹玉带钩	清（1616—1911）	玉石器、宝石	三级

续表

序号	文物名称	所属年代	文物种类	文物等级
20	三国半圆方枚神兽纹铜镜	三国	铜器	三级
21	民国龙纹双耳三足铜炉	民国（1912—1949）	铜器	三级
22	民国如意形双耳挂环铜瓶	民国（1912—1949）	铜器	三级
23	元大元通宝方孔铜钱	元（1206—1368）	钱币	三级
24	元青白釉堆塑龙虎纹塔纽盖瓶	元（1206—1368）	瓷器	三级
25	明青釉堆塑动物纹蒜头瓶	明（1368—1644）	瓷器	三级
26	元青白釉堆塑龙虎纹立鸟盖瓶	元（1206—1368）	瓷器	三级
27	元青白釉堆塑龙虎纹立鸟盖瓶	元（1206—1368）	瓷器	三级
28	明青釉堆塑龙虎纹人物坐像纽盖瓶	明（1368—1644）	瓷器	三级
29	元青白釉堆塑龙虎纹笠式盖瓶	元（1206—1368）	瓷器	三级
30	元龙泉窑青釉碟	元（1206—1368）	瓷器	三级
31	清圆雕寿星红木像	清（1616—1911）	雕塑、造像	三级
32	民国十六年汪平云林幽亭秀木图纸本立轴	民国（1912—1949）	书法、绘画	三级
33	民国谢公展岁寒天趣图纸本立轴	民国（1912—1949）	书法、绘画	三级
34	民国十七年齐白石《渔翁图》纸本立轴	民国（1912—1949）	书法、绘画	三级
35	民国十六年王琦《渔翁图》纸本立轴	民国（1912—1949）	书法、绘画	三级
36	民国陈三立行揩七言诗纸本立轴	民国（1912—1949）	书法、绘画	三级
37	民国十六年王大凡仕女图纸本立轴	民国（1912—1949）	书法、绘画	三级
38	民国谢公展菊花图纸本立轴	民国（1912—1949）	书法、绘画	三级
39	清瓜皮绿釉刻莲花纹碗	清（1616—1911）	瓷器	三级
40	清顺治青花秋叶洞石纹芒口盘	清（1616—1911）	瓷器	三级
41	清光绪铁骨泥青花人物纹缸	清（1616—1911）	瓷器	三级
42	元龙泉釉蒜头瓶	元（1206—1368）	瓷器	三级

续表

序号	文物名称	所属年代	文物种类	文物等级
43	明白釉鼓形三足炉	明（1368—1644）	瓷器	三级
44	南宋青白釉瓜棱壶	宋	瓷器	三级
45	清霁蓝釉描金象耳瓶	清（1616—1911）	瓷器	三级
46	清红釉观音尊	清（1616—1911）	瓷器	三级
47	清青花缠枝牡丹纹碗	清（1616—1911）	瓷器	三级
48	明青釉堆塑纹蒜头瓶	明（1368—1644）	瓷器	三级
49	宋青釉弦纹三足筒式炉	宋	瓷器	三级
50	南宋青釉双耳三足炉	宋	瓷器	三级
51	清康熙四十一年王石谷山水图纸本页册	清（1616—1911）	书法、绘画	三级
52	南宋青白釉褐色点彩瓶	宋	瓷器	三级
53	清道光张萁万山水图纸本立轴	清（1616—1911）	书法、绘画	三级
54	民国齐白石指墨虾图纸本立轴	民国（1912—1949）	书法、绘画	三级
55	元龙泉窑青釉碟	元（1206—1368）	瓷器	三级

后 记

信州文化的多元性和历史的跨度决定了其传世文物的多样性。文物的定义告诉我们，文物是人类社会活动的实物遗存，是历史文化的载体，是古代文明的见证。那么，我们就有理由认为，文物在执行载体功能的同时，由于它因源而流，因文化而物，这些信州的文物遗存忠实地反映出信州特定文化的地域性，客观地反映出信州文化的多元属性。这些文化瑰宝所蕴含的历史积淀、精神基因、情感基因、文化符号，是我们赖以增强文化自信，凝聚人心，鼓舞斗志，振兴信州所不可或缺的传统支撑。

《信州文史》(第三辑·瑰宝）分为丹青万象、陶瓷鉴赏、碑志镌华、文物撷英、文物研究、考古发掘6个栏目，收录文章共28篇，其出版问世，目的有二：其一，增强全民文物保护意识，任何一种文化都是动态的，都处在不间断的发展和变异之中。然而，作为文化的载体——文物，又都是静态的，以其凝固的形式见证着这一文化的某一特定阶段。保护文物，保护文化遗产，就是要从动态和静态两个方面进行，就是要确保文化的动态发展始终不脱离它本身的运行轨道，排除所有强加于它的外来因素；就是要确保通过文物的静态保护，把这一文化的发展脉络及其过程中的每一种智慧的物化形式保存下来，不使断层，仰不负疚先人，俯不愧对子孙，站在时代的立场上，无负人类文化的传承延续。其二，本书在注重表现信州文物的同时，还尽可能地关注信州的相关文化背景，以及信州历史变迁在文物上的细微反映，期冀最大追求度地复原历史文化空间，彰显信州的宝贵文化遗产；期冀读者不仅从器物学的立场去观赏它，更要从文化的深层角度去解读它，借此引发思考，有所心得。这或许是我们编辑本书的本意所在。

由于时间仓促，加之编者水平有限，书中错误在所难免，敬请各位读者不吝赐教。

《信州文史》编辑部

2019年9月